数据视域下
校贫困生精准资助研究

本书为2017年度重庆市教育科学“十三五”规划课题(编号: 2017-GX-018)、2017年度重庆市教育委员会人文社会科学研究重点项目(编号: 2017-SKG001)、2017年度教育部人文社科专项项目(中国特色社会主义理论体系研究)(编号: 2017JD710085)、重庆市教委2017年辅导员择优支持计划资助(编号: fdyzy2017002)研究成果。

罗丽琳◎著

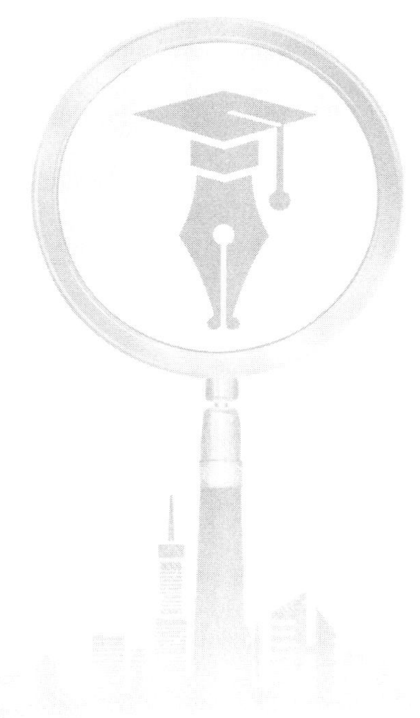

知识产权出版社
全国百佳图书出版单位

图书在版编目（CIP）数据

大数据视域下高校贫困生精准资助研究／罗丽琳著．—北京：知识产权出版社，2018.11

ISBN 978-7-5130-3030-4

Ⅰ.①大…　Ⅱ.①罗…　Ⅲ.①高等学校—特困生—赞助—研究—中国　Ⅳ.①G645.5

中国版本图书馆CIP数据核字（2018）第255385号

内容提要

本书以新时代高校精准资助模式为研究对象，出于对我国高校贫困生资助精准化的现实关切，通过全面梳理国内资助政策历史沿革、比较研究国内外先进经验，系统分析我国高校贫困生资助政策的现有体系、既得成果和实施困境。在大数据技术蓬勃发展的现实背景下，本书利用大数据的技术价值、理念价值、应用价值，创新研究方法，旨在提出为时所需的高校贫困生精准资助新机制、新模式，为我国高校贫困生精准资助理论研究提供全新的研究视角、思路和方法，以期推动高校贫困生资助工作不断地向精准化、科学化发展。

责任编辑：王颖超　　**责任校对：**王　岩
文字编辑：褚宏霞　　**责任印制：**刘译文

大数据视域下高校贫困生精准资助研究

罗丽琳　著

出版发行：知识产权出版社有限责任公司　　**网　　址：**http://www.ipph.cn
社　　址：北京市海淀区气象路50号院　　**邮　　编：**100081
责编电话：010-82000860转8655　　**责编邮箱：**wangyingchao@cnipr.com
发行电话：010-82000860转8101/8102　　**发行传真：**010-82000893/82005070/82000270
印　　刷：三河市国英印务有限公司　　**经　　销：**各大网上书店、新华书店及相关专业书店
开　　本：720mm×1000mm　1/16　　**印　　张：**17
版　　次：2018年11月第1版　　**印　　次：**2018年11月第1次印刷
字　　数：250千字　　**定　　价：**68.00元

ISBN 978-7-5130-3030-4

前 言

中华人民共和国成立以来，党和国家一直十分重视高校学生的资助问题。邓小平同志讲过："再穷不能穷教育，再苦不能苦孩子。"经过近七十年的改革发展，在坚持不懈的长期探索中，我国高校学生资助政策基本形成了"奖、补、勤、减（免）、贷、助"配合"绿色通道"的"7＋1"的多元制度体系，为保障我国高校贫困学生基本生活需要，服务高等教育发展大局发挥了重要作用。

政令出乎庙堂，行于乡野。须知政策本身并非决定其实施效果的充分条件，我国高校贫困生资助政策实施过程中就一度出现了体系不完善、认定标准单一、程序不规范、后期监管不到位等现实困境，造成助而不困、困而未助的现象，引发了高校贫困生资助政策实施不精准的问题，背离了政策制定的初心。党的十八大以来，习近平总书记在多个场合要求真扶贫、扶真贫，精准扶贫。在全面建成小康社会战略布局和"精准扶贫"顶层设计的推动下，高校贫困生资助政策实施精准化方面的理论研究取得了突破性的进展，涌现出一批优秀的研究成果，深刻指明了当前贫困生资助政策本身及政策实施过程中的许多不足之处，也提出了许多建设性的改革建议。总体而言，目前的高校贫困生资助政策实施精准化相关问题的研究成果，仍然存在体系化不强、研究思维传统、研究方法固化等问题，迫切需要用全新的视野、思路、理论、方法和技术手段，对高校贫困生精准资助问题进行深入系统的研究，形成一套统一的理论分析框架。

实践的发展呼唤着理论创新，优秀的理论成果可以助推实践发展。时代呼唤着更加系统、更加全面、更加富于创新性的高校贫困生精准资助方面的研究成果。本书正是在这一背景下应运而生的。

本书以新时代高校精准资助模式为研究对象，出于对我国高校贫困生资助精准化的现实关切，通过全面梳理国内资助政策历史沿革、比较研究国内外先进经验，系统分析我国高校贫困生资助政策的现有体系、既得成果和实施困境，在大数据技术蓬勃发展的背景下，利用大数据的技术价值、理念价值、应用价值，创新研究方法，旨在提出为时所需的高校贫困生精准资助新机制、新模式，推动高校贫困生资助工作向精准化、科学化发展，也为我国高校贫困生精准资助理论研究提供全新的研究视角、思路和方法。

笔者查阅了大量文献资料，广泛开展调研，收集了大量数据，不断进行归纳、整合、分析。经过反复思考研究，笔者最终确立了包括“绪论”“我国高校贫困生资助回溯”“国外高等教育资助评述”“我国高校贫困生精准资助的现状”“新时代高校贫困生精准资助的模式”“高校贫困生精准资助的保障机制”“高校贫困生精准扶贫的技术支持”七部分六章节内容，层层递进又相互协调的一整套结构体系，以期为读者呈现出逻辑清晰、体系完整、行文流畅、内容翔实的良好效果。

目　　录

绪　论 …… 1
　一、研究背景 …… 1
　二、国内外研究现状 …… 2
　三、主要创新点与研究方法 …… 8
第一章　我国高校贫困生资助回溯 …… 10
　一、我国高校资助政策发展历程回顾 …… 10
　二、我国高校资助政策理论评析 …… 17
　三、我国高校资助政策实施情况评析 …… 22
　四、精准资助实施前高校贫困生资助的现实困境 …… 28
第二章　国外高等教育资助评述 …… 35
　一、国外高等教育资助相关理论 …… 35
　二、国外资助模式发展概述 …… 42
　三、国外大学生资助模式的主要特点及国内外比较分析 …… 56
　四、国外资助政策的重要借鉴意义 …… 58
第三章　我国高校贫困生精准资助的现状 …… 64
　一、高校精准资助的项目来源 …… 64
　二、高校精准资助的既得成果 …… 80
　三、高校精准资助的实施困境 …… 111
第四章　新时代高校贫困生精准资助的模式 …… 122
　一、建立高校学生资助的内外关联大数据库 …… 124

二、构建发展性多层次需求决策模式 …… 145
三、高校贫困生资助工作考核评估与动态管理 …… 170
第五章　高校贫困生精准资助的保障机制 …… 178
一、高校贫困生精准资助的机构保障 …… 178
二、高校贫困生精准资助的资金保障 …… 202
三、高校贫困生精准资助的技术保障 …… 208
第六章　高校贫困生精准扶贫的技术支持 …… 216
一、构建贫困生认定指标和检测体系 …… 216
二、现有的贫困生认定基本方法及评价 …… 233
三、基于层次分析法的贫困生认定方法 …… 235
四、实时动态监控的资助工作信息化平台 …… 251
参考文献 …… 261
致　谢 …… 266

绪 论

党的十九大报告指出："健全学生资助制度，使绝大多数城乡新增劳动力接受高中阶段教育、更多接受高等教育。支持和规范社会力量兴办教育。高度重视农村义务教育，办好学前教育、特殊教育和网络教育，普及高中阶段教育，努力让每个孩子都能享有公平而有质量的教育。"这是党对我们青年一代庄严的承诺，也是保障每个公民实现平等受教育权的有力支撑。当前，我们已经进入大数据时代，如何在国家顶层设计支持下有效地把大数据应用到高等学校的精准资助上，值得我们每个教育工作者思考。

一、研究背景

2007 年 5 月，国务院通过《关于建立健全普通本科高校、高等职业学校和中等职业学校家庭经济困难学生资助政策体系的意见》（国发〔2007〕13 号），提出"奖、贷、助、补、减"等多元混合式的资助体系，标志着我国高校多元混合式资助体系的建立。从中华人民共和国成立，我国就意识到资助贫困生的问题，根据贫困资助政策的演变，到目前为止我国大概经历了四个阶段："免学费 + 人民助学金"阶段、"人民助学金"与"人民奖学金"并存的阶段、"奖学金"与"学生贷款"相结合的阶段、"多元混合资助"阶段。❶

❶ 徐丽红．社会权利视域下的中国现行高校帮困资助政策研究［M］．上海：上海社会科学院出版社，2016.

高校学生资助是保障教育公平与平等，实施科教兴国与人才强国的重要战略之一。党的十六大报告明确提出要“完善国家资助贫困学生的政策和制度”。党的十七大报告指出，“教育是民族振兴的基石，教育公平是社会公平的重要基础。保障经济困难家庭、进城务工人员子女平等接受义务教育”。党的十八大报告指出，“公平正义是中国特色社会主义的内在要求。大力促进教育公平，合理配置教育资源，提高家庭经济困难学生资助水平，积极推动农民工子女平等接受教育，让每个孩子都能成为有用之才”。党的十九大报告指出：“健全学生资助制度，使绝大多数城乡新增劳动力接受高中阶段教育、更多接受高等教育。支持和规范社会力量兴办教育。高度重视农村义务教育，办好学前教育、特殊教育和网络教育，普及高中阶段教育，努力让每个孩子都能享有公平而有质量的教育。”由此可见，党和政府对教育资助政策的重视与关注，形成了保障每位家庭经济困难学生接受教育的强大动力。在国家政策的指导下，我国各个高校也制定了相应的实施细则，解决了受教育权的问题。然而，其背后掩藏的心理问题、道德问题、精神问题仍然没有办法保障，表现为大到国家政策，小到学校及每个教育工作者都没有予以关注和重视，因此也引发了一系列值得反思的问题。如何精准识别经济困难学生，提高资助效率？以什么样的指标体系去精准认定？如何运用大数据应对数据的复杂化与大规模化？如何实施后续的监管与动态评估？如何启动急需应急机制？上述问题就是笔者研究“新时代高校精准资助模式”的政策背景与现实意义所在。

二、国内外研究现状

（一）国内研究现状

从我国现有的关于经济困难学生资助政策的研究文献来看，在2013年之前主要集中于对国家政策的简单评述和对资助过程中所遇问题的简要评析，并且研究成果也较少。2013年，国家提出“精准扶贫，真扶贫，扶真贫，确保精细化与效率化”，许多学者开始把“精准扶贫”的思想运用到高校资助工作上，但是相关研究仍然集中在对精准扶贫思想的简单分析上，并未形成实质性和可操作性的方案。随着“互联网+”时代的到来，大数据被应用到各个领域，近两年学者们又开始研究大数据背景下的高校资助政策，但是现有研究还不够深入，研究成果也相对比较少，更谈不上系统化。另外，虽然国内外针对高校学生资助的研究著述颇丰，也形成了一系列颇有影响的成果，但专就高校学生精准资助展开的深入系统的研究成果暂付阙如，真正立足于大数据的高校学生精准资助还仅限于少数学者局部进行的基础性探讨，而将“大数据”“精准资助”和“资助模式”联系起来的研究成果更是少之又少。

1. 关于“精准认定”的研究成果

“精准认定”作为精准资助的首要环节，受到学者们的关注，取得的研究成果相对较多，其内容主要是从认定标准、认定方式和认定主体三个方面进行分析阐述。

从认定标准的视角分析，认定标准是家庭经济困难认定最核心的内容。孙涛、沈红（2008）认为美国贫困认定的主要依据是居民家庭收入；菲律宾把居民资产通报、收入等一系列间接反映居民家庭经济的指标当作参考依据；而日本以居民家庭收入为主，再辅之以分类指标认定贫困资格。❶ 我国学者大多把家庭经济困难因素联系在一起展开研究。赵炳起（2006）指出贫困生认定的理想边际是居民最低生活保障线，各高校需找出所在高校和生源地居民最低生活保障线之间存在的对比关系指标。❷ 我国尚未建立一套国家、社会、家庭层面的收入数据库，因此很难得出家庭最低生活保障线。杨晴（2009）在认可赵炳起设定的指标体系的基础上，增加“个人、家庭和学校，农村层次和类型，专业和就业”等因素。❸ 张福友（2012）在此基础上增设了个人实际消费情况和学业品行社会活动评价两方面指标，首次提出非收入指标因素。❹ 目前虽然在有关领域中出现了很多观点，但是仍可以发现我国尚未建立

---

❶ 孙涛，沈红．基于家庭经济状况调查的高校贫困生认定——国际比较的视角［J］．外国教育研究，2008（10）：26－29.

❷ 赵炳起．高校贫困生认定机制——优化与重构［J］．教育财会研究，2006（4）：20－26.

❸ 杨晴．高校贫困生认定的路径［J］．教育学术月刊，2009（8）：51－53，78.

❹ 张福友．高校家庭经济困难学生的量化认定研究［J］．教育理论与实践，2012，32（3）：15－17.

起一套全面系统的量化指标。

从认定方式的视角分析，我国学者多采用定性、定量以及定性和定量相结合的方式。桂富强等（2007）总结出目前各高校普遍采用的识别方法主要有最低生活保障线比照界定法、消费水平界定方法、横向比较界定法等。创新性地提出层次分析法。[1] 何倩（2011）又在此基础上针对高校贫困生的认定指标体系，建立了学生贫困度综合评判的递阶层次模型，把可量化的相关因素按层放入，通过求解计算过程得出学生的综合贫困度。[2] 这种方法虽然比较直观，但是主观因素较多，并且需要不定时进行指标更新，庞大的申请数据给各高校家庭经济困难学生的认定工作提出了不小的挑战。除此之外，这种方法也局限于指标的选择上，作者并未提出具有可操作性的计算公式。邵为爽、刘树东等（2012）在数据处理基础上，分别提出建立 BP 神经网络模型和数学模型计算权重分值。[3] 虽然这些量化方法在某些领域发挥了重要作用，但是将其直接运用于贫困生的认定，仍然具有一定的局限性。彭仲生、罗筑华（2015）介绍了国外一些具有代表性的定量方法，比如国际惯用法、恩格尔系数法、收入比例法、数学模型法等。[4] 美国高校资助工作主要以一整套的税务征管制度作为其支撑基础，由国家出台的高等教育法保障资助工作顺利实施。

从认定主体的视角分析，白华（2012）提出构建一个国家、政府和高校三维的科学认定模式。[5] 俞来德（2010）则表示家庭经济困难生的认定目前仍存在知情难、确认难、求证难问题，需要高校、地方基层组织、政府和社

[1] 桂富强，成春，任黎立．层次分析法在高校贫困学生综合评判中的应用［J］．软科学，2007（3）：73－75.

[2] 何倩．基于层次分析法对高校贫困生认定指标体系的研究［J］．黑龙江教育学院学报，2011，30（3）：21－23.

[3] 邵为爽，刘树东．粗糙集 BP 神经网络在高校贫困生认定中的应用［J］．煤炭技术，2012，31（6）：169－171.

[4] 彭仲生，罗筑华．大学生就业准备评估量表的编制与应用［J］．现代大学教育，2015（1）：90－93.

[5] 白华．从二元组合到三维一体——高校贫困生认定的新视角［J］．社会科学家，2012（7）：115－118.

会的共同配合才能确保经济困难生认定的准确性。❶ 刘云博、白华（2016）提出鼓励社会多元主体参与资助工作，同时提出要实现精准化资助，必须用法治思维指导资助工作，对弄虚作假的责任人加强责任追究。总体来讲，多元化、多维度的主体构建模式过于宏观，难以具体操作。❷

2. 关于“精准资助”的研究成果

在国家“精准扶贫”的政策指引下，将“精准扶贫”思想引入教育领域，实现“精准资助”，是近几年学者研究的重点。我国的资助政策随着时代背景的改变而处于不断发展之中。在这一过程中，也产生了较为丰富的研究成果。对于精准资助的研究主要有以下成果：张楠（2016）提出要把资助与育人相结合，提高资助效率水平，并提出发展性资助理念在育人方面的关键性作用和精准的资助绩效评价体系。❸ 王静、孙婧（2016）认为在精准识别经济困难学生基础上，要对困难学生进行诚信教育、感恩教育，鼓励学生参加社会实践活动和素质拓展活动，授人以鱼不如授人以渔，扶贫先扶志，扶贫必扶智，对学生物质扶贫的同时，更重要的是精准扶贫。❹ 张远航（2016）论述了精准资助包括“四个精准”：对象精准、需求精准、形式精准和效能精准。只有做到四个精准，在资助量的基础上实现质的变化，才能实现真正的“精准资助”。❺ 刘晓杰（2017）提出，要把“精准扶贫”的思想引入教育领域，实现“精准资助”，就要分别从精准识别、精准帮扶、精准管理三个方面做到精细化，并指出这三个方面仍然不够精准，进而在“精准扶贫”的指引下提出了精准资助的对策。❻

3. 关于大数据运用“精准资助”的研究成果

伴随大数据技术的广泛运用与高校精准资助工作的发展，近几年我国学

---

❶ 俞来德. 家庭经济困难生认定难的原因与对策［J］. 教育探索，2010（8）：23－25.

❷ 刘云博，白华. 精准化资助：高校学生资助工作新思维［J］. 教育评论，2016（2）：67－70.

❸ 张楠. “精准扶贫”视角下的高校资助育人工作［J］. 科技视界，2016（20）：142.

❹ 王静，孙婧. 高校大学生“精准扶贫”实践路径探析［J］. 高教学刊，2016（16）：30－32.

❺ 张远航. 论高校家庭经济困难学生的“精准资助”［J］. 思想理论教育，2016（1）：108－111.

❻ 刘晓杰. “精准扶贫”思想下的大学生“精准资助”［J］. 教育教学论坛，2017（3）：3－5.

术界才开始探讨大数据在高校精准资助问题上发挥的作用，虽然产生了一系列有价值的学术成果，但并没有提出合理的量化指标与数据分析公式，对这一问题有待进一步研究。郑州（2013）将模糊综合评价法引入高校贫困生认定工作中，以提高高校扶贫工作中的精准认定工作效率和工作成效。❶ 刘玉霞（2016）提出要通过数据挖掘实现精准化认定，差异化资助，动态化管理，并分析了大数据的作用，利用大数据实现顶层设计精准化实施。❷ 吴朝文等（2016）提出通过智慧校园收集学生的消费水平与生活状况，并运用大数据进行分析与整理，把结果运用到贫困生资助体系的验证性评估和特殊困难学生群体的预警，以实现对现行贫困生认定有效的补充，从而实现高校贫困生的精准资助。❸ 唐雪（2017）认为在当今资助范围广、资助体系健全的背景下，高校内部仍然存在政策落实精准度不够，资助对象范围有限，资助主体经验取向明显，资助对象过程跟踪不及时，资助实施执行偏差等问题，利用大数据的海量性、精准性、关联性和跨域性的累积数据和深度处理技术，落实资助精准与立德育人的目标，并有效实施动态化评估，从根本上解决资助不准确的问题。❹ 张涛（2017）通过分析精准资助的现实困境，认为要利用大数据的技术价值、理念价值、应用价值，构建大数据下精准资助新模式，在传统的认定方法的基础上，运用信息管理系统网络平台实现动态化评估和发展性资助。❺ 黄燕（2018）指出要利用大数据点与面、工具导向与价值导向的高度契合，实现认定多维化、需求差异化、管理动态化。❻

---

❶ 郑州．模糊综合评价法在高校困难生认定的应用研究［A］．Information Engineering Research Institute，USA. Proceedings of 2013 3rd International Conference on Applied Social Science（ICASS 2013）Volume 4［C］．Information Engineering Research Institute，USA，2013：6.

❷ 刘玉霞．大数据背景下高校精准资助路径探析［J］．未来与发展，2016，40（9）：69－73.

❸ 吴朝文，代劲，孙延楠．大数据环境下高校贫困生精准资助模式初探［J］．黑龙江高教研究，2016（12）：41－44.

❹ 唐雪．大数据时代高校精准资助体系构建与发展策略［J］．高等建筑教育，2017，26（4）：132－135.

❺ 张涛．大数据时代高校精准资助新模式初探［J］．科教导刊（中旬刊），2017（4）：31－32.

❻ 黄燕．大数据技术助力高校学生精准资助［J］．高教论坛，2018（1）：80－82.

（二）国际研究现状

由于国外教育比较发达，很早就形成了比较完善的资助体系，因此对于资助政策的研究相对来说也较早。近些年，随着大数据的兴起，大数据如何应用于教育领域成为国外近年来研究的热点问题。从时间上看，国外关于大数据教育领域应用的研究早于我国，早在2008年就有学者撰文指出大数据将带来生物学研究和教学的变革。2012年美国政府颁布《通过教育数据挖掘和学习分析促进教与学》的重要报告之后，更是引发了大数据教育领域应用研究的热潮。Allen等（2014）认为大数据技术平台可以为家庭经济困难学生的精准识别提供支撑。Chaffee（2013）认为大数据思维能否有效地应用于资助工作，不仅在于掌握庞大的与被资助人相关联的数据信息，它更注重对有意义的数据进行专业化处理，通过“加工”实现数据的“增值”。Montolio（2013）认为在政策制定中，可以构建涵盖政府、家庭、学校和学生等载体的家庭经济困难学生大数据认定新模式。Rapp（2015）认为构建细化分级和多重指标的“新分级资助”模式可以进一步提高资助匹配的准确程度。约翰斯通提出“成本分担”理论，预见了美国学生资助“育人”的目标管理，目标管理要体现社会效应和对资助政策公正性等宏观方面的回应和认同，还要彰显家庭经济困难学生经济改善、心理健康和综合素质提升等“育人”价值。应当说，这些极为丰富和深刻的理论，为本研究提供了理论借鉴和逻辑起点。但是，一些西方发达国家基于其较高的经济发展程度与不同的历史、文化、教育背景，对中国高校学生精准资助模型的设计缺乏充分的解释力。其理论及框架设计，对于我国而言未必适用，不能搞“拿来主义”和全盘引进。不过，其在操作实施层面上的一些理念和技术手段可供我国参考借鉴。

（三）现有研究的不足之处

在国家“精准扶贫”的顶层设计和“互联网+”时代的大数据技术推动下，我国高校资助体系取得了突破性进展，并产生了一系列理论成果。这些研究成果反映了当前我国高校资助工作的现状，意识到了在大数据时代创新高校资助工作模式的必要性与复杂性，同时从不同侧面提出了许多建设性的意见。但就目前的研究现状而言，仍然存在许多不足，主要表现在以下方面：首先，在研究内容上，对目前高校资助工作中存在的问题批判较多，结合大数据时代系统反思我国高校学生精准资助模式的理论探讨较少。其次，在研究思路上，有研究成果虽然指出了精准资助与传统资助的区别与联系，以及精准资助的典型特征，但是尚未厘清精准资助的准确含义，更没有紧密结合大数据的时代特征，也没有采用大数据思维。再次，在研究方法上，偏重于传统的方法研究，缺乏大数据的研究方法。现有研究多为规范分析，对于精准资助效果缺少统计分析。最后，在研究成果上，迄今为止，现有的成果大多为点对点的对策性研究，没有形成一个统一的理论分析框架。因此，本书将从大数据时代的现实背景出发，用全新的视野、思路、理论、方法和技术手段，在实证分析的基础上展开对高校学生精准资助模式的探讨。

三、主要创新点与研究方法

（一）主要创新点

（1）选题和研究视角的创新。厘清精准资助的含义、特征、精准资助与传统资助的区别，结合时代的特点为构建大数据视域下高校学生精准资助模式提供理论支持、技术路径和框架设计。

（2）研究思路和方法的创新。根据精准资助的特点，采取大数据量化研究范式，剖析精准资助的对象、形式和管理问题，为研究思想、观念等传统不可测概念提供新的研究范式。

（3）研究结论和路径的创新。基于大数据技术精准资助模式，研究结论更具客观性、资助路径更具操作性、资助模式更具科学性。

（二）研究方法

（1）文献分析法。全面查阅相关文献，辨析概念，整理维度，构建研究的基本框架、理论基础和研究思路。

（2）数据挖掘法。通过对学生校内外关联数据的采集和聚类分析，进行科学的预测、预警、评估和精准认定，实现资助方式个性化、人性化定制。

（3）比较归纳法。结合大数据的实证研究，系统归纳、科学构建大数据视域下“按需分层助学”的精准资助模式。

第一章　我国高校贫困生资助回溯

一、我国高校资助政策发展历程回顾

自中华人民共和国成立以来，历任国家领导人一直非常关注贫困问题。反贫困是经济发展的重要内容，而教育资助作为扶贫工作的一项重要任务，是促进教育公平的重要手段。高校是培养人才的重要场所，同时也是实现教育公平的重要领域，因此，对高校贫困生进行资助是我国教育工作中的传统做法。从中华人民共和国成立到现在，我国高校资助政策在不断的探索与尝试中逐渐得到完善，主要经历了以下阶段。

（一）起步阶段：中华人民共和国成立至20世纪80年代初

中华人民共和国成立之初，人民生活水平仍然较低。但是，党和政府非常重视高等教育资助工作。受苏联模式影响，1952年，政务院、教育部发布了《关于调整全国高等学校及中等学校人民助学金的通知》和《关于调整全国各级各类学校教职工工资及人民助学金标准的通知》，规定全国高校一律实行人民助学金制度。这是我国资助政策的起点。这一做法建立在免学费的基础上，旨在解决贫困学生在校生活费用问题，因此被称为“免费＋人民助学金”模式。在当时计划经济体制的时代背景下，人民助学金制度对于发展高等教育、促进教育机会均等、实现教育民主化无疑具有其合理性。[1] 1952～1965 年，人民助学金制度经过几次大调整，基本形成较为完善的框架体系，在资助标准、资助对象、资助方式、资助比例等方面都作了明确的规定，为后来的资助体系的发展完善奠定了理论基础。

（二）探索阶段：1983～1986 年

受“文化大革命”的冲击，高校资助体系的发展陷入了困境。随着 1977 年高校恢复招生，我国高校资助政策才得以恢复。改革开放以来，经济、政治、社会发生了翻天覆地的变化，改革的呼声日益高涨，高等教育随之也取得了突破性发展。由于财政资助的限制，“免费＋人民助学金”模式不得不进行变革。1983 年 7 月，教育部、财政部联合发布《普通高等学校本、专科学生人民助学金暂行办法》和《普通高等学校本、专科学生人民奖学金试行办法》，对高校资助政策进行重大调整，人民奖学金政策开始实施，形成“人民助学金和人民奖学金并存”模式。但是，这种模式并没有维持多久，1986 年发布的《关于改革现行普通高等学校人民助学金制度的报告》，标志着人民助学金制度的终结。

（三）调整阶段：1987～2015 年

由于人民助学金制度容易滋生懒惰，形成“等、靠、要”思想，加之国家财政危机，在激励政策的影响下，我国在 1986 年取消了人民助学金制度。但是，为了解决贫困学生上学问题，1987 年 7 月，国家教委、财政部发布了《关于重新印发〈普通高等学校本、专科学生实行奖学金的办法〉和〈普通高等学校本、专科学生实行贷款制度的办法〉的通知》。至此，我国形成了“奖学金＋贷款”模式，其目的是激发学生努力学习，通过还款的方式解决贫困学生懒惰的心理问题。学生贷款制度的实行，标志着我国资助体系发生了质的变化，实现了从无偿到有偿的突破。

随着市场经济的发展，我国高校学生规模不断扩大，收费制度也发生变

[1] 范晓婷．大学生资助管理评估研究——基于中央直属 120 所高校的实证分析［D］．北京：北京科技大学，2016.

化。“奖学金 + 贷款”模式很难适应经济的发展，国家对资助政策作出了进一步调整。在完善奖学金和贷款制度的同时，形成了“奖、助、贷、勤、补、减（免）”多元混合式资助模式。从时间节点看，多元混合式资助模式的形成主要经历了以下四个阶段。

1. 初步形成阶段：1993 ~ 1996 年

在完善“奖学金 + 贷款”模式的基础上，国家又积极探索，进一步丰富了我国高校资助体系。1993 年，出台《关于对高等学校生活特别困难学生进行资助的通知》；1994 年，出台《关于普通高等学校设立勤工助学基金的通知》；1995 年，出台《关于普通高等学校经济困难学生减免学杂费有关事项的通知》。一系列通知的相继出台，标志着我国“奖、补、勤、减（免）”资助政策的形成。

2. 发展阶段：1997 ~ 2007 年

随着我国高等教育的发展，1997 年全国所有高校实行并轨。为了解决因政策调整带来的学生负担问题，我国进一步完善了资助政策，在 1997 ~ 2007 年发生了几方面变化：第一，全面实行助学贷款。在原先助学贷款基础上，扩大了范围，简化了相关手续。第二，建立国家奖学金制度。2002 年，国家出台了《关于印发国家奖学金管理办法的通知》。该通知详细规定了国家奖学金制度的实施程序和管理办法，旨在通过激励政策鼓励经济困难学生努力学习，国家奖学金制度的设立进一步丰富发展了高校大学生资助政策体系，促进了混合资助模式内容的完整性。第三，建立“绿色通道”制度。2005 年，国家确立了“绿色通道”政策。该政策旨在保障准大学新生可以通过“绿色通道”顺利入学，入学之后，学校再根据该生的实际情况选择相应的资助政策。第四，建立国家奖助学金制度。2005 年，国家出台了国家奖助学金的相关规定。国家奖助学金分为国家励志奖学金和国家助学金。国家励志奖学金不同于国家奖学金，是在家庭经济困难的基础上，奖励品学兼优的学生，而国家奖学金并没有相关经济条件的限制。国家助学金和前面所说的人民助学金性质类似，只是大大缩小了覆盖范围，主要发给家庭经济困难学生，具有无偿的性质。

综上所述，经过10年的变革与发展，到2007年，我国的资助政策体系已经相对完善，基本形成了“奖、补、勤、减（免）、贷、助”配合“绿色通道”的“7+1”的制度体系，高校学生混合资助模式进一步多元化。该资助体系的具体内容如下。

其一，奖学金。奖学金主要奖励给一些品学兼优的学生，此外还有些奖学金是专门针对贫困生设立的。包括学校设立的校级奖学金和国家资助的国家奖学金。校级奖学金分为一等、二等、三等，还包括奖励给具有某方面特长的学生的专项奖学金。国家奖学金用以奖励特别优秀、表现突出的学生，金额有所不同，本科生每项金额为8000元，研究生为2万元。除了国家奖学金，还设有国家励志奖学金，国家励志奖学金须以贫困生资格为申请条件，每人每项金额为5000元。目前在我国高校中，奖学金的种类主要包括国家设立的奖学金、学校自己设立的奖学金以及经有关部门批准由社会各界设立的奖学金。

其二，助学金。助学金主要用来解决经济困难学生的基本生活保障问题。助学金又分为校内助学金和国家助学金。但是本科生与研究生的发放标准并不统一。本科生分为一等、二等、三等标准，每个标准的资助比例不同。研究生每年为6000元，覆盖到每位研究生，按照6个月一周期发放（各个学校有所差异）。同时，学校内部还有自己的助学金，主要来源于社会或者校友会的资助，用于资助因突发情况而临时致困的贫困学生。

其三，助学贷款（又叫贷学金）。助学贷款分为生源地助学贷款和校园地助学贷款。按照发放主体的不同分为两种：一种是由高校发放的，对象是全日制本专科学生，不包括享受专业奖学金的学生；另一种是国家通过相关的金融机构为不能顺利完成学业的学生提供的一种无息贷款，超过特定年限才支付相应的利息。设立助学贷款的主要目的是保障家庭经济困难学生顺利完成学业。

其四，勤工助学（勤工俭学）。勤工助学是学校通过设立助教、助管、助理等相关岗位为贫困生提供一些既能获得生活保障又能锻炼自己的机会。相比于校外的兼职工作，校内的勤工助学岗位安全且有保障，也可以合理协调时间。但是由于岗位有限，并不能为每一位贫困生提供锻炼的机会，因此，勤工助学资源总体较为紧张。勤工助学可以使学生通过从事一些校内的服务性工作，如校内的助教、助研、助管、实验室、校办产业的生产活动和后勤服务及各项公益劳动等，从而获得一定的经济报酬，以贴补在校期间的日常开支。

其五，临时困难补助。临时困难补助主要用于补贴因突发事故而导致贫困的学生。比如，由于父母突发疾病或者自然灾害等原因导致临时贫困的情况下，通过补助交通费、伙食费等方式给予困难学生部分补助。

其六，学费减免。学费减免是指对经济困难的大学生减收、免收或缓收学费的一种助学措施。我国政府为了帮助部分家庭困难的学生顺利完成学业，在收取学费的普通高等院校中，对家庭困难的大学生实行学费减免政策。

其七，绿色通道。绿色通道是指对刚考入大学，但是因为家庭经济困难而暂时无力缴纳学费的新生，先办理入学手续，入校后再根据学生的实际情况，采取不同的资助措施，确保每一位新生都能够顺利入学的一种助学方式。绿色通道是近几年才发展完善的一项资助措施，具有临时救济的性质，旨在保障新生顺利入学，也是目前高校中普遍使用的一种应急措施。

3. 完善阶段：2007～2013 年

2007 年，《关于建立健全普通本科高校、高等职业学校和中等职业学校家庭经济困难学生资助政策体系的意见》正式出台。文件规定了我国多元化混合资助政策的主要内容，这是第一次系统地以统一的形式将多元化的混合资助政策在统一文件中作出规定，这标志着我国高校学生资助政策体系的进一步完善。目前我国各高校都以该意见为开展贫困生资助的主要依据。为贯彻党的十六大和十六届三中、六中全会精神，该文件在充分认识到建立健全家庭经济困难学生资助体系重大意义的基础上，规定了资助政策体系的主要内容为国家奖学金、国家助学金、国家助学贷款，教育部直属师范生免费教育、学费减免等，并进一步规定对各部门和各高校的工作要求。在该文件精神的指导下，教育部、财政部于 2007 年 6 月接连下发了五个政策性文件，对国家奖学金、国家励志奖学金、国家助学金、勤工助学及贫困学生认定工作作出明确具体的规定。2007 年 8 月，教育部、财政部发文要求县级教育行政部门成立学生资助管理中心，为新资助政策措施的贯彻落实做好充分准备。国家开发银行在江苏、湖北、陕西、甘肃四省开展生源地信用助学贷款试点，进一步推动了国家助学贷款运行机制的完善。2008 年 9 月，国家决定扩大生源地信用助学贷款政策实施范围并作出了具体规定。2009 年 3 月，为鼓励、引导高校毕业生面向中西部地区和艰苦边远地区基层单位择业，国家建立基层就业学费补偿贷款代偿制度，该制度规定毕业后到中西部地区和艰苦边远地区的基层单位工作达三年及以上的学生，由国家代偿其学费。2009 年，为推进国防和军队现代化建设，鼓励高校毕业生积极应征入伍服兵役，教育部发布《应征入伍服义务兵役高校毕业生学费补偿国家助学贷款代偿暂行办法》，对应征入伍服兵役的高校毕业生补偿在校期间缴纳的学费。2011 年，为进一步鼓励在校大学生应征入伍服兵役，国家开始实施学费补偿贷款代偿及退役复学后学费资助政策。此外，为提高退役士兵的就业能力，国家出台了退役士兵教育资助政策，对退役后考入普通高校的士兵给予一个学期的资助，包括学费资助、贫困生活资助及其他奖学金资助。[1]

综上所述，目前我国已经形成“奖、助、勤、补、减、免、绿色通道”多元混合的制度体系，从根本上保障了每一个学生都能公平接受教育。这种多元化的资助体系从 2007 年初具模型，发展沿用至今，取得了很大的成效。与此同时，应该承认的是，这一资助体系在实施过程中存在资助不精准的问题，并没有实现资源利用最大化的良好效果，甚至在某些情况下出现了“富者更富，贫者更贫”的畸形局面。

4. 精准资助阶段：2013 年至今

党的十八大以来，以习近平总书记为核心的新一代国家领导人多次提出：要扶真贫，真扶贫，实施精准扶贫政策。教育扶贫是精准扶贫的一项重要内容，也是保障教育公平的重要举措。因此，在“精准扶贫”的思想指导下，

---

[1] 范晓婷．大学生资助管理评估研究——基于中央直属 120 所高校的实证分析［D］．北京：北京科技大学，2016.

“精准资助”成为高校资助工作的重要任务。

实施精准扶贫的一个重要举措是对贫困户建档立卡，对所有贫困户进行登记，以便于有针对性地开展帮扶。除此之外，国家还建立了精准扶贫工作机制。再好的政策需要落实才能奏效。2013 年，中办、国办《关于创新机制扎实推进农村扶贫开发工作的意见》（中办发〔2013〕25 号）明确指出：“建立精准扶贫工作机制。国家制定统一的扶贫对象识别办法。各省（自治区、直辖市）在已有工作基础上，坚持扶贫开发和农村最低生活保障制度有效衔接，按照县为单位、规模控制、分级负责、精准识别、动态管理的原则，对每个贫困村、贫困户建档立卡，建设全国扶贫信息网络系统。专项扶贫措施要与贫困识别结果相衔接，深入分析致贫原因，逐村逐户制定帮扶措施，集中力量予以扶持，切实做到扶真贫、真扶贫，确保在规定时间内达到稳定脱贫目标。”

2016 年，教育部等六部门共同印发了《教育脱贫攻坚“十三五”规划》（教发〔2016〕18 号），标志着我国多元化的资助政策迈入精准化阶段。该规划本着加快发展，服务全局，分类施策，精准发力，就业导向，重在技能，政府主导，合力攻坚的原则，力图实现到 2020 年，实现贫困地区教育总体发展水平显著提升，实现建档立卡等贫困人口教育基本公共服务全覆盖。保障各教育阶段从入学到毕业的全程全部资助，保障贫困家庭孩子都可以上学，实现不让一个学生因家庭困难而失学的目标，时间短，任务重，必须精准发力。

为了贯彻落实国家政策，保障资助过程的完整性与全覆盖。2017 年 4 月，财政部、教育部、中国人民银行、银监会四部门印发《关于进一步落实高等教育学生资助政策的通知》（财科教〔2017〕21 号）。该通知包括三个亮点：第一点是突出无缝衔接，做到“四个全覆盖”，即培养单位全覆盖、教育层次全覆盖、公办民办全覆盖、所有区域全覆盖。第二点是强调精准发力，做到“四个精准”，即对象精准、力度精准、分配精准、发放精准。第三点是加强资助育人，做到“三个结合”。一是严格评定和人文关怀相结合。二是信息公开和保护隐私相结合。三是保障学业和促进成才相结合。可见，该通知为全面贯彻我国资助政策体系提供了指导方案，在国家政策科学合理的前提下推动其精准落地。如果说2007年形成的资助政策体系属于“实体法”，那么该通知相当于“程序法”。二者结合，形成了教育扶贫新方案、新体系，碰撞出精准资助新思想、新想法。

综上所述，为了贯彻落实党的十八大精神和关于脱贫攻坚战的系列重要指示，我国资助政策迈向精准资助阶段。在“奖、贷、助、勤、补、减（免）”多元混合模式的基础上，精准发力，精准资助，识真贫、助真贫、管真贫、奖真贫，提高资助效率，保障教育公平，为全面建成小康社会奠定坚实基础。

二、我国高校资助政策理论评析

资助政策具有时代性特征，每项政策都有其特定的时代背景。从最初深受苏联模式影响到逐渐走向独立，从中华人民共和国成立到改革开放再到党的十八大以来的脱贫攻坚战，我国的资助政策随着时代的发展而不断完善。2007年，我国以制度形式确立了“奖、贷、助、勤、补、减（免）”多元混合式资助政策模式。党的十八大以来，以习近平总书记为核心的新一代领导集体对扶贫工作开始了全新的部署：要求“精准扶贫”“看真贫、扶真贫、真扶贫”，而教育扶贫是精准扶贫的一项重要内容。在精准扶贫顶层设计的影响下，教育领域开始实施精准资助，这无疑为新资助政策的落实提供了新思维、新方法。从2007～2018年的10多年时间里，我国资助工作成效显著，在理论创新、制度设计、政策导向、技术支撑等方面的不断进取中，逐步探索出了一条有中国特色的高校资助之路。

（一）我国高校资助政策演变的基本特征

1. 价值取向：由注重“公平”到“公平与效率”兼顾

纵观我国资助政策的发展历程，不难看出，高校资助政策的价值取向经历了从单一注重公平到公平与效率兼顾的转变。为了保证每一个贫困家庭的孩子能够有机会接受高等教育，国家起初实施免学费的资助模式。这种模式在实施过程中，虽然保障了每一个孩子公平享有受教育权，但是由国家负担全部学费，不仅会滋生受资助学生懒惰心理，还会造成效率低下，不能充分实现资源的有效利用。因此，20 世纪 80 年代后期，国家有针对性地进行了资助政策改革，开始收取学费，同时对贫困学生提供一定的助学金和助学贷款。通过这种替代方式，国家取消了免学费的政策。这一政策上的转变，形成了竞争激励机制，提高了国家贫困资助财政支出效率最大化。1997 年高等教育实施扩招政策以来，我国高校学生资助政策再次转变，开始实施收费与贷款并轨的制度。显然，这一政策转变是决策者更加偏重于资助效率的结果。但是，随着学费的高涨，学生上不起学的情况越来越多，原有的资助体系再次陷入困境，引发了公众质疑。社会上一系列“有学难上”的极端事件使决策者认识到政策本身的不足。在促进高等教育资源充分利用的同时，如何兼顾公平成为决策者关注的重要命题。从 20 世纪 90 年代中后期起，国家相继出台了一系列新的资助政策，这些政策的出台，既体现了教育成本分担的合理要求，又从社会公平的角度对高校贫困生进行了一定范围内的无偿资助。这一时期的政策导向体现出兼顾效率与公平的鲜明特征。

2. 资助主体：由“单一”政府主体到“多元”主体参与

中华人民共和国成立以来，我国就一直重视贫困问题。对贫困学生进行资助是党践行执政为民理念的重要体现，同时也是社会主义制度的客观要求。从我国资助政策发展历程来看，政府长期以来扮演着主导者的角色，是最大的资助主体。时至今日，情况已经大为不同，我国目前基本形成了政府、社会、学校多元主体共同资助的局面。国家奖学金、国家助学金是政府资助的主要形式，除此以外，校友会等各种组织及社会各界人士也通过各种形式的奖学金、助学金为贫困生提供多元化资助。值得注意的是，近年来非政府资助的金额越来越大。在资助主体多元化的发展趋势下，学校作为学生学习生活的管理者和资助政策的实施者，要承担起保障每一个贫困生顺利完成学业的重要任务。除了学校奖学金、助学金，还应设立基于应急需要的助学金。资助主体多元化利国利民，既可以减轻国家的负担，又能够更好地实现教育的公平公正。

3. 资助体系：由单一的奖、助政策逐步转向奖、贷、助、减、补和“绿色通道”相结合

回顾我国资助政策的发展历程，从起初的“免学费”到“收费 + 助学金”模式，再到奖、贷、助、减、补和“绿色通道”相结合，体现了从单一到多元资助体系，从以政府为主导到政府、社会、学校多主体参与的显著变化。目前的资助体系枝繁叶茂，以政府为主导的资助政策主要有国家奖学金、国家励志奖学金、国家助学金、国家助学贷款（包括生源地信用助学贷款）四种，以高校为主体资助措施的主要有学校奖学金、减免学费、特困补助、勤工助学等，很多高校还设立了校友和社会人士奖学金、助学金。此外，还有免费师范生、军队补助等各种形式的资助手段。可以说，随着我国国家实力的日益强大，我国的资助政策也越来越完善，基本实现了全面覆盖。

（二）我国高校资助政策演变的基本理念

1. 由“助学”到“助学与育人”同步的资助理念转变

经过多年的实践与探索，教育工作者们逐渐认识到：仅从经济上资助贫困学生，并不能从根源上解决问题。对于贫困学生，不仅要给予物质上资助，更需要精神上扶持。扶贫要先扶智，助学要先育人。立德树人作为国家教育工作的根本使命，也是学生资助工作的根本任务。资助贫困生的目的是让他们能够获得高等教育机会，成长成才，创造出丰富多彩的人生。2018 年 3 月，教育部部长陈宝生在《人民日报》发表文章强调：要把育人工作作为资助工作的出发点和落脚点，坚持以育人为导向，实施健全的资助体系，构建物质帮助、道德浸润、能力拓展、精神激励有效融合的长效机制，形成“解困—育人—成才—回馈”的良性循环。[1] 当前我国贫困学生数量仍然较多，资助工作量庞大，需要各部门之间形成统筹协调的育人资助机制。在育人的同时，要给予家庭经济困难学生更多的帮助和关照，在他们的学习和生活上给予更多的关心与指导，为他们的兴趣培养、能力提升、视野开阔创造更多的机会和条件。

---

[1] 陈宝生．进一步加强学生资助工作［N］．人民日报，2018－03－01（13）．

2. 由保障型资助向发展型资助的理念转变

所谓发展型资助，是指各个高校根据贫困学生的发展需求，构建多层次的资助体系，通过设立精神帮扶、科研项目经费支持，参加社会实践活动、志愿者活动等方式进行有偿资助，在帮助贫困学生解决家庭压力和学业需求的同时，提高其自身综合素养，健全人格品性，促进自身全面发展的一种资助模式。❶ 发展型资助考虑到需求的多样化和有偿的激励性，相比较仅仅考虑满足学生基本生活和学业需求为基本目标的“保障救济型”资助，是一种由“输血”为“造血”、变“授鱼”为“授渔”资助模式的转变。发展型资助既是促进国家教育公平的重大举措，也是提高资源利用效率，提供多样化需求的重要手段。教育部部长陈宝生也强调：在资助理念上，实现了从保障型资助向发展型资助的重大拓展，以社会主义核心价值观为引领，培育受助学生的思想品德、创新精神、实践能力和人文素养，促进学生全面发展。高校资助工作除了经济资助之外，育人成才乃是根本目的。❷ 对家庭经济困难大学生实施发展型资助，为其提供全面帮扶，给予他们个性化的支持与全方位的培养，促进其身心素质和知识能力的整体协调发展。这既是教育作为社会现象实现人类发展和育人价值旨归的需要，也是高校实现教育公平、促进大学生全面协调发展的需要。

（三）我国高校资助政策体系的演变评析

1. 打造出“三位一体”“四个全覆盖”的资助政策体系

“三位一体”是指政府、社会、高校三类主体共同参与的资助体系。从2017年中国学生资助发展报告中的数据分析：2017年，学校从事业收入中提取支出资助资金共257.64亿元，较2016年增加38.42亿元，增幅17.53%，占资助资金总额的13.69%；企事业单位、社会团体和个人捐助等各类资助资金共129.69亿元，较2016年增加32.56亿元，增幅33.52%，占资助资金总

❶ 杜坤林．从保障型资助到发展型资助：高校助学工作范式转换及其实践［J］．中国高教研究，2012（5）：85－88.

❷ 陈宝生．进一步加强学生资助工作［N］．人民日报，2018－03－01（13）.

额的6.89%。[1] 从中可以看出：虽然我国的资助体系仍然是政府主导，但是社会资助比例不断扩大，我国逐步形成以财政投入为主，学校和社会资金提供重要补充的经费筹措渠道，构建了政府主导，学校、社会广泛参与的“三位一体”资助格局。

“四个全覆盖”是指我国资助体系涉及的范围逐渐全面，即培养单位全覆盖、教育层次全覆盖、公办民办全覆盖、所有区域全覆盖，确保了研究生奖助政策不留死角。明确科研院所、党校、行政学院、会计学院等研究生培养单位全面落实研究生奖助政策，确保符合条件的研究生都能享受到相应的资助。将预科生纳入高等教育范围，推动公办与民办同等享受国家待遇。“四个全覆盖”是在2017年最新发布的《关于进一步落实高等教育学生资助政策的通知》（财科教〔2017〕21号）中提出来的，在此之前还是“三个全覆盖”，基本实现资助政策全覆盖，不留任何死角，让每一个经济困难学生都能享受国家给予的优厚待遇。在党和政府的高度重视下，十多年时间里，财政部、教育部等部门全面落实党和政府的重大决策部署，从国情出发，坚定不移地持续推进我国学生资助体系建设。从不完善逐步走向完善，资助项目从少到多，资助面从窄到宽，资助力度从小到大。十年奋进，终于形成了较为科学合理的资助体系，为“不让一个学生因家庭经济困难而失学”提供了充分的制度保障。

2. 精准发力，做到“四个精准”

要做到精准发力，必须保障“四个精准”有效实施。“四个精准”分别是指精准识别、精准帮扶、精准管理、精准考核，涉及资助的全过程。也有说：“四个精准”分别指对象精准、力度精准、分配精准、发放精准。“精准识别”主要是针对如何以有效方式识别家庭经济困难学生而提出的，这是精准资助的前提和基础；“精准帮扶”是在识别出困难学生后，进行物质、精神、心理上的帮扶；“精准管理”是指在对困难学生提供资助后，进行的后续监督与管理，以保证资金的有效利用，也可以起到对虚假贫困与隐性贫困的

[1] 中国学生资助发展报告（2017）［N］. 中国教育报，2018－03－01.

监测与管理的作用；“精准考核”是指通过对受资助学生的综合素质考核把握资助政策的实施成效，对于拿着国家的钱而整天混日子的学生可以进行批评教育，也可以要求其返回资助资金。当前，我国资助政策已进入精准资助的新阶段，通过分析精准资助阶段存在的问题并及时解决，可以更好地促进教育公平。

3. 完善制度化规范化的资助工作保障体系

推进资助工作精准化，需要建立一套制度化规范化的保障体系。在现行资助工作中，有辅导员开展贫困生资助工作时，缺乏相应的工作机制与专业人员。尤其在着力精准资助的过程，会涉及一些计算机专业技术的应用。切实保障精准资助工作的顺利开展，需要建立起中央、省、市、县、校五级学生资助管理机构和队伍，覆盖全国所有的地区和学校。为了回应现实要求，国家在制度化规范化的资助工作保障体系建设上全面发力，一是建立了中央、省、市、县四级监管队伍，构建了行政、审计、纪检和社会四大监管渠道；二是建立了中央、省、市、县四级财政资金分担机制，按照学校隶属关系、经济发展程度、教育层次等因素实行资金合理分担；三是建立起精准资助、资助育人、资助宣传、绩效考评、监督检查和集中发放等一系列工作机制。[1]十年砥砺奋进，学生资助取得重大进展，确保“不让一个学生因家庭经济困难而失学”，为家庭经济困难学生实现人生梦想提供了强有力的保障。

三、我国高校资助政策实施情况评析

在中央和地方政府的高度重视下，历经十年磨砺，我国资助体系由不完善到完善，资助范围实现全覆盖、资助力度不断扩大、资助资金不断增加，逐渐走出了一条具有中国特色的资助道路。从政策贯彻落实情况看，在党和政府以及各高校的逐层监督下，我国资助政策的实施效果明显，成绩喜人。

[1] 本刊评论员．新资助政策体系实施　创造学生资助新辉煌——写在国家新资助政策体系实施十周年之际［J］．教育财会研究，2017，28（5）：14－15.

武立勋等人曾经做过一项调查：通过对北京市 10 所不同类型高校 971 名本科毕业生的调查研究发现，高校家庭经济困难毕业生中仅有 1.75% 对学校的家庭经济困难学生资助表示不太满意或很不满意，74.39% 的家庭经济困难毕业生表示在学校获得的资助对自身成长成才起到了很大或较大的帮助作用。[1] 可见，政策的落实是较为成功的，政策的实施效果也是很明显的。但是，在看到成绩的同时，我们也要注意到，仍有部分政策并没有在根本上落实，实施过程中也存在一些问题。

（一）资助政策实施取得的成效

2007 年以来，经过十年的探索与发展，我国高校资助形成了相对完善的以“奖、贷、勤、补、助”和“绿色通道”制度为主体的资助体系，奠定与强化了高校资助工作的顶层架构。高校扮演资助政策的实施者，在落实资助政策的过程中也取得相当大的成效，主要表现在以下几个方面。

1. 资助方式趋于多样化、全面化，基本实现资助全覆盖

从中华人民共和国成立到现在，经过几十年的发展，我国对于家庭经济困难学生的资助工作越来越重视。资助方式从无到有，并逐渐实现多样化，从专科到本科、硕士研究生、博士研究生基本实现了全覆盖。2007 年，国务院颁布了《关于建立健全普通本科高校、高等职业学校和中等职业学校家庭经济困难学生资助政策体系的意见》（国发〔2007〕13 号），多样化的资助方式以制度的形式得以确立。这个多元混合的资助体系促使学生顺利完成学业，覆盖了学生需求的各个方面。贫困生学费不够可以通过国家助学贷款和绿色通道顺利入学，生活费缺乏可以通过勤工俭学、国家助学金等途径来解决，完全没有能力支付学费的贫困生可以通过“绿色通道”制度入学并顺利完成学业。资助的方式也越来越多，有无偿资助，也有有偿资助；有国家资助，有高校资助，还有社会资助。总之，我国的高校资助方式随着社会的发展越来越多样化，并且初步建立了一个完善的高校学生资助体系，有力地为高校

---

[1] 武立勋，胡象明．高校家庭经济困难学生资助政策实施效果研究——基于对北京部分高校本科毕业生的调查分析［J］．国家教育行政学院学报，2016（2）：72－78.

学生资助工作提供了制度保障。

2. 资助政策空前完善，配套设施逐渐健全

经过60多年的探索，我国资助政策已相当完善，实现了全方位，全覆盖，迈入了精准资助新阶段，完成了从“量”到“质”的转变。紧接着配套设施也将不断完善，通过完善的组织机构，健全的制度体系，高校科学的运作机制，提高资助工作水平。第一，完善组织机构，奠定了良好的工作基础。由于高校资助工作覆盖面广、规模大、学校管理体制复杂化及其资助工作的长期性，对组织机构的建立健全提出了各种挑战，经过政府和各高校的努力探索，较为完善的组织机构基本形成。第二，健全制度体系，确保资助工作取得成效。在国家文件的顶层设计指导下，政府、高校结合资助工作的实际情况，制定了一系列规章制度，确保资助工作有规可循。第三，构建科学、高效的运行机制，提升工作水平。重视对日常管理运作机制的梳理、优化畅通各工作环节，建立了宣传、督察及快速应对机制，注重调研、科研及信息化建设，确保了资助工作的良性运转。

3. 资助育人有新突破，规范管理全面推进

在国家资助力度不断加大，资助体系不断完善的今天，我们总是容易忽略“资助育人”这个最根本的问题。借助精准资助的政策契机，我们需要进一步提升资助工作的育人性。在党和政府的积极引导下，高校要不断贯彻落实资助育人理念，全面部署，系统规划，着力推动完成贫困资助从“输血型”向“造血型”模式的转变，努力构建“物质精神双助”体系，帮助学生克服经济上的困难，同时塑造健康的心理和人格，促进其学业进步和综合素质提升。首先，强化高校对“资助育人”重要性的认识，在资助工作已卓有成效的今天弥补育人方面的短板；其次，大胆创新育人机制，把无偿助学资金通过社会实践奖助、科研项目奖助等形式附条件发放，将勤工助学与激励政策相结合，提高育人水平；最后，政府、学校、社会要形成三方联动，搭建多层次育人载体，进一步巩固以政府为主导、学校为主体、社会各方支持的多元资助格局。通过政府、高校、社会的三方联动，多管齐下，齐抓共管，搭建一系列育人载体。

（二）资助政策存在的问题

现行高校资助政策经过近十年的探索与发展，在资金投入、覆盖范围、政策体系等方面都取得了长足进步。但由于政策实施时间不长，经济发展不平衡，教育资源分配不均，高校发展状况参差不齐等原因，高校资助政策在具体实施过程中还存在一些问题，阻碍了精准资助目标的实现。

1. 资金来源渠道单一，高校经费力不从心

目前，我国的教育事业处于不断变革的高速发展期，各个学校都出台了相关的实施细则。但是由于经费不一，在资助水平上，各高校资助差异很大。随着国家教育事业的不断发展，高校实施“减、免、补”的无偿资助模式凸显出许多不足：一是经济发展加快，物价不断提高，导致贫困生的数量急剧增加，高校发放的资助金额不能满足贫困生的基本生活需求。二是高等教育大众化趋势明显，高校数量和规模逐年增加，高校人数也在急剧增加，相应的贫困生数量也逐年上升，使资助金额与贫困生数量不成比例。而高校实行“减、免、补”的无偿资助措施，带来了经费不足、覆盖面不全等难题，同时也为国家和社会带来了一定的经济负担。构建科学有效的资助体系，仅仅靠学校和政府的力量是不足以改变现状的，需要吸引更多的社会成员参与其中，共同为保障贫困生尽早脱贫提供有力支持。[1] 目前，高校资助资源来源中的现存主要问题是渠道单一，造成这种局面的主要原因在于宣传力度远远不够，未能在社会中形成良好的捐资助学的氛围。

2. 资助政策结构不合理，资金分配结构有待优化

当前，从资助体系的比例上看，贷、奖、助等资助比例较大，而勤、减的资助比例小，呈现资助结构不合理现象。从资助主体上看，目前形成了以政府为主导，政府、高校、社会三方参与的主体结构。但是现实情况不容乐观，政府投入最大，其次是高校基金，社会各界的捐助所占比重停留在较低的水平，主体结构上也存在不合理性。一方面，学生主要通过申请助学贷款来缴纳学费和住宿费，通过各种“奖、助、补、减”政策来解决生活费的问

[1] 周红星．高校家庭经济困难学生资助政策研究［D］．上海：复旦大学，2011.

题。由于各类奖学金对学业成绩要求较高，加上贫困学生普遍存在的先天教育不足，所以贫困学生在竞争中往往处于劣势，学费与生活费问题不一定都能得到解决。另一方面，各项资助项目之间缺乏整合。有的学生可以获得多项奖学金和助学金，有的贫困生却因成绩不占优势而不能获得有效资助，这导致资源不能有效利用，甚至造成“贫者更贫，富者更富”的局面。

3. 勤工助学岗位供需矛盾，社会资助不足

勤工助学作为当前资助政策的一项重要内容，可以有效解决学生生活费的问题，也可以培养学生自立自强的能力。但是，随着高校招生规模的不断扩大，高校人数越来越多，贫困生的数量也相应增多，加上高校基本都实行了后勤社会化，各个高校能够提供的勤工助学岗位很有限，不能满足贫困学生的需求。校内的勤工助学岗位多是服务内容单一、服务层次较低的岗位，大多为打扫教室，整理图书馆资料，或者在校院办公室打字、传送文件等工作，而真正与学生专业有关联的助教、助研、助管等勤工助学岗位较少。再加上有些学校课程安排繁多，勤工助学方案严厉性、时间久的原因，更使得学生不得不放弃勤工助学机会。集资兴学，古来有之。社会力量资助教育，也是当今的国际惯例。例如，在美国就有社会力量资助教育的历史传统，大学除收取一定数量的学费外，各方面的社会捐赠向来是美国高校办学经费的重要组成部分。据美国教育资助委员会发布的报告，美国高校仅在 2014 年就获得各种捐赠总值 374. 5 亿美元。然而，我国社会资金对高等教育经费的捐赠和对贫困大学生的资助都偏小。教育部直属 76 所高校公布的 2014 年度决算情况中，清华大学、浙江大学、北京大学和上海交通大学年度决算均超过百亿元，但其主要收入来源是财政拨款收入和事业收入，捐赠收入占比极小。

4. 实施程序不明确，帮困方案较模糊

虽然我国形成了较为完善的资助体系，但是对于评选程序的规定还是不够明确，导致评选程序人为因素较多。国家注重政策的制定，但对于实施程序的具体规定仍然含糊不清，一些高校制订的实施方案人为性较强，为资助政策带来了隐性的不公平，可能导致部分学生对国家的政策失去信心。我国资助体系的形成初衷主要是为了让一些家庭困难的学生上得起学，顺利完成

学业。但因我国的资助体系中对于国家奖学金、国家励志奖学金等的认定条件都没有具体规定，各高校在评选的过程中随意性较强。首先，在资助政策的实施过程中，存在内部结构不合理，重经济上资助，忽视育人教育的问题。其次，在资源的纵向分配上，不能因人而异，制订差异化、多层次的帮困方案。最后，学院没有设立专业性管理人员，对贫困生进行个性化的育人教育。贫困生自身缺乏主体意识，不能根据自身的实际情况选择多样化的资助方案，这不利于优化帮困助学资源的配置。

5. 重视经济资助，精神扶贫缺乏

从我国资助政策的发展历程看，在政策导向上一直都在强调资助育人，不仅要进行经济资助，对贫困学生的心理、精神等方面也要更加关注。但是，在政策实施的过程中不尽如人意。事实上，贫困学生因为学习压力、生活压力、人际交往矛盾等产生的心理困境远超经济贫困带来的压力。目前，虽然许多高校都设立了大学生心理健康教育机构，每学期也会进行心理测评，但其面向的是全体学生，并不能单独对贫困生心理问题进行专门指导。目前对贫困生心理健康问题的有关研究也比较零散，不成系统。如何对贫困生进行精神帮扶，变单向经济脱贫为经济、精神双向脱贫是一个亟待解决的问题，对于这一问题，有关理论认识和实践措施都是比较薄弱的。尽管现在越来越多的政策更加强调育人的问题，但是对于贫困生这个大群体来说，贯彻落实是一项巨大的工程，落实到高校主要依靠辅导员去完成，是不现实的。现在高校并未形成完善的配套机制，也未引起有关管理决策者的高度关注。

6. 重视制度约束，轻视法律规范

目前，我国高校贫困生资助政策经过不断调整和修正已逐步走向完善，资助效果得到了较好的保障。但我国现行的贫困生资助制度和资助措施大多处于政策层面，法律效力不高，对各方约束力不够、强制性不够。尽管《中华人民共和国教育法》和《中华人民共和国高等教育法》明确规定，教育者有权获得奖学金、贷学金、助学金，家庭经济困难的学生可以申请补助或者减免学费，国家设立奖学金、助学金、贷学金，对家庭经济困难的学生提供帮助。由于不是针对贫困生这一特殊群体制定的专门法律，没有具体规定资助主体与资助客体的权利和义务，没有具体规定如何资助在校贫困学生，没有明确国家、社会和学校对贫困学生资助的法律关系，所以这些规定显得比较模糊、笼统，实践性、可操作性不强。[1] 在国家助学贷款方面，不能从法律层面明确获得贷款的资助标准，以及国家和各级政府、各级资助中心、金融机构、高等学校、贷款人及其家庭应有的权利和义务，也使得助学贷款的实施效果受到影响。

四、精准资助实施前高校贫困生资助的现实困境

虽然我国资助政策已相当完善，但是在实施过程中仍然存在一些困境。从贫困生的认定到资金发放，中间的环节存在很多人为因素的干扰和主观随意性较强的问题，出现了不公平、不公正现象，导致了资金的浪费，使更多的贫困生对国家资助体系产生了失望情绪。总体而言，在精准资助实施前我国高校贫困生资助主要存在指标体系不完善，认定标准单一，程序不规范、后期监管不到位等困境，需要利用大数据系统助力实现精准资助。

（一）高校贫困生认定与评定阶段

目前，全国各个高校主要依据 2007 年教育部、财政部联合下发的《关于认真做好高等学校家庭经济困难学生认定工作的指导意见》，分为三个步骤来判定家庭经济困难学生：第一步，由学生本人提供盖有民政部门印章的《高校家庭经济困难调查表》；第二步，由班级组成民主评议小组，进行测评，区分比较困难、一般困难、特别困难三个等级（不排除有些高校不区分等级、“一刀切”资助的现象）；第三步，班级上报学院，由辅导员进行审核并公示。大多数高校都遵循此流程，但由于随意性强，因而大多流于形式，产生了不少问题。

1. 认定依据过于简单

现行高校认定贫困生主要依据学生本人提交的《高校家庭经济困难学生

---

[1] 薛浩，陈万明. 我国高校贫困生资助政策的演进与完善［J］. 高等教育研究，2012，33（2）：87－90.

调查表》，采取传统的人力调查的方式。而在认定表中，仅有家庭经济困难指标因素，显然不全面不具体。其一，由于各个地区发展差异等因素，每个学生的贫困程度很难以统一标准衡量；其二，各个学院、各个专业的差异导致学费的不统一，贫困家庭承受能力不同等因素导致该认定依据片面化；其三，仅考虑家庭困难程度而不考虑学生综合素质、学业水平等，很容易滋生学生懒惰心理，难以从根本上改变贫困这一现状，显然与国家政策的初衷相违背。过于简单的认定依据，囿于生源地的广泛性，高校逐一走访贫困家庭进行实地调查难以实现，加上生源地部分政府工作人员往往会出于人情原因而开具缺乏公信力的贫困证明，将直接导致“助而不困，困而未助”现象的出现，产生了不良后果和消极影响。要从根本上解决认定困难、认定不准的问题，首先要设定合理的认定依据，进而才能解决虚假贫困的问题。在认定依据的选择上，学校可以先依据《高校家庭经济困难学生调查表》，再根据学业综合指标，通过百分比的形式进行划分，最后得出一个加权数值进行认定，这样的认定依据可以解决单一性与不准确的问题。

2. 认定标准不够科学

2007 年颁布的针对贫困生资助问题的文件中关于贫困生的认定标准有如下规定：“家庭经济困难，月生活费来源（含家庭、亲友及学校提供的各种资助）持平或低于校园地政府规定的居民最低生活保障线，难以维持正常学习和生活开支的学生可认定为贫困生。”由于各个区域发展水平不同，高校学生来自不同地区，导致学校对于最低生活保障线的标准很难把握。在实际的评选过程中，学校多通过班级民主评议，学院审核、公示等环节进行认定。虽然民主评议可以参考学生个人日常消费情况进行，但对贫困生的认定仍缺乏科学合理的标准和措施，学校还是无法依据贫困程度确定资助额度。目前高校普遍使用消费平均水平界定法和居民最低生活保障线比照界定法来界定经济困难学生。具体操作流程是先由学生自主申请，然后到相关部门审核盖章，最后由学校审批。这种流于形式的做法难免会发生利用关系弄虚作假的现象：一些真正贫困的学生因为自尊心强、碍于面子而放弃申请，一些家庭相对富裕的学生却极有可能利用关系进行虚假申报。此外，由于缺乏对贫困学生生活情况的经常关注与专门调查，学校也无法确定其真正的贫困程度，最后仅凭对学生的主观评判来确定对贫困生的资助额度。

3. 认定程序尚未规范

在贫困生精准资助这一系统之中，任何实体部分出了问题，首先要在程序上作出反思。程序是指办理事情的步骤或先后顺序，构成步骤或先后顺序的各部分的方式和来源影响甚至决定着实体问题的正当性与合法性。在本节语境下，贫困生资格的认定程序是实现资助精准化这个实体的关键，在精准扶贫的时代背景下，我国目前贫困生资格认定的程序有没有问题？又存在哪些问题？

目前，各高校认定贫困生的程序仍然是先由学生本人提出申请，再上交由当地民政部门签字盖章的《高校家庭经济困难学生调查表》，班级进行民主评议，最后将评议结果上交学院进行审查批准。这一模式看似合理，在实际操作中却存在很多问题。由于贫困生分布的地域范围广，各地发展水平的不同，学院很难从一张调查表中发现家庭经济困难学生，学院和生源地基本是没办法实现沟通、保障信息的真实性、准确性的。这样的认定程序是不严谨、不规范的。其一，由学生本人主动申请。真正的贫困学生出于虚荣心并没有提出申请，而有些并不贫困的学生出于金钱诱惑而提出申请，这就导致了虚假贫困、隐性贫困的产生，贫者更贫，富者更富，造成资源的浪费与教育的不公。其二，生源地民政部门容易出于人情关系的考虑，在签字盖章时并没有发挥审查的作用，使情况调查流于形式，造成学校认定困难加剧。其三，学院层面根据一张真实性存疑的《高校家庭经济困难学生调查表》作出资格认定，认定方式规范性欠缺。此外，若没有专门的机构负责审查工作，仅凭辅导员一人之力，难以作出精准认定。辅导员同时面对烦琐的贫困生认定工作和复杂的学生日常工作，更是催生了资格认定中的形式主义。其四，由于贫困生认定时间紧、任务重、资料多、数量大，部分辅导员因怕出现“误评”或“漏评”现象而采取“平均主义”的评定方式，认定范围的扩大降低了资助的精准度。此外，在实际认定过程中，部分教师和学生干部存有私心，责任心不强，没有严格遵循相关程序，损害了贫困生的利益，阻碍了精准资助的实现。

4. 贫困证明开具程序存在舞弊空间

认定经济困难学生的重要依据是一张《高校家庭经济困难学生调查表》，而该表需要生源地民政部门签字盖章。但是，在现实生活中，民政部门并没有尽职履行贫困程度调查程序，使签字和盖章流于形式。再加上各个学校的贫困生涉及面广，难以实现全面走访调查。一张大都由申请者口述或自书的贫困证明，要经基层群众性自治组织盖章，再经民政部门盖章完成“终审”证明的程序，存在许多徇私舞弊的空间。第一，由于民政部门不作为导致证明经常缺乏真实性；第二，由于人情关系等因素导致贫困证明流于形式、程序存在巨大舞弊空间，其真实性、公平性和有效性大打折扣；第三，由于高校辅导员工作的烦琐性，贫困生覆盖面广，无法实行全面的实地调查。因此，瞒报虚假贫困、所“资”非所“助”的现象时有发生。

（二）资助金额分配方面

不可否认，目前高校对于资助金额的分配仍然是平均分配或按照学院人数比例分配的。但由于各个学院、各个专业的学费、生活费和学生生源地经济发展水平、家庭情况等各方面的差异，这样的分配方式随意性较强。具体而言，资助金额的分配主要存在以下问题。

1. “一刀切”帮扶措施

由于每位贫困生的家庭贫困程度不同，他们对于贫困资助的需求程度也不同。同一个学生在不同的阶段和不同的年级，其个体需求会存在差异。但是，在高校的具体实施中，很少考虑不同类别不同主体的个性化需求，也往往忽略各类困难学生群体的需求差异，贫困帮扶缺乏动态分析，工作形式不够丰富，工作目标过于功利，这样的资助容易造成资助工作“供需”不对应，精准度差，不能“急学生所急，想学生所想”，资助工作容易错过最佳时机，使得资助效果大打折扣。

2. 资源分配不合理，程序简单

目前，高校大多将贫困生的困难等级分为特别贫困、比较贫困、一般贫困三等，其资助额度有所区别。目前来讲，区别贫困等级的依据仍然较为模糊，资金分配也不甚合理。更有甚者，有些学校不区分等级，实施“一刀切”的帮扶政策，这样的程序过于简单化，容易流于形式，导致国家资源利用效率低化。❶

3. 精神贫困亟待解决

一直以来，高校的资助工作主要集中在经济上、物质上的帮扶，利用国家拨付的资金减轻贫困生经济方面的负担，而忽略了告别贫困最重要的因素是对学生精神方面的帮扶与塑造。部分经济困难学生成长经历曲折，加上学习压力大，容易走向精神极端，这些精神问题很难通过物质帮助来解决。❷ 此外，由于我国的资助政策多是无偿的，容易滋生贫困学生“等、靠、要”的思想，在部分贫困学生缺少自立自强的意识、缺少感恩回报社会的意识的情况下，资助工作本身的人文关怀和育人诉求被不断弱化，更难以从根本上让学生感受到精神的富足，也难以实现“精神脱贫”。

（三）贫困生的后续管理阶段

将困难学生识别出来之后如何进一步管理，这已经成为高校资助工作的难题，表现为工作量大、人员复杂，而高校又缺乏专职人员。据了解，现在各个高校主要采取的是辅导员管理的模式，而学生的日常工作又琐碎繁杂，辅导员很少有时间、有精力去承担学生资助管理工作，因此，出现问题成为必然。

1. 资助管理人员匮乏，专业化水平不足

目前，高校内学生资助管理工作基本是由年级辅导员承担。辅导员事务繁多，贫困生的工程量大，资助工作只是其中很小一部分，辅导员很难全面了解每一位贫困学生，更别说针对其进行长期的跟踪与心理、精神辅导。在愈发注重精准资助的今天，辅导员也很少接受精准资助工作方法方面的培训，导致精准资助的专业知识和管理能力不足。因此，高校存在资助管理人员缺乏，专业化水平低的问题，亟须一批适应精准资助工作需要的专业人才队伍。

---

❶ 孙婷，张军，曹林林．大数据背景下建立精准学生资助工作机制刍议［J］．教育教学论坛，2016（51）：7－8.

❷ 刘晓杰．“精准扶贫”思想下的大学生“精准资助”［J］．教育教学论坛，2017（3）：3－5.

2. 资助管理模式简陋

现行高校资助的流程基本是：学校根据各学院人数进行指标分配，学生申报，学院审核，报学校汇总管理。这样的模式工作周期长，以年为周期进行评定，难以综合应对突发性事件致贫的问题。学生资助工作大多停留于发放资助资金，几乎不考虑资助是否能满足学生的需求。这种资助管理模式简陋，很难实现“公平、公正、公开”，对于资助学生的后续管理也存在漏洞，不适应精准管理的要求。

3. 缺乏对受助学生的持续跟踪管理

当前高校学生资助工作的宗旨是“不让任何一名学生因家庭经济困难而辍学”，为了消解家庭经济困难学生生活学习的后顾之忧，高校以及社会各界力量都积极参与到了贫困大学生的资助工作之中。但是对资助金的使用情况、受资助学生的生活学习情况、家庭经济情况等方面很难进行持续的跟踪管理，也难以形成合理有效的行为规范和约束机制，这样将会对今后的精准资助工作造成一定阻碍。

（四）受助学生的考核阶段

1. 缺乏有效的评判方式

高校精准资助相对于社会资助具有更深远的意义，笔者认为主要分为两个层面：一是实现应助得助、得助应助；二是育人。通过资助，一方面解决学生家庭经济困难问题，另一方面通过激发学生内生动力，使之知恩、感恩、报恩，自立自强，促进学生全面发展，这是高校资助的最高境界，也是高校资助工作的最大价值。目前这两个层面的实施效果缺乏行之有效的考量标准。虽然许多高校在发放助学款项后，对学生消费进行了追踪、座谈，但还是无法实现贫困资助情况的全覆盖追踪和全过程调研。在育人效果方面也存在这一问题，受助学生是否能做到知恩、感恩无法进行考核。

2. 缺乏动态监管机制

现在各高校大多都是秋季开学进行贫困生资格评定，根据政策进行资助，之后往往就不管不问。由于贫困资助涉及利益分配的问题，建立一套动态监管机制以促进贫困资助效果实有必要。由于资助款有限，在家庭极度贫困的情况下，还是难以保证贫困学生的基本生活需要。当前，各高校普遍建立了智慧校园系统，可以用来发放奖学金、选课、消费、进行勤工助学岗位申报，等等。但事实上没有建立起一套完整的学生消费记录系统，由于高校学生生活空间的相对稳定性，可以考虑通过“一卡通”及“银行卡”的消费记录来评估贫困生的日常生活情况。当低于一定的指标时，可以触发预警机制，学校根据实际情况给予一定临时补助。

3. 退出与应急机制不健全

目前，各高校实施学生资助工作仍然是止于资金发放，而对于资金的使用及其效果普遍没有进行跟踪。而当前，我们认定家庭经济困难学生工作多为每年一个周期，这容易忽略因突然事件而导致家庭极度贫困的学生，难以及时为他们提供经济救济。对于那些消费水平高、经常铺张浪费并且享受国家资助的学生可以启动退出机制。退出与应急机制是进行精准识别的第二道防线，对于促进教育公平、保障学生受教育权发挥着不可替代的作用。

第二章　国外高等教育资助评述

在一些发达国家，很早就形成了比较完备的高等教育贫困资助体系。分析和研究这些国家的高校大学生资助体系，有助于有针对性地检视我国大学生资助体系存在的问题，从而对我国资助体系进行适当的调整完善。基于此，本章将对国外一些具有代表性的经验进行总结和介绍，以期在理论构建和实践操作等方面为发展完善我国的资助体系提供参考和借鉴。

一、国外高等教育资助相关理论

（一）教育公平理论

教育公平一直以来是国内外教育思想理论界公认的重要理念，古代诸多教育家和思想家都极为推崇教育公平理念，正如孔子的“有教无类”的教育理念，就是说教育应当公平，无论身份、地位有何不同，每个人都有平等接受教育的权利。教育公平作为社会公平的重要组成部分，高等教育作为教育体系的重要阶段，若不能实现教育公平，将极大减损社会公平的实现程度。因此，我们讨论高校大学生的资助问题，应当首先解决教育公平问题。只有充分实现教育公平，资助政策的原初作用才能充分发挥。现阶段的教育公平理论存在几大代表性观点，笔者选取其中几种作为研究支点。

1. 马丁·特罗大众化理论中的教育公平理论

马丁·特罗（Aatin Terrow）在1973年提出“高等教育大众化”阶段论，即毛入学率在15%以下的高等教育属于精英教育阶段，在15% ~50%范围之内属于大众化阶段，高于50%则进入普及化阶段。马丁·特罗的教育公平理论能够为高校大学生资助管理政策的进一步推进提供有益借鉴。近年来，我国高等教育普及化程度进一步加强，已经步入了大众化、普及化阶段。同时，人们对于高等教育公平的要求进一步加强，由于是否接受高等教育对于就业者起着越来越重要的作用，越来越多的人开始尝试通过实行补偿性举措降低弱势群体入学机会的不平等。❶ 当受教育权逐渐成为每个公民都能切实享有的权利时，如何保证高等教育机会公平是当前教育改革首先要解决的问题。因此，他主张通过实行补偿性的措施来促进教育公平。

2. 詹姆斯·科尔曼的教育公平理论

詹姆斯·科尔曼（James Samuel Coleman）曾受美国教育部委托，率调查组调查美国教育公平问题。该调查覆盖面较大，以美国各地4000多所学校中的64万学生为调查对象，因此相关调查报告被认为是当时历史上最富有成效的报告之一。报告根据种族将学生划分为六种不同类型，分别是：黑人、美洲印第安人、亚裔、波多黎各人、墨西哥人、白人，分类统计研究不同种族学生在种族隔离、设施和师资、学习成就以及与成就相关的学校特征因素等四方面的现状与差异。❷ 在对调查材料进行充分论证和调研的基础上，1966年，该调查组向国会提交了《关于教育机会平等性的报告》，即历史上饶有声誉的《科尔曼报告》。《科尔曼报告》的主要创新点在于将学生的学习成就归入教育机会公平领域展开研究，最终作出了以下四点主要结论：第一，美国国家公立学校中存在严重的种族隔离和种族歧视问题；第二，不同学校之间的差距对不同种族的学生的影响不同；第三，学校等社会因素及家庭背景因素导致黑人儿童学习水平普遍较低的现象；第四，不同学生的社会家庭背景对处在不同社会阶层的学生影响不同。

詹姆斯·科尔曼对于教育公平的论述主要基于接受教育的具体过程展开。首先，在入学前教育公平体现为获得教育的机会均等，他提出应当设置一种

---

❶ 陈兴明．特罗的大众化理论中的教育公平观及启示［J］．黑龙江高教研究，2003（6）：147.

❷ 马晓强．“科尔曼报告”述评——兼论对我国解决“上学难、上学贵”问题的启示［J］．教育研究，2006（6）：30.

免费教育制度，使不同社会背景的儿童能够学习到同样的课程，使学前儿童受教育程度达到入学要求。其次，教育机会均等体现为接受教育过程中的教育机会均等，这种教育公平的标准在于不同出身背景的学生群体中有同等比例能够获得同样的教育机会的学生。再次，教育公平还应当包括教育结果公平，即不同性别或社会阶层均有相应比例的学生获得相似程度的教育成效。最后，教育对就业机会影响均等化同样是教育公平的重要组成部分，教育可以克服先天差异所造成的地位和经济上的不平等，弥补因先天家庭经济条件、接受教育程度及文化习俗的差异而对子女未来可能产生的一系列不利影响，最终达到影响社会制度发展的效果。换言之，即通过实现教育公平来促进社会公平。应当注意，我们只能不断接近公平，而不可能完全实现它，绝对的公平是不存在的。这种接近程度由教育投入的均等程度决定，同时受校内和校外差异度影响。詹姆斯·科尔曼关于促进教育机会均等化的主要观点在于促使教育公平由入学机会平等扩展为教育程度平等及就业机会的平等。

3. 皮埃尔·布尔迪厄文化资本理论中的教育公平理论

皮埃尔·布尔迪厄（Pierre Bourdieu）被认为是法国当代著名的社会学家，其有关文化与权力的关系论述成为西方社会学研究的主要内容之一，产生了很大影响。皮埃尔·布尔迪厄认为资本应当被划分为经济资本、社会资本和文化资本三种类型。他认为通过家庭传递的教育资本等文化资本，相较于经济资本和社会资本来说能够实现极佳的继承性，也同时能够影响经济资本和社会资本的发展。文化资本理论（教育资本）是布尔迪厄教育社会学理论中的重要内容之一，所谓文化资本理论（教育资本）指不同家庭教育可能实现的文化财产，即所有与教育相关的财产或与文化生活有关的资产，依据其表现形式的不同可进一步分为形体化、客观化和制度化三类文化资本。第一，形体化文化资本指精神和身体的持久性影响产生的文化资本，如通过家庭教育熏陶所获得的兴趣、人文修养或生活习惯等无形存在的文化资产；第二，客观化文化资本表现为以教育产品的形式存在的资本形态，如实际存在的图书、器械等有形物质文化资产；第三，制度化文化资本则以教育资格存在的资本，即通过学校教育而获得文凭等方式所具备的处于无形与有形之间的文化财产。❶ 基于此，文化资本与教育之间存在极为紧密的助益关系，学生在接受教育时所获得的收益和资本往往与已有的家庭文化资本和教育资本密切相关，同时学生在教育过程中获得的文化资本被教育形式固定化和制度化，通过教育学生实现文化资本在家庭中纵向传递来促进社会结构再生产。❷ 詹姆斯·科尔曼的教育公平理论旨在强调社会资本对教育实现可能性的影响，而皮埃尔·布尔迪厄则进一步强调文化差异对于教育不公平的影响。皮埃尔·布尔迪厄对法国不同阶层的人在接受高等教育方面的不平等问题进行了调研。研究发现，不同社会阶层中接受高等教育的人数比例差异明显，他认为此种形式的教育不公平是违反教育公平原则的显性表现。为分析教育机会不均等现象存在的隐形表现，他分析了不同社会阶层的子女教育选择及目标的差别。主要有以下三点结论：第一，在主观目标方面，社会阶层越低，接受高等教育的意愿越低；第二，在专业选择差异上，社会下层学生比社会上层学生受到更多选择性限制，社会下层学生一般只能选择文学院或理学院，而社会上层学生则能够选择法律、医学等专业；第三，在学业成就差异方面，在学校未实行统一教学的情况下，上层家庭子女与下层家庭子女间的学业差异较为明显，其主要原因在于不同阶层子女对于文化资本的实际占有量存在明显差异。

总而言之，皮埃尔·布尔迪厄认为尽管经济资本在学生发展道路上处于主导地位，但并不是能够决定学生阶层身份的唯一因素。在他看来，家庭教育背景较好的学生，由于从小接受主流的、被认可的文化和品行熏陶，因而在学校教育中也往往会有更多的优越感或优先权，相较于家庭经济贫困的学生而言往往处于优势地位。除此之外，优越的家庭地位和经济背景能够为其提供经济上和文化上的支持，加速这部分学生在学习和生活上的发展。❸ 基于此，他认为学生之间不同的家庭背景、文化差异、经济资本等都是造成教育

---

❶ 徐瑞，郭兴举．文化资本理论视域中的教育公平研究——皮埃尔·布迪厄的教育社会学思想摭拾［J］．教育学报，2011，7（2）：15.

❷ ［法］布尔迪厄．文化资本与社会炼金术［M］．包亚明，译．上海：上海人民出版社，1997：192－194.

❸ 赵杰，刘永兵．布迪厄的文化资本与教育公平［J］．社会科学战线，2010（3）：267.

不公平的原因。

（二）教育评估理论

教育评估的概念自提出以来一直变动不居，其具体含义截至目前尚无统一的科学释义。不同学者对其概念的阐释使得教育评估理论的内容不断得到拓展，逐渐能够揭示教育评估理论的本质问题。西方教育评估理论的研究已经有相当多的成果，研究深度远远超过我国，因此，借鉴国外经验能够为我国教育评估实践提供指导和助益。

1. 斯塔弗尔比姆的教育评估理论

斯塔弗尔比姆（Stuffebeam，D. L.）（1966）认为教育者需要采用一个较广义的评估定义，而不只是局限于预先拟定目标达成的情况。[1] 他认为，教育评估应当为教育计划的顺利推进提供帮助和指导，并将教育评估定义为“为决策提供可用信息的过程”，他强调评估的主要目的是收集、分析有用信息，而不仅仅是评估本身，才能帮助教育决策者作出正确的决定。斯塔弗尔比姆的教育评估理论主要指“CIPP 评估模式”，认为教育评估的主要意图在于为教育决策提供有用的信息，教育评估主要包括对教育背景、信息分析、教育过程和教育成果等四方面的综合分析，每一部分的评估结论都能为教育决策的正确实施提供参考，综合以上信息得出的综合性评估结论更是如此。其中，针对背景的评估主要是确定目标、分析评估目标实现的可能性；信息分析评估实际上是条件审查，主要是分析条件实现的可能性；过程评估通过对教育过程的观察分析发现其中存在的问题；成果评估为决策的最终作出提供综合性的信息，预见决策可能出现的风险。由此看来，“CIPP 评估模式”将作出正确的决策而不是实现某一教育目标作为评估重点，突出评估的信息功能并强调通过评估找到工作重点、实现决策的正确性。它还试图将信息评估、分析评估和综合评估结合起来，以作出更加科学准确的评估结论。另外，该模式实质上将教育目标也纳入了评估活动之中，以保证教育目标本身的合理性。

---

[1] 翟保奎．教育学文集·教育评价［M］．北京：人民教育出版社，1989：301.

2. 斯塔克的教育评估理论

斯塔克（R. E. Stake）（1973）在肯定教育评估理论的基础上提出了自己的教育评估理论，被称作“应答评估模式”。教育结果并不能完全实时性地体现教育评估价值，而可能存在一定的非实效性和潜伏性。因此斯塔克反对通过预设目标进行教育评估。斯塔克强调教育评估首先应当与相关人员直接对话并进行实地调查，倾听与教育方案具有直接关系的人提出的意见和建议，在评估过程中考虑不同主体的利益诉求，强调教育评估的分散性和评估关系主体的正当利益。评估者与教育评估相关的各方利益主体在进行对话后充分了解各方利益诉求，分析进行教育评估的现实可能性。斯塔克认为，解决教育问题只有依靠与其直接相关的人才能推进教育评估活动，促进教育工作进一步发展。在具体操作中：首先，需要征集评估关系主体的问题与利益诉求，多角度了解现实状况和各主体评估需求后制订评估的具体方案；其次，要深入到现实的教育活动中观察和发现问题；再次，充分收集社会各界对教育活动的不同观点和看法，并请教相关领域的专家进行详细论证；最后，通过综合分析资料得出最终评估结果。总的来说，应答评估模式强调评估的民主性参与，注重评估各方主体作用的发挥，关注各方主体之间如管理者与评估者、决策者与实施者之间的交流和对话，且强调非正式评估方法，以挖掘更为全面、丰富的信息。因为该评估模式强调评估的民主性，要考虑到各主体利益诉求，同时还要耗费大量的人力物力进行非正式评估，所以该评估模式实施效率较低。

（三）教育成本分担理论

“教育成本分担理论”是由美国学者对美国、瑞典等五个国家的大学生资助状况进行调查分析之后提出的。他们发现不论经济发展的差异化程度如何，各个国家的免费高等教育政策或奖助学金政策并不能充分保证处于较低社会阶层家庭的子女、边远山区学生、少数民族学生获得与其他学生完全平等的高等教育机会，而且可能产生马太效应。D. Bruce Johnstone 作为“教育成本分担理论”的首创者，指出“无论在什么社会体制的国家，高等教育的必须成本都应当由以下几方主体来分担：国家、家长、学生、社会（雇主和纳税人）和高等院校”。❶ 受该理论的影响，国际上的普遍认识是政府承担大部分的高等教育成本，接受教育者承担学费等小部分必要成本。此外，针对经济特别困难，确实无力继续求学的学生，原来完全免费的高等教育政策逐渐转型成为以奖学金、助学金或其他形式提供资助的多元救济政策。1943 年马斯洛在《人类动机理论》一文中提出人的需要由低级到高级分别为生理的需要、安全的需要、归属与爱的需要、尊重的需要、自我实现的需要。这就是著名的“需要层次理论”。❷ 根据这一理论，有学者调查后指出，家庭经济困难学生在接受教育期间迫切需要解决的困难和问题依次是经济压力、学习压力、心理压力、人际关系、就业压力等。他们的需求同时体现在现实困境和发展需求上。高校贫困生能够继续求学是资助工作的出发点和落脚点。因此，要建立健全有效的资助政策体系，首先需要了解贫困生的实际需要，既要了解他们在物质层面的需要，也要了解他们在精神层面的需要，以便于增强资助政策的针对性。充分了解资助对象实际需要的基本路径，就要将需要研究和分析的对象，视为一个整体，分析其人员构成、研究背景、外部环境之间的相互关系和变动规律。高等教育贫困生资助体系是个非常庞杂的系统，其内部各要素之间存在相互作用、相互依存和一定条件下相互转变的紧密关系，而且还可能受到传统经济状况的影响。因此，进一步完善我国高校贫困生资助体系是个大命题，其牵涉范围尤为广博，关乎整个高等教育事业的发展状况，关系到社会、经济、政治、文化、法律和伦理等方方面面，需要将其纳入社会大背景中加以考虑，当前需充分调动各方主体积极性，努力发展完善符合我国国情的有中国特色的高校贫困生资助政策体系。

基于此，在开展我国高校大学生资助管理问题的研究过程中，要注意明确以下几点❸：其一，教育资助活动应当进一步系统化，尽可能地将所有情况予以综合考虑；其二，高校资助政策的目的应当在于促进学生的自我发展而

---

❶ D. Bruce Johnstone. Sharing the Costs of Higher Education. Student Financial Assistance in the United Kingdom, the Federal Republic of Germany, France, Sweden, and the United States [J]. Omarav Analy, 1986 (100): 202.

❷ A. H. Maslow. A theory of human motivation [J]. Psychological review, 1943, 50 (4): 370.

❸ 涂艳国. 教育评价 [M]. 北京：高等教育出版社，2007：6.

不仅仅是经济援助；其三，高校资助政策的核心在于价值判断，教育价值包括个人价值和社会价值两方面，在资助政策的制定过程中，既应当关注接受教育者的个人发展需要，又要关注社会整体发展需求，使教育资助的价值实现建立在双方的真正需求基础之上；其四，除公共价值与个人价值的价值判断标准之外，教育资助政策还应当关注教育活动可能带来的显性效果和隐性效果。显性效果即指预设目标的实现度评估，隐性效果则指预定目标外部性效果的评估。[1] 因此，本研究对高校大学生资助管理活动进行教育评估工作时，要注意理论指导，注重对教育资助过程合理性、目标准确性、材料真实性等方面进行有效的把握。除此之外，还要注意把握现代高校资助活动的五大发展趋势：定量分析与定性评估相结合、过程分析与结果评估并重、自我分析与他人评估互补、正式分析与非正式评估共存、多元分析，以尽可能地增强评估工作和研究成果的科学性与完整性。

二、国外资助模式发展概述

（一）美国资助模式——混合资助模式

美国的教育资助体系相对较为完善，经过多年发展，基本上形成了适合其本国国情的资助系统。美国教育资助体系呈现出多元化的特点，政府、社会、学校都是美国教育资助的主体，资金实力强，资金来源丰厚是美国式资助体系的显著特点。凭借多元化的资助渠道，美国式资助体系较为完善。

混合式资助模式是美国资助政策的重要内容，其最大的特色就是多元化，无论是资助资金、资助方式还是资助主体都呈现出多元化的特点。这种资助模式因而是一种较为复杂的、综合性较强的高校教育资助模式。美国的大学会根据学生的实际情况定制不同的“资助包”，以供拥有不同需求的学生选择，贫困并不是美国资助政策唯一的考量因素。美国政府、高校和社会对学生进行经济资助的主要目的在于援助经济困难的学生持续学习，不让任何学

[1] 范晓婷．大学生资助管理评估研究［D］．北京：北京科技大学，2016.

生因为经济问题而失学，而不仅仅是扶危济困。近年来，美国开始转变学生资助思路，不仅仅针对家庭经济困难的学生，对于品学兼优的学生也进行了相应的资助。20世纪90年代以来，美国政府对高校的资金支持逐渐减弱，由于经费不足，高校只能通过提高学费增加收入，学费的高涨直接导致大多数贫困家庭学生的学业难以为继，加上美国政府的资助政策已由原来的赠予型资助转变为贷款型资助，不少高校发现，如果不加大对部分学生的资助力度，学校就会面临优秀生源流失和收入下滑的局面。[1] 美国的“资助包”包含贷学金、奖学金、助学金、校园兼职、减免学费五种资助方式。学生拥有选择适合自己的资助模式的权利。这种以大学生实际需要为基点的资助体系，可以有效发挥大学生的积极性，发挥资助政策的最大效用。[2] 1944年，罗斯福政府颁布《军人权利法案》，该法案第一次涉及美国政府资助政策，因此被认为是美国政府资助政策的起源。此法案虽然只涉及退役军人的资助问题，但对于学生资助政策的建立起到了很大的作用，在美国学生资助政策的发展历史上具有非常重要的地位。美国奖助学金有国家级、校级、院系三类，除此之外还有由社会团体设立的奖学金项目，资助资金来源的多元化决定了奖助学金种类的多样性。美国奖助学金的主要资金来源分为国家资金支持、各州政府资金、各种学校基金、社会捐赠四个部分。其中，国家资金支持在学生资助活动中占据主导地位，是学校资助政策的主要资金来源；州政府资助的金额较小，发放范围的限制也较为严格，基本上只针对在本州高校求学的本州学生；学校基金利用学校历年的预留经费与积累设置本校奖助学金，通过设置各种资助项目争取优质生源和政府资助。[3] 美国高校奖助学金项目可以分为三类：服务型奖助学金、非服务型奖助学金和助学贷款。服务型奖助学金包括科研补助金和助教补助，学生在学校完成相应的助教、助研工作后才能获得此类补助。有关的资助计划规定经济困难学生可以申请参加，由学校决定

[1] 张建奇，曲敏．美国高校大学生绩优性资助的发展［J］．复旦教育论坛，2012（3）：82－86.

[2] 周文．国外大学生资助政策分析及对我国的启示［J］．江西农业大学学报（社会科学版），2011（2）：163－166.

[3] 张生，王敬波．美国高校资助制度及其借鉴［J］．中国高教研究，2004（3）：60－62.

其是否符合资助条件，[1] 接受资助的学生每周将会有 20 小时以内的工作量，资助金来源于联邦政府、学校、社会资助。美国的服务型奖助学金制度与我国高校中的勤工俭学的类型相似，但主要的区别在于美国高校提供的学生工作岗位更丰富，涉及主体更多元。非服务型奖助学金中的奖学金和助学金的申请程序与其他国家区别不大，学生可以通过获得奖助学金减轻学费压力。值得一提的是美国的助学贷款，根据由中国社会科学院国家金融与发展实验室与银行研究中心联合发布的《中国消费金融创新报告》，美国的消费信贷可以细分为学生贷款、汽车贷款、信用卡贷款等。2008 年国际金融危机之后，信用卡贷款呈现下降趋势，其占消费信贷的比重已从 2008 年的 37.6% 大幅下降到 2016 年的 26.5% 。与之相反的是，学生信贷、汽车信贷出现爆发性增长。尤其是学生信贷，其规模从 2003 年的 253 亿美元升至 2015 年的 1232 亿美元，增长 386.96% 。截至 2016 年，美国的学生信贷占比已经上升至 37.3% ，成为美国消费信贷中占比最大的一类。该报告还显示，除政府支持外，约 19% 的学生贷款来自商业银行等金融机构。这部分贷款是美国国家助学体系的有益补充，可以有效地减轻学生的经济压力，但这种学生贷款的利率也相对较高。另有资料显示，2015 年有 68% 的美国大学生在学生贷款支持下完成学业，学生贷款的比例超过信用卡贷款。[2] 目前美国贫困学生助学贷款已经成为其顺利完成学业的重要方式。据统计，有近 23% 的美国学生在校期间申请过国家助学贷款。美国的助学贷款种类多样，贷款数额也十分灵活多元，实施机制非常完善，基本实现了政府、银行和学生“三赢”的局面。助学贷款的多样性能够适应学生的不同需求，贷款金额来源的多元化使得美国助学贷款取得了较好的社会效果。美国现行的助学贷款包括联邦伯金斯贷款、联邦家庭教育贷款、联邦直接学生贷款三大类。助学贷款实施机构有政府部门、高校和商业银行等金融机构，学生可以根据自己的实际需要申请适合自

---

[1] Keane, M. P. Financial Aid, Borrowing Constraints, and College Attendance: Evidence from Structural Estimates [J] . American Economic Review, 2003, 92 (92): 293 -297.

[2] 美国“校园贷”成第一大消贷 [EB/OL] . [2017 -05 -08] . http: //www. nbd. com. cn/articles/2017 -05 -08/1102775. html.

己的贷款种类、贷款机构和还款方式，如果遇到失业、重大疾病和残疾等特殊情况，贷款学生可申请延长还款期限，毕业后还可以享有多种贷款减免优惠政策。美国政府是助学贷款风险的担保人，银行和其他金融机构因助学贷款违约而带来的经营风险也大大降低。此外，当银行或者其他金融机构提供贷款时，联邦政府还会通过补贴银行贷款利息等方式刺激银行和其他金融机构放贷。在申请标准上，基于美国资助资源的充裕性，各类资助项目的申请标准较其他国家而言更为宽松。家庭经济情况和学业成绩是美国申请助学贷款的主要考核标准，这与其他国家并无二致，有所不同的是，美国不直接将家庭经济情况设置为助学贷款项目申请的唯一标准，而是通过法定的量化“需求分析”方法计算学生实际经济需要，从而确定其是否可得到贷款及贷款可得的资助金额。

1. 美国模式的具象化分析

(1) 大数据利用下的精准识别

精准扶贫的逻辑进路首先应当是精准识别，只有在精准识别的基础上才能更好地推进精准扶贫。现阶段我国扶贫工作最为人诟病的问题并不是国家的扶贫力度或决心不够，矛盾的焦点在很大程度上体现为精准扶贫的对象认定程序不明确，在学生资助领域的现实情况是学生与老师关系的密切程度而不是实际的家庭经济状况成为贫困资助工作中更具影响力的因素，在没有单亲、重大疾病等明显事由外，与负责老师关系不够密切的学生很难在贫困资助问题上被认真对待。有学者指出，高校腐败情况日趋严重，存在大量的权力“寻租”，如何促进高校精准扶贫工作纵深发展，首先要解决的就是高校的体制机制问题，这个问题是精准扶贫推进过程中的核心，是高校改革的难啃的硬骨头，牵涉部分当权者的利益，甚至可以说是利益链，没有人愿意将权力让渡于程序，因为程序或许可以较为有力地保障公平，但是高校当权者会认为自己的权威无法体现。因此，我们首先要解决的问题就是将权力装进制度的笼子里，让制度成为权力的守门人，只有这样，精准扶贫工作才能深入推进。

在解决上述体制悖论之后，接下来需要解决的问题是如何实现精准扶贫中的“精准”。“扶贫”，顾名思义是指对贫困学生的帮助和支持，而扶贫对象的选择是推进精准扶贫需要解决的重要课题。我国尚未建立起程序化、标准化的扶贫对象的选择制度，对于高校贫困生资助对象的选择，实践中的做法大多数是通过老师向学生了解情况、学生之间相互推荐或通过其他方式（如以学习成绩、平均分配）进行的。这几种方式显然都具有一定程度的不足和缺陷。因此，我们需要建立一种程序化、标准化的定量评选方式，根据相关指标进行量化分析，以推动实现最大程度的公平。大数据技术的快速发展回应了这一现实需要，时至今日，将大数据技术应用于资助对象的选择工作并非遥不可及，美国在这方面已经有先进的经验可供借鉴，下文将予以分析。

美国具有科学化的贫困学生精准识别程序，以 FAFSA（联邦学生资助免费申请表）为例进行分析，美国国会制定了关于申请人的多方面的量化计算标准，教育部根据该标准对贫困补助申请人的个人和家庭基本情况、收入和资产状况等一系列可量化指标进行科学分析，最终确定是否应当给予申请人以经济扶持。[1] 美国 FAFSA 制度之所以能够成功实施，与美国完善的经济体制密不可分。首先，美国实行税务自行申报制度，为保证税款归入国库，同时设有严格的惩罚机制。美国还有先进的税务信息化管理机制，税务机关上下级和同级不同部门之间实现了信息的互联互通，以保证信息化管理发挥实效。除此之外，美国还通过实施收入监控体系核对非劳动收入，并将个人的所有财产纳入经营性收入的范畴，以此来评判学生家庭的经济情况。除此之外，美国教育部借助大数据技术平台充分掌握了公民的个税缴纳情况，可为评估学生家庭基本经济状况和教育费用的可接受力提供数据技术支持。

（2）“新分级资助”模式：精准匹配

精准匹配即精准分析资助对象的个体需求，有针对性地提供个性化资助。[2] 我国部分高校在实施资助匹配的过程中，通常的做法是将所能提供的资

---

[1] Dynarski S. Hope for Whom? Financial Aid for the Middle Class and Its Impact on College Attendance [J]. National Tax Journal, 2000, 53 (3): 629 –661.

[2] Joseph W. Goetz, Yoko Mimura, Miti P. Desai, Cude, Brenda J. HOPE or No – HOPE: Merit – Based College Scholarship Status and Financial Behaviors among College Students [J]. Journal of Financial Counseling & Planning, 2007, 19 (1).

助项目向学生公布，由学生自主选择。但学生往往不能明确自己能获得何种资助项目或对自身真正需要的资助项目定位不清，经常出现盲目申请、重复接受资助等问题，且容易滋生“等、靠、要”的消极心理。同时，混合资助中的子项目不能形成合理有效的互补，这不仅影响资助政策实施的效率与公平，而且不利于塑造家庭困难学生正确的价值观。要发挥精准匹配在精准资助工作中应有的积极作用，需要将现有的学生资助政策组合打包，进一步增强资助方案的差异化和针对性，形成一个现实的“资助包”，向学生提供不同类型的资助供给。根据美国联邦教育部的官方解释，“资助包”的基本内容包括奖学金、助学金、贷学金、勤工助学等多种资助形式，旨在通过多方协同解决贫困学生的上学难问题。其“国会方法”操作流程可概括为以下核心步骤：第一，根据学生申请计算“教育成本”；❶ 第二，评估学生教育资助需求；第三，学校根据学生的实际家庭情况制定资助方案；❷ 第四，综合考虑学生已经获得的资助项目和尚未获得的资助项目，进行适当调整，以实现协同资助的效果。这种分级化和多步骤的计算标准共同促使美国学校资助政策实现了“因人而助”。我国高校“资助包”的设置也是以“分级资助”为原则的，但其可供选择的项目较少、规模较小、差异性也不够明显，贫困等级的划分标准仍然较为简陋。总而言之，构建多元分级和多重指标的“差异性资助”模式可以进一步提高学生资助政策和学生实际需求的匹配程度。高校也可以根据学生家庭收入静态指标划分家庭贫困等级，再将学生学习情况、社会实践和心理状况等动态因素引入高校贫困生分级标准，实现高校资助政策和学生需求的精准化匹配。这种方法可以在提高学习资助政策实施效率和促进教育公平的同时，推动实现家庭经济困难学生的全面发展。

（3）资助立法：精准实施

精准实施是指实现精准资助的实施过程合理、方法有效，是精准资助的

---

❶ 大学生的教育成本主要由五部分组成，其计算公式为：教育成本 = 学杂费 + 书本文具 + 食宿费 + 交通费 + 其他费用。

❷ 家庭情况主要指家庭贡献，是根据家庭收入、家庭财产储蓄、家庭人口、家庭成员的健康状况等综合因素决定的，其计算公式为：预期家庭贡献 = （家庭收入 + 财产 + 学生个人储蓄） − （平均生活开支 × 家庭人口）。

保障。普遍化的东西需要制度化、程序化的规范手段才能够形成良好的秩序，做到系统优化。保障学生资助政策精准实施的法律制度是否健全，资助政策的制定和实施是否有法可依，一定程度上决定着精准资助的实施效果。美国联邦政府学生资助体系正是得益于各种行之有效的法律规范，才形成了当今世界上最完备的财政援助体系。[1] 1958 年美国颁布了《国防教育法》，首次提出通过国家拨款进行贫困学生资助。根据这部法律，美国联邦政府设立了“国防贷学金”和“国防奖学金”。为推动教育公平及高等教育事业发展，美国国会于 1965 年通过了《高等教育法》，授权联邦政府向贫困学生提供“教育机会助学金”、“担保学生贷款”和“校园工读机会”。1978 年美国国会又通过了《中等收入学生家庭资助法》，通过降低学生申请资助的门槛，增加了学生选择学校的机会。随着社会经济的不断发展，《高等教育法》经历了五次修订，使美国资助政策在法治化的轨道内实现了进一步的发展。

（4）“育人”目标管理：精准考评

资助评估是对学生资助工作的预期效果或影响的判断。精准考评是资助评估的精准化体现，有利于充分发挥资金效用，最大限度地发挥资助资金价值，促进教育公平。精准评估与学生资助的目标管理密不可分，这种目标管理不仅要反映社会效应，体现对财政政策的宏观认识，还要突出家庭经济困难学生在经济状况、心理健康和整体素质等方面的具体成效，提升“育人”的价值。“目标管理”的概念最初是由美国管理学大师彼得·德鲁克提出的，他认为目标是决定每个人的工作的重要因素。约翰·斯通（John Stone）在美国经济衰退时期提出了“成本分担”理论，他对美国“学生教育”的资金来源有独到见解。他认为高等教育的成本应该由纳税人、大学、企业、家庭和学生等高等教育的受益者分担，但作为高等教育直接受益者的学生显然缺乏承担“教育成本”的能力。因为高等教育能够直接促进国家发展，因此联邦政府需要增加所有资助项目的贷款比例。这样，在学生接受纳税人和政府帮

[1] 谢浩然．美国联邦政府学生资助体系对我国高校“精准资助”的借鉴价值［J］．法制与社会，2016（20）：221－222.

助的同时，也适当承担了接受高等教育的部分经济成本。这是一种强有力的、有针对性的资助方法。

我国传统的高校资助系统主要建立在上下级之间基于政府主导、程序遵循和违法惩戒的内部循环中，对于政策是否或在多大程度上实现预期目标的考虑不足。近年来，我国逐步建立起以“教育”为资助导向的学生资助考评体系。该体系以“教育”的价值实现为基础，由国家设立整体的价值目标和操作程序，并通过各级分层将其转变为各级政府机构、高校和个人的具体的可量化的指标，最后根据目标的完成度给予奖励或惩戒。在具体实施中，教育部全国学生资助管理中心制定了《中央部属高校学生资助工作绩效考评暂行办法》，借助第三方独立机构对学生资助政策的实施效果进行评估。评估的主要指标包括高校各项资助指标设计和基础建设、资助实施的具体过程、资助工作成效和资助育人等，通过对多项指标综合分析和总体评估，评价其资助工作的开展情况。这种考评模式通过评价资助政策在受助学生中的实施效果，充分体现出高校资助工作的“教育”价值。美国联邦政府差异化学生资助模式有效调动了家庭经济困难学生的学习主动性，提高了学生资助资源在各高校和学生之间的配置效率，对我国高校精准资助的发展具有重要借鉴意义。

2. 美国模式对我国高校资助工作的启示

美国模式是包括助学贷款、奖助学金、勤工俭学和减免学费等资助方式的综合性资助模式，是一种多元化、多层次的混合资助模式，对世界各国贫困大学生资助政策的制定和完善产生了重要的影响。美国的贫困生资助模式经历了半个多世纪的发展，不断趋于完善。2007 年之前，其基本特征可以概括为：资助形式以教育贷款为主；资助目的以实现教育公平为主，主要资助家庭经济困难的学生，即资助政策的实施主要依据学生家庭经济条件这一标准。2007 年之后，美国增设了学术竞争助学金（ACG）和鼓励学生学习自然科学的助学金（National Smart Grant），逐步开始强化资助的教育功能。美国现行的助学贷款主要有帕金斯贷款、斯坦福贷款和学生家长贷款。帕金斯贷款由政府出资、学校管理，主要针对特困大学生及研究生。学生在校期间的贷款利息由政府代付，学生毕业或离校后9个月后需要开始还款。贷款的学生毕业后如服军役或到指定的公立中小学任教，可予以部分减免或者全额免除。斯坦福贷款由政府出资、政府承担风险或由金融机构出资、政府担保，面向有经济需要的大学生，分为政府贴息贷款和无贴息贷款两种。贴息贷款面向家庭经济困难或者家庭经济特别困难的大学生，政府支付学生在校期间及还贷期内的贷款利息；无贴息贷款主要面向家庭情况较为良好的大学生，政府不支付学生在校期间的贷款利息。

从美国模式看，其对我国的启示主要包括以下两方面：其一，资助政策差异化程度高，能够满足不同学生的贷款需求。助学贷款和还款方式比较灵活，可以满足不同类型的家庭经济困难学生的需求。同时，美国大学在政府的支持下为学生提供了很多的勤工助学岗位，帮助一些不能申请助学贷款但学习成绩优异的学生继续求学，这些岗位能够获得的报酬一般较高，可以帮助学生大大减少生活压力。其二，多种资助政策共存，管理制度具有科学性。差异化的资助政策可以满足不同家庭背景的学生的实际需求，但是如何进行统一管理是需要解决的一大问题，资金来源多样化、政策执行差异化，需要制定更加完善的管理制度。

（二）日本大学生资助政策——收费加贷学金

日本向大学生提供的直接资助是育英奖学金，[1] 育英奖学金依《日本育英会法》设立，并依照其执行。该奖学金与我国奖学金的无偿资助性质不同，它兼具奖、贷两个特点，是以借贷方式“奖贷”给那些学业优良但家庭困难的学生。育英奖学金分为无息贷款或低息贷款两种：无息贷款针对家庭经济困难的大学生，学生毕业后只需偿还其贷款本金；有息贷款针对所有学生，贷款利率为3%，贷款额度是一年学杂费的30%。日本助学贷款的还款期限为10~20年。[2] 公立学院学生一般还款期限为11年，私立学院学生一般还款期限为15年，借贷较多的学生20年内还清。第三方组织“日本育英会”是

[1] 周文华．国外大学生资助政策与中国实践［J］．西安建筑科技大学学报（社会科学版），2011，30（4）：89－93.

[2] 甘剑锋．和谐社会构建中高校贫困生问题研究［M］．郑州：黄河水利出版社，2010.

处理日本助学贷款的专门机构，全权负责助学贷款的招募、审批、发放及回收。2006 年 10 月以后由专门的学生支援机构代其进行运营和管理。由于有专门机构的具体操作，所以日本的助学贷款的回收率在世界上是最高的，总归还率平均达 95.4% 。❶《日本育英会法施行令》规定，大学毕业生在一年内进入教育机构工作，或去公立科研机构从事非营利性的工作，可以享受减免“无息助学贷款”政策；若连续 5 年从事教育科研工作，将免除全部贷款，不足 5 年的部分减免。❷ 为鼓励提前还贷，对于提前还清贷款的学生可以给予一定比例的折扣。这些人性化的政策设计，在一定程度上有助于降低助学贷款的违约率。❸

1. 日本模式详述

收费加贷学金模式在新加坡、拉美及日本大为盛行，其中日本最为典型，所以这种资助模式又称为日本模式。日本是全球第一个在全国范围内普遍推行贷学金资助模式的国家，而且效果最好。❹ 日本向大学生提供的资助主要有育英奖学金，以借贷方式对家庭经济困难的优秀学生进行奖励，目的在于奖优扶困。育英奖学金分为两种：一种是无利息的贷学金，主要对象是出身贫寒、家庭经济困难，迫切需要资助的学生；另一种是有利息的贷款，主要针对其他普通学生。❺

日本资助制度的主要特点在于，其提供的奖学金不是无偿的经济补助，而是提供一种无息贷款。日本学生服务组织（JASSO）是新近成立的独立性管理机构，主要负责学生贷款系统的管理。❻ 该系统提供两种学生贷款：一种是一等奖学金，根据学生的需求和成绩免息发放；另一种是二等奖学金，根

---

❶ 王翠兰．日本育英奖学金政策及其启示［J］．日本问题研究，2005（4）：37－40.

❷ 杨会良，任双利．日本高校贷学金资助模式与运作及其启示［J］．日本问题研究，2008（3）：31－35.

❸ 郭少华．国际透视：大学生教育资助模式的变革与发展［J］．成都大学学报（教育科学版），2008（9）：25－27.

❹ 甘剑锋．和谐社会构建中高校贫困生问题研究［M］．郑州：黄河水利出版社，2010.

❺ 梁楚．我国大学生资助体系及其思想政治教育功能研究［D］．成都：西南财经大学，2011.

❻ 王玺，李献斌．国外学生资助体系比较及启示［J］．国家教育行政学院学报，2007（12）：85－89.

据学生的经济负担能力发放，在校期间免息（结业后计息，利率最高 3%）。学生申请贷款时可选择提供个人担保或者机构担保。日本教育交流服务社（JEES）可以提供联署担保，其条件是学生每月缴纳 1000～7000 日元的违约保险金。根据住所不同（在家里住或自己单独住），一等奖学金的月贷款额自 44000～50000 日元不等，二等奖学金的月贷款额自 30000～100000 日元不等。贷款需根据计划按月偿还，20 年内还清。学生最多可以贷 200 万日元，10 年内还清。贷款人要根据借贷额的多少缴纳一定的押金（最多 10 万日元左右）。2003 年，日本全国助学贷款额高达 3000 亿日元，贷款人共计 20 万人。❶ 另外，由于有专门的组织机构来负责助学贷款的审批、发放，日本助学贷款的回收率在全世界范围内相对较高，可以达到 90% 以上。

在政府的推动下，日本形成了主要由育英会奖学金制度、国民生活金融公库教育贷款和勤工俭学制度三部分组成的大学生资助体系。育英会奖学金制度是一种国家助学贷款制度，其贷款对象主要是学生家长。教育贷款中以具有政府背景的国民生活金融公库开办的“国家教育贷款”最为出名。1949 年 6 月，由日本政府全额出资设立的政策性金融机构——国民生活公库设立，旨在为那些难以通过银行或其他金融机构获得资金的企业或个人提供贷款，1978 年开始为低收入家庭提供教育贷款，其贷款对象主要是家庭经济困难的学生家长。贷款利率较为固定，一般高于其他的教育贷款，但较商业银行贷款的利率要低。❷ 育英会奖学金制度是日本大学生资助制度的核心。虽然育英会奖学金制度已经从 2004 年更名为贫困学生支援机构，但其运行机制并没有发生实质性的变化。因为日本没有无偿的学生资助制度，因此日本成为世界上唯一以贷款为主对大学生进行资助的国家。❸ 日本认为子女教育问题是家庭需要解决的实际问题，国家贷款制度只是短期帮助负担能力不足和经济困难家长解决这一问题。日本育英会奖学金不是无偿赠予，而且其贷款回收率非

---

❶ 小林雅之．学生资助和高等教育机会均等（续 2）［J］．教育与经济，2006（2）：56－57.

❷ 许丽红．社会权利视域下的中国现行高校帮困资助政策研究［M］．上海：上海社会科学院出版社，2016：123.

❸ 杨会良，任双利．日本高校贷学金资助模式与运作及其启示［J］．日本问题研究，2008（3）：31－35.

常高，因此极大地减轻了政府的财政负担。为了应对不同需要，日本实行差异化的贷款制度，将国家助学贷款分为第一贷款和第二贷款，由无息贷款逐渐转变成有息贷款。这两种贷款方式在资助对象、资助性质、资金来源、利息支持、申请标准和免还制度上都存在差别。在运营机构方面，日本政府为了实现社会公益的目的，设立了一个独立的政策性第三方中介机构来运营国家助学贷款。❶ 此机构被定性为独立的企业法人，由政府组织设立，但其又独立于政府，类似于我国事业单位，日常运营费用也由国家财政保障。此机构的设立有效避免了因政府直接干预助学贷款可能产生的权力寻租、低效率和形式化等弊病。

2. 日本模式的成效

其一，灵活的资助政策和明确的资助对象。日本的两种贷学金政策，明确规定了接受资助的条件，以确保品学兼优却家庭困难的学生接受良好的高等教育。学生毕业后获得的报酬往往较高，大大减少了难以支付贷款的情况，加之贷款还款期限较长，这将有效降低贫困学生毕业后的还款压力，减轻家庭经济负担。

其二，严格的管理制度和专业的管理机构。日本为规范助学贷款管理，设立了专门的管理机构——育英基金会，该机构由国家直接管理，其组织建设和机构设置都十分明确，育英基金会下设理事会和评议会。国家制定的《日本育英会法》规定了会长、理事长、理事、监事均为国家公务员，在任期内不允许兼职或从事其他营利性活动。❷ 日本贷学金对申请学生情况的审核十分严格，为保证资助对象信息的真实性，它对贷款学生的家庭经济状况和学生的学习状况有严格的要求。

其三，贷款回收率全球最高、持续高效运行。育英会审核发放的贷学金中有很大一部分是已经回收的贷款资金。日本贷款回收率很高，据统计数据显示，20 世纪 90 年代贷学金的回收率已经达到 90%，到 1994 年已经高达

❶ 马晶．日本高校学生资助体系研究［J］．世界教育信息，2007（9）：68－71.

❷ 郭少华．国际透视：大学生教育资助模式的变革与发展［J］．成都大学学报（教育科学版），2008（9）：25－27.

97%，资金的按时回收保障了贷学金制度的长期高效运行。

3. 日本模式对我国高校资助工作的启示

其一，设立专门机构，完善政策机制，指定专人管理。我国高校辅导员或班主任在资助工作的具体实施中普遍拥有较大的自主权，在资格审核过程中不能全面了解学生的家庭情况，存在巨大的利益寻租空间。对学生的家庭情况的了解不够全面，不考虑学生的经济困难，也不利于实现教育公平。相对而言，日本设立专门的放贷机构，由国家实现直接管理，大大简化了助学贷款的审核、发放、回收等中间环节，有利于建立政策实施的长效机制。

其二，具体问题具体分析、注意政策制定的差异化。日本的贷学金政策能够取得良好的实施效果，主要依赖于其贷款的高回收率。相对而言，我国在这方面工作存在不足，需要进一步地完善。贫困生资助是一个系统工程，单一的资助政策很难达到理想的效果，我国需要结合学生自身的实际情况探索建构多元化的资助体系，扩大募集资金的来源，更好地帮助家庭经济困难学生完成学业。

（三）西欧模式——免费与助学金相结合

免费加助学金模式的大学生资助政策在第二次世界大战之后逐渐盛行，英国和德国是适用该模式的典型代表，因此这种模式又被称为西欧模式。免费加助学金模式是指高等教育免费与必要生活补助相结合，以保障学生的受教育权。西欧模式在教育公平、教育民主和教育发展等方面发挥了重要的作用。1990 年以前，英国主要采用西欧模式对大学生进行资助。资助项目主要包括学费和生活费两部分，学费资助包含学校规定的学习费用，生活费包含食宿、衣着及交通费用。此外，该模式还为大学生提供免费的医疗和社会保险。[1]

1. 西欧模式的成效

自 19 世纪 40 年代起至 20 世纪 80 年代，在全世界高等教育资助模式中最

---

[1] 郭少华．国际透视：大学生教育资助模式的变革与发展［J］．成都大学学报（教育科学版），2008（9）：25－27.

为盛行的是“免费高等教育加助学金资助模式”，也称为“西欧模式”，指的是国家在实施高等教育免费政策的同时，还提供必要的生活资助。[1] 据统计，有大约50个国家不同程度地采用过这种模式。在这种模式下政府为所有高校学生提供助学拨款，免除所有大学生的学费，还给家庭经济困难的学生提供经济资助。1978年以来，我国也逐渐实行这种免费加助学金的模式。每个学生不仅能够接受高等教育，大学生在校的其他必要支出也被纳入资助范围，这完整而系统地解决了学生在学习、生活上的困难，很大程度上免除了其后顾之忧，学生在毕业后也无须偿还任何费用。

2. 西欧模式存在的问题

西欧模式曾在世界范围内广受欢迎，很多国家也纷纷效仿。然而，随着高等教育规模的不断扩大，政府需要投入的财政资金逐步增加，这必然给政府财政带来巨大的压力，加重纳税人的税务负担。除此之外，免费加助学金的援助政策会降低学生之间的竞争，家庭经济困难的学生也可能因此降低学习主动性。再者，西欧模式意味着高教育成本，这将减弱政府扩大高等教育规模的能力。高等教育规模受限，使学生入学竞争更加激烈。在这一过程中，家庭经济困难的学生往往处于劣势地位。因此，西欧模式在20世纪90年代后逐渐被人们所抛弃，各国纷纷以助学贷款的模式代替以往的免费模式。

3. 西欧模式对我国高校资助工作的启示

其一，我国是世界上最大的发展中国家，人口数量也是世界之最，免费教育政策造成的财政压力是我国所不能承受之重。我国曾在1978年按照西欧模式推行过一段时间，但随着国家对高等教育的需求不断扩大，高校招生规模逐渐增加，免费教育政策难以为继，免费资助模式逐渐退出历史舞台。为减轻国家教育支出的财政压力，助学贷款政策应运而生。

其二，免费政策容易形成简单的平均主义，家庭经济困难学生缺乏学习的竞争力。我国是农业大国，家庭贫困的学生占比明显偏大，实行免费的资

---

[1] 郭少华．国际透视：大学生教育资助模式的变革与发展［J］．成都大学学报（教育科学版），2008（9）：25－27.

助政策，高等教育入学的竞争压力就会显著增加，家庭经济困难学生因先天资源缺乏、家庭教育不足，家庭经济社会状况所迫等方面的影响和制约，在高等教育入学竞争时处于明显的劣势地位。

三、国外大学生资助模式的主要特点及国内外比较分析

（一）国外大学生资助模式的主要特点

1. 资助项目多元化和精确化

目前，绝大多数国家都形成了一套包含奖学金、助学金、贷学金在内的多元化、混合式的资助模式，有的国家还通过立法的形式把这一制度固定下来，使资助项目更具多样性。奖学金的设立是为了奖励那些品学兼优的学生，以帮助其顺利完成学业。但是奖学金的数额是有限制的。美国通过设立罗伯特奖学金、助学金等激励成绩优秀的学生，从表面上看，这些奖学金虽然种类繁多，但是所占的比重、名额并不多。法国、德国也同样如此。法国奖学金名额受到限制；德国“德意志国家奖学基金会”奖学金获得人数也在2% ~3% 。当今国外大多采用有偿的贷学金模式逐步取代无偿的助学金模式。[1] 英国作为一个守旧的国家，早在1990年就颁布了学生贷款法，用有偿的贷学金取代无偿资助的免费教育模式。美国经过长期的探索与发展，主要形成了贷款、赠款、奖学金和半工半读四种大学生资助种类。国外在资助项目呈现多元化的同时，越来越强调有偿资助的重要性。比如：美国、日本等国家都采用的是以贷学金为主，辅之以其他方式的资助体系。这样做的目的在于激励贫困学生的同时，促进资助领域的规范化和精确化。

2. 资助方式灵活化和多样化

虽然各国资助方式大多呈现出多样性，但是在具体方法上还存在一些差异。学者张民选通过比较归纳，发现各国现行的资助方法主要分为以下几类：一是向贫困生提供无条件、无偿的助学金；二是按照学生的综合排名等相关

[1] 柳国辉，谌启标．国外学生资助政策及借鉴意义［J］．江苏高教，1999（4）：100－102.

标准发放奖学金、助学金和补助金；三是国家拨付一部分经费给高校，用于贫困学生勤工助学岗位资助或者科研项目资助；四是通过实地调查或者事先走访，为家庭经济困难学生提供一部分临时的补助金；五是向学生提供国家贷款，由政府作担保，由银行或私营机构提供贷款；六是向学生提供利息低于市场利率或无息的来自公共基金的偿还性贷款；七是提供食宿或费用低于市面价格的旅游机会；八是给予税收上的照顾。另外，有些国家还设立了“免费师范生定向就业奖学金”和“契约服务奖学金”。他们通过与受助者签订定向就业协议，以毕业后为其服务一定年限来补偿其所享受的奖学金待遇，比如新加坡要求接受新加坡奖学金资助的学生毕业后为新加坡服务六年，待遇与当地一般大学生相同。总之，国外大学生资助方法较多，显示出极大的灵活性，学生可以根据自身情况灵活选择。

3. 资助管理规范化和标准化

为了规范学生资助工作，有些国家专门颁布了相关法律，明确了资助标准、资助条件以及违反法律规定应承担的法律后果。有些国家还设立了专门的资助管理机构负责资助工作的开展，使其更具专业化与标准化。比如美国，在联邦教育部和各州教育委员会设立了学生资助管理办公室，并且在各高校也设立了学生资助管理办公室，主要负责管理资助项目的审核与监管、贷款的催收与缴纳、奖助学金的评估与发放等。部分国家的资助制度经过多次改革已日趋规范化，法律法规、政策制定和程序设计已得到不断完善，资助管理不断呈现法治化、规范化、标准化趋势。

（二）国内外大学生资助模式的主要区别

1. 有偿资助和无偿资助的比重不同

通过比较分析国外的资助制度，不难发现，国外以有偿资助为主，无偿资助的比重相对较小。而国内的情况是，以无偿资助为主，以有偿资助为补充的资助模式。在国外，对获得奖学金的资格都附加了较多条件，比如，需要参加社会实践活动，需要以工带读，提供志愿服务等参考条件。除此之外，国外还普遍调整了各项资助项目的比重，突出了贷学金的重要地位。通过助学贷款和勤工助学的有偿化逐步取代国家奖助学金的无偿性，如日本的无息贷款奖学金、美国的学生贷款，贷学金都占了较大比重。[1] 无论是附加条件的奖助学金评选还是提高贷学金的比重，都是为了向有偿资助倾斜。而在国内，大学生资助模式仍然以无偿资助为主，以有偿资助为辅，从实施效果上看，这样的资助模式在一定程度上与资助育人的目标相违背。一些贫困学生享受国家资助的同时精神堕落、不上进，无法从根本上改变贫困局面。而有偿资助可以激发学生的积极性。我国需调整无偿资助与有偿资助的比例，经济帮扶的同时更加注重育人教育功能。

2. 奖优功能和助困功能的价值取向不同

在国外，无论是奖学金、助学金还是国家贷款，都有非常严格的评选条件，而且非常关注学生的学业水平、综合素质水平等因素，因此在资助功能上较侧重于“奖优”。但在我国，除了国家奖学金、校级奖学金对成绩有所要求外，助学贷款、助学金等资助项目只要证明家庭贫困就可以获得，因此国内资助体系的设置更注重“助困”的功能。在国外，学生获得的资助基本可以满足学生的日常生活和消费需求。而国内资助政策虽然侧重助困的功能，但是由于资助项目设置不甚合理，资源分配不恰当，不能顾及不同学生的差异化需求，没有形成多层次的需求体系，基本不能满足学生日常生活的经济需求。国外对于资助的把关审查比较严格，而国内认定贫困往往仅靠一些证明材料，证明材料的真实性又往往受到各式各样的人情关系的影响，再加上审查机关普遍存在不作为的问题，容易造成资助政策实施不够精准，导致家庭富裕的学生也获得资助，这就造成国家资源的浪费。从总体上看，我国的学生资助政策的主要作用是“助困”，“奖优”的成分较少，这也是我国的大学生资助政策激励作用不如其他一些国家明显的原因。

四、国外资助政策的重要借鉴意义

美国、日本等发达国家的教育事业发展较快，其资助政策已基本自成体

[1] 杨明．我国高校大学生资助体系优化研究［D］．成都：西南交通大学，2015.

系，因此我们可以借鉴国外的相关经验，结合我国的现实情况完善我国资助的体系。

（一）重视“差异化”的资助制度设计

不可否认，我国现行的资助制度基本还是采用传统的“一刀切”模式，很少考虑到学生的差异化需求。由于各个高校所处区域的经济发展程度不同，学生来自五湖四海，每个学生的需求层次有所不同，“一刀切”的资助模式不仅会造成资源浪费，还会造成资助工作形式化、片面化。许多学者都曾提出多层次的需求模式试图消除这种弊端。差别对待的资助方式，指的是资助数量、资助结构等方面的差别。如果说对于那些勉强能支付学费的学生，向他们提供助学贷款，就可帮助他们克服面临的经济困难，那么对于那些完全无力负担学费的学生，单一的资助方式就完全不够了，还需要为他们提供助学金、贷款、勤工助学和特困补助等多种资助方式。“差别对待资助”增强了资助的针对性，提高了资金的利用率，使有限的资助资金帮助更多真正需要资助的学生，真正做到“按需资助”，提高了资金使用效率。在财力不足、助学基金有限，而需求又日益增加的情况下，“差别对待”就发挥了它的独特优势。不难发现，国外一些发达国家普遍更注重学生的差异化发展，采取有偿的方式激励学生努力学习。因此我国应当借鉴国外相关经验，实行“差异化”“需求化”资助，提高资助的效率，真正实现精准资助。

（二）实行“资助包”的资助形式

“资助包”的形式在给予贫困生选择权的同时，也满足了贫困生的多样化需求，进而避免了重复资助，可以提高资金的利用效率。我国高校现行的贫困生资助体系中资助项目虽然繁多，但是缺乏整合与协调，因此重复申报的现象激增。有的学生享受好几项资助，有的贫困生却不能获得任何资助，这样影响了高校贫困生资助政策实施的公平和效率。为了改变重复资助的现象，可以借鉴美国的“资助包”计划运行模式。[1] 首先，把高校现有的资助内容

[1] 武洪彦. 国外高校贫困生资助模式及经验借鉴［J］. 邢台职业技术学院学报，2015，32（1）：60－62.

按照有偿与否、资助力度等标准进行分类打包，在充分调查掌握每个学生真实的家庭经济状况后，按照其对资助的需要程度，向其提供压缩整合后的“资助包”。这一“资助包”运行模式，可以很好地解决资助工作中资助资源过分集中的不公平现象，极大提高高校贫困生资助工作的公平性。

（三）建立健全贫困程度认定的信息共享大数据平台

在今天这个大数据时代，大数据的作用不仅在于整合贫困生信息，还在于更便捷地分析、处理信息，实现数据的增值服务，为精准资助提供技术支撑。[1] 美国是将大数据技术用于资助工作较早的国家，依据美国经验，我国可以在贫困程度的认定上，建立健全信息共享的大数据平台，主要包括以下方面：其一，建立贫困学生信息数据库，整合教育、税务、公安等部门的信息资源，实现数据资源共享，从数据来源为精准识别提供保障；其二，构建定性与定量相结合的家庭经济困难学生指标体系认定标准，通过权衡各指标的权重，赋予相关的数值，运用数学建模的公式计算出贫困程度，从数据挖掘为精准识别提供技术支持；其三，搭建社会层面整合家庭经济困难学生联系的“云空间”，通过帮扶者和帮扶对象的平等互动深挖帮扶对象的真实信息，推动帮扶者完善认定方式，从数据开放为精准识别提供动态检验。

（四）加大思想教育力度和完善资助后续保障机制

在贫困生的后续保障机制方面，我国没有给予其应有的重视。与一些西方国家相比，社会主义国家应当更加重视对学生思想道德教育和社会主义核心价值观的指引。而目前，对贫困学生社会主义核心价值观的教育相对缺乏，如何处理贫困工作与思想教育的关系是现阶段必须要考虑的问题。[2] 对于贫困生经济上资助只能解决暂时的困难，而要根本上阻断贫困隔代相传还需要进行社会主义核心价值观的教育，从思想上解决精神贫困问题。对于特别困难学生，更要重视精神层面的帮扶与关注，加强其心理承受能力与应对挫折的

---

[1] 张正武．国外资助贫困大学生的经验及其启示——基于英、日、美三国资助模式的比较研究［J］．人民论坛，2010（20）：192－193.

[2] 文娟．国外高校学生资助模式及其对我国高职院校分级管理资助工作的启示［J］．教育教学论坛，2017（4）：7－8.

毅力。关于资助制度的设置，各国大同小异。虽然不同国家资助制度的设定条件与具体程序不甚一致，但在资助政策体系上普遍采用奖学金、助学金与助学贷款相结合的多元混合模式。各国资助体系的资助目的大体相同，奖学金奖优，助学金助贫，最终目的都是实现教育机会公平和投资效率优化。因此，为了从根本上解决贫困资助中存在的种种问题，需要加大思想教育力度和完善后续的保障机制。

（五）制定学生资助的法律法规

截至目前，我国在学生资助方面尚未有专门的法律。一切资助工作主要是在教育部等部门政策精神、原则、规范的指引下，各高校制定具体细则贯彻实施。虽然这些文件也进行了较为细致的规定，但是仍然难以保障各项资助内容的精准落实。而美国等发达国家很早就专门制定了法律，保障了各项资助政策的执行力。我国可以借鉴美国的立法经验，在《中华人民共和国高等教育法》和《中华人民共和国商业银行法》等相关法律法规的基础上，本着公平、有效、系统化和可持续的原则加快学生资助领域的立法，保障更多家庭经济困难学生接受高等教育。在具体操作上，可以修改现行法律的有关条款实现资助政策领域的立法，也可以专门制定一部《中华人民共和国资助法》。从国外的成功经验来看，《中华人民共和国资助法》的基本内容应当包括以下几个方面：第一，经济困难学生的标准；第二，认定程序与认定指标体系；第三，相关人员不作为与滥用职权的处罚措施；第四，经济困难学生后续的监管体系；第五，资金的使用、监督和公开。《中华人民共和国资助法》的出台可以保障公民的受教育权和维护社会的公平，推动学生资助工作的法律化、规范化，为我国高校精准资助提供法律保障。

（六）转变学生资助理念

“有偿”资助的目的不是增加学生的负担和心理压力，而是对贫困生的一种激励与促进，担负着实现“阻断贫困隔代相传”的重要使命。美国有完善的税收系统和健全的法律体系；日本基本上实行的是有偿的资助模式；我国仍然以无偿资助方式为主。如前文所述，无偿的资助方式容易引发诸多弊端，比如贫困生容易滋生“等、靠、要”思想、容易争夺无偿资源等。为了消除这一现象，我们可以适当将“无偿”资助逐渐向为“有偿”资助转变。首先，可以把无偿资助资金分为两部分，一部分按照传统程序直接发放，另一部分则可以运用一些激励措施附条件发放，在学业成绩、科研项目、社会实践活动等方面设立一定标准作为资助条件。这样做的主要目的是激发贫困学生努力学习，提高综合素质，促进全面发展。除此之外，我国还可以直接借鉴日本的“正常收费加助学贷款”的资助模式，把资助方式全部改为有偿资助，以此来消除因为争夺无偿资助资源而造成的诸多不和谐局面，提高高校贫困生资助的公平性。相比较无偿资助，有偿资助更能激发贫困学生的积极性，促进国家资源的有效利用，进而从根本上消除贫困的隔代相传。

综合前文对国外资助制度的比较分析，我国资助制度还需要作进一步的完善。第一，在指标体系构建方面，可以借鉴美国的税收缴纳情况、家庭基本经济情况及其教育支出的承受能力，精准确定家庭人均收入，结合当地的经济发展水平实行差异化资助。此外，还可以考虑学生在校基本消费情况、学费金额、学习成绩、综合表现等实际情况，构建一套完整的指标体系。第二，在资金分配方面，可以借鉴美国以“有偿资助”为主的资助模式。我国现行资助模式以奖学金、助学金等无偿资助为主的现状，引发了一系列的问题和矛盾，比如虚假贫困、隐性贫困、资源浪费等。为了解决这些问题，可以选择变革现行的以无偿资助为主体的资助体系为有偿资助为主体的资助体系。在助学金的发放方式上，可以将助学金分为两类，一类作为每个学生都可以得到的资助，另一类可以通过学生的科研项目、学业成绩等按比例分配，这样既可以解决问题，对贫困学生来讲也可以形成一种激励与鞭策。第三，在后续监督管理方面，法律先行是解决问题的关键。我国目前没有出台资助领域的专门法律，资助工作的主要依据仅为教育部下发的有关文件，学生资助事业关乎千秋国运，没有专门的法律规范，难以保障各项资助内容具体精准地落实，因此，我国可以借鉴相关立法经验，保障后续监管的有效实施。第四，在认定方式方面，完善贫困程度认定机制，建立健全信息共享平台，利用大数据思维为家庭经济困难学生的精准识别提供支撑。大数据思维不仅仅在于掌握庞大的数据信息，它更注重对有意义的数据进行专业化处理，通过“加工”实现数据的“增值”。第五，在政策制定和完善方面，可以构建涵盖政府、家庭、学校和学生的覆盖面广的大数据家庭经济困难学生认定新模式，构建定性与定量相结合的指标体系。他山之石，可以攻玉。我国资助政策虽然逐渐趋于完善，但是其实施效果与政策初衷仍有较大的差距，需要及时汲取经验，努力改进。

在大数据背景下，我们亟须建立一套具有可操作性的机制。首先，要着眼于指标体系的构建。指标体系是识别贫困生的基本标准，可以借鉴美国的有关指标设置予以确定，包括家庭情况、生活情况、地区发展水平、学生综合素质等，综合评判贫困生情况，减少无偿供给，增强资助政策的鼓励性、激励性。其次，根据指标体系构建数学模型。数学模型依据层次分析法，定性定量分析学生基本情况，具有灵活性和可操作性。再次，根据数学建模分析，照顾学生的差异化需求，避免“一刀切”造成的资源分配不均衡。最后，设立实时动态的监测系统、退出机制与应急机制，保证突发情况的动态掌握。

第三章　我国高校贫困生精准资助的现状

一、高校精准资助的项目来源

高校的精准资助肇始于 2013 年 11 月习近平总书记在湖南湘西农村考察时提出的“精准扶贫”。为促使经济欠发达地区的经济发展，确保在 2020 年使贫困人口如期脱贫，总书记作出了一系列关于精准扶贫的重要指示，“精准扶贫”的要义在于“精准”。此后，“精准”一词被引入我国高校贫困生资助工作之中。2015 年教育部原部长袁贵仁在全国教育工作会议上明确提出了资助工作新要求：“要提高国家资助政策的精准度，依托国家教育管理信息系统建设平台，确保国家学生资助、奖补等优惠政策真正落实到每一个需要帮扶的学生身上。”2016 年年初，时任教育部副部长杜玉波又明确提出“十三五”规划期间，大学生资助工作要实现“精准资助”。[1] 党的十九大报告指出：“健全学生资助制度，使绝大多数城乡新增劳动力接受高中阶段教育、更多接受高等教育。支持和规范社会力量兴办教育。高度重视农村义务教育，办好学前教育、特殊教育和网络教育，普及高中阶段教育，努力让每个孩子都能享有公平而有质量的教育。”党的十九大报告对高等教育提出的新要求和新希望为我国高校教育工作的发展指明了新方向，也对与高等教育发展相配套的高校资助工作提出了更高的要求。在国家顶层设计支持下，在大数据快速发

[1] 刘晓杰．“精准扶贫”思想下的大学生“精准资助”［J］．教育教学论坛，2017（3）：3－5.

展的时代背景下，如何有效地把大数据应用到高等学校的精准资助上，值得各级政府、各大高校以及每一位教育工作者思考。

国家奖学金政策自 2002 年实施以来，就处于不断的发展之中。2007 年，为贯彻落实党的十六大、十六届三中全会、十六届六中全会精神，国务院决定建立高校学生资助体系，符合我国发展国情的 21 世纪的高校贫困生资助体系逐渐发展起来，逐步形成了专科生、本科生、研究生三个层次的奖助学金体系，内容涵盖国家奖学金、国家励志奖学金、学业奖学金、国家助学金、“三助”岗位津贴、国家助学贷款、基层就业学费补偿贷款代偿、应征入伍服义务兵役学费补偿贷款代偿及学费减免、直招士官学费补偿贷款代偿、师范生免费教育、退役士兵教育资助、新生入学资助项目、勤工助学、校内资助、绿色通道等。这其中不仅包括专科生、本科生、研究生都可以享受到的国家奖学金、国家助学金、国家助学贷款、基层就业学费补偿贷款代偿、应征入伍服义务兵役学费补偿贷款代偿及学费减免、直招士官学费补偿贷款代偿、退役士兵教育资助，还包括本、专科生独享的国家励志奖学金、师范生免费教育、新生入学资助项目、勤工助学、校内资助、绿色通道以及研究生独享的学业奖学金。不同学段学生的教育要求不同，学生可获得的教育资助也有所差异。为帮助家庭经济困难学生顺利完成学业，鼓励成绩优良学生更加努力学习，给予在校学生更多的勤工俭学的机会，为研究生创造更加良好的学习研究环境。我国已总体建立起了针对高校学生的覆盖范围广泛、涉及内容全面的奖助学金体系。此外，各省、自治区、直辖市以及设区的市也在国家教育资助政策要求下建立起了更加符合本辖区高校学生需求的教育资助体系，以更好地促进学校的发展和学生的成长。至此，我国高校资助体系中已经包括了“奖、助、贷、勤、减、免、补”七大资助方式，按需分配给相应的学生，实现对贫困生资助范围的无缝覆盖，做到资助方式和资助额度上的统筹兼顾。[1]

---

[1] 凌云．用大数据思维解决高校贫困生精准化资助问题［J］．创新与创业教育，2017（8）：128.

（一）国家奖学金

国家奖学金是为了激励普通本科高校、高等职业学校和高等专科学校学生勤奋学习、努力进取，促进德、智、体、美全面发展，由中央政府出资设立的奖励特别优秀学生的一种奖学金。[1] 从教育部对国家奖学金作出的政策诠释可以了解到，首先，国家奖学金的设立目的是激励学生努力学习。在这一点上可以看出国家奖学金设立的目的似乎并不是传统意义上的资助困难学生，而是给予学习成绩优异者的一种鼓励。这体现了在国家奖学金的申请条件中，学习成绩优异者优先的特点。其实，这也是精准资助的一种表现，是提供给学习成绩特别优异者的专门支持。其次，从受奖励的主体看，主要有以下三类：专科生、本科生、研究生。专科生和本科生的国家奖学金政策从 2002 年就开始实行，而研究生的国家奖学金政策是从 2012 年才开始实行的。至此，国家奖学金的受奖主体已经涵盖了所有学历层次的高校学子。最后，国家奖学金所需款项由中央财政支出，体现出国家对高校学子精准资助整体战略布局的高度重视。

教育部、财政部在 2017 年 3 月 1 日联合下发了《不让一个学生因家庭经济困难而失学——2017 年国家学生资助政策简介》，对国家奖学金的用途、数额以及奖励人数作出了最新的规定，以指导国家奖学金政策的落实，使资助款惠及品学兼优的在校大专生、本科生及研究生。[2] 国家奖学金自 2002 年 5 月 21 日设立以来，已有 17 年历史。17 年来，国家奖学金发放总金额达到 114 亿元，激励了数百万成绩优异的学子更好地完成学业。

（二）国家励志奖学金

国家励志奖学金是由中央与地方政府共同出资设立的，自 2007 年设立以来，按每年每生 5000 元的标准累计发放了 11 年，每年的资助学生总数大概有 51 万人，累计金额达到 280 亿元之多。

---

[1] 中华人民共和国教育部．国家奖学金简介［EB/OL］．http：//old. moe. gov. cn//publicfiles/business/htmlfiles/moe/moe_ 1702/200710/27575. html.

[2] 本专科生国家奖学金，用于奖励特别优秀的全日制普通高校本专科（含高职、第二学士学位）在校生，每年奖励本专科学生 5 万名，每生每年 8000 元。

国家励志奖学金在总则部分就对其设立目的作出了明确的阐释，即为激励普通本科高校、高等职业学校家庭经济困难学生勤奋学习、不断提升自己，渐渐改善学生的学习生活质量，帮助创建一个理想的生活学习环境，为学生全面发展而打下物质基础和精神基础。依照《国务院关于建立健全普通本科高校、高等职业学校和中等职业学校家庭经济困难学生资助政策体系的意见》执行的国家励志奖学金政策，及时打破了家庭经济困难学生学习生活的物质困境，一经出台便得到社会各界的好评。此外，国家励志奖学金是专门针对高校学生的，其中包括全日制在校本科生、专科生以及高职院校的学生。从奖励的条件来看，国家励志奖学金主要是为了帮助家庭经济困难的学生。2007 年是国家密集出台各种助学政策的一年，其中高校资助方面的政策较多。国家励志奖学金就是在这一年诞生的，它分担了国家奖学金和国家助学金在高校资助方面的压力。国家励志奖学金的目的与 2002 年的国家奖学金目的类似，主要在于资助家庭困难学生，同时兼顾成绩优异的学生。国家励志奖学金政策脱胎于国家的高校助学政策，但又不同于此，此项奖学金不完全为奖励学习成绩优秀的学生，也不完全为缓解家庭经济困难的学生。

国家励志奖学金虽然是由教育部和财政部组织设立的，但是其资助资金并不完全来源于中央政府，中央政府只提供其中的一部分，另外一部分由学校和地方政府财政支出。由此形成了中央、地方政府、学校三方的全方位、多层次的资金支持。

（三）学业奖学金

学业奖学金是专门针对研究生而设立的奖学金。2007 年国务院国家中长期教育改革和发展规划纲要工作小组办公室发布了《国家中长期教育改革和发展规划纲要（2010～2020 年）》，该纲要在健全国家资助政策体系的有关内容中首次提出要建立高校学生教育的收费制度，尤其是针对研究生，要全面收费。在这种情况下，为了能够使家庭经济困难的学生上得起学，减轻贫困生家庭在教育方面的经济压力，保证学生在上学期间拥有良好的学习环境，顺利地完成学业而专门提出了要建立研究生的国家奖学金制度。在此指导和要求下，教育部和财政部在 2013 年发布了《关于完善研究生教育投入机制的意见》，标志着研究生学业奖学金正式设立。随后，教育部、财政部还联合发布了《研究生学业奖学金管理暂行办法》，计划在 2014 年开始发放研究生学业奖学金。研究生学业奖学金自 2014 年设立以来，已经发放 4 年，奖励数额标准为硕士研究生每年每人 8000 元，博士研究生每年每人 10000 元。

学业奖学金是研究生奖助政策体系的一项，主要用于激励研究生勤奋学习、潜心科研、勇于创新、积极进取，在全面实行研究生教育收费制度的情况下更好地支持研究生顺利完成学业。由此可见，研究生学业奖学金主要目的是奖励，这也是针对研究生精准资助，实行“收助奖三条线”的一项重要内容。在研究生教育全面收费的情况下，如何帮助研究生减轻学费、住宿费和日常生活费用等方面的压力就纳入了国家研究生资助政策的考虑范围，在研究生国家奖学金、研究生国家助学金之外加入了研究生学业奖学金。研究生学业奖学金与国家奖学金和国家助学金的性质截然不同，类似于国家励志奖学金。这是因为，根据研究生的特点，国家鼓励研究生在学习中把成绩搞好，同时还要求其提高科研的能力，进行创新，为了能使研究生安心于此并顺利完成学业，国家设立了研究生学业奖学金。

（四）国家助学金

国家助学金是国家精准资助政策当中最为重要的一个资助手段，自从 2005 年和国家奖学金共同适用统一的管理办法以来，经过 13 年的发展，如今已经相当成熟了，也形成了一套完整有序的管理办法和动态调整机制。国家助学金从与国家奖学金共用一个管理办法到自己独立的适用专门的管理办法，体现了国家对家庭经济困难学生的关心。尤其是在 2010 年国家发布十年教育规划和 2013 年提出精准资助的情形下，国家助学金政策越发起到不可替代的作用。国家助学金每年的受惠学生达到 340 万人左右，资助金额在 68 亿元左右。

国家助学金是在 2005 年财政部、教育部印发的《国家助学奖学金管理办法》中确立的，该管理办法规定国家助学金资助对象是高校中家庭经济特别困难的全日制本专科学生，其目的是帮助他们顺利完成学业，进一步做好资助高校贫困家庭学生工作。2007 年财政部、教育部印发《普通本科高校、高等职业学校国家助学金管理暂行办法》，也就是现行的助学金管理办法。该办法进一步明确了为什么要设立国家助学金的问题，即为了让家庭经济困难学生上得起学，为他们创造比较宽松舒适的学习环境，让贫困生感受到党和政府对他们的关爱，在关爱下完成学业并回报社会。由此可见，国家助学金的目的自设立时起就是明确的，就是为了帮助家庭经济困难的学生，让他们有学可上，保证学生最基本的受教育的权利。

（五）“三助”岗位津贴

“三助”是针对研究生设置的，有利于研究生积累工作经验，帮助老师分担工作，同时也是给予家庭经济困难学生一定补助的一种勤工俭学式的资助办法。“三助”是助教、助研、助管的合称。顾名思义，助教的具体工作内容是协助教学：承担专业基础课、公共课的授课、辅导、答疑等教学工作以及指导实验和临床实习，辅导课程设计，毕业设计（论文），考试及考查的阅卷工作等。助研具体工作为承担项目负责人分配或指定的与本专业相关的各种科学研究、开发和专业设计、调研等工作任务，包括科学实验，实验数据的整理分析、报告的撰写、文献资料的整理、汇编及翻译等。助管则主要辅助学院各部门的学生培养管理工作。“三助”的岗位是按照学校的需求设立的。各高校在设立“三助”岗位时应当按需设立，同时根据资金的多少合理分配岗位津贴。各高校应当统筹管理和使用通过财政拨款、高校事业收入、社会捐赠等多渠道获得的资金，不得滥用。为了防止资金浪费以及“三助”岗位学生得不到应有“三助”资助的现象，各高校必须建立导师责任制和项目资助制。这样不仅可以防止以上问题的发生，而且还有助于高校科研的发展。高等学校要加大基本科研业务经费对研究生培养的支持力度，支持符合条件的研究生特别是博士研究生开展自主研究，并对人文社科、基础学科等给予更大支持。2013 年 2 月 28 日，财政部、发改委、教育部颁布的《关于完善研究生教育投入机制的意见》，研究生“三助”岗位补助具体办法一般是依据国家的统一计量标准制定的，但也需要考虑根据各地经济发展水平分别计算。

（六）国家助学贷款

1999 年央行、财政部、教育部颁布的《关于国家助学贷款的管理规定

(试行)》是国家结合现有金融体系出台的应对高校教育全面收费情况下缓解集体经济困难学生上学难问题的助学政策。国家助学贷款政策经过两次的大调整，在资助范围和资助对象上进行了全面优化，在资助对象上不再局限于高校的本科生与专科生，扩大到了研究生和攻读第二学位的本科生，在资助范围上扩大到了全国高校，具体发放贷款的银行扩展为中国银行、中国工商银行、中国农业银行、中国建设银行四大国有银行。虽然 2003 年国家助学贷款曾出现还款风险险些陷于无法继续运转的境地，但教育部、央行、财政部、银监会联合及时对国家助学贷款政策和机制进行了重大改革，建立了具有高校助学贷款资金风险防范作用的风险补偿机制，及时挽救了国家助学贷款事业。2004 年，国家助学贷款政策进一步完善，规定了学生在校期间助学贷款的利息不算作本人需要偿还的部分，而是由国家财政来负担，其毕业后的利息才由本人负担。与此同时，有关文件对还款的年限也作出了延长的规定，延长到了毕业后八年内。2006 年，为进一步加大对家庭经济困难学生的资助力度，国家在高校助学贷款政策中加入了国家助学贷款代偿机制，减轻了家庭经济困难学生的还款压力，同时也为经济不发达地区输送了大量人才，培养了高校学子为国奉献的优良品德。为进一步完善助学贷款制度，1999 年 5 月 13 日央行、教育部、财政部颁布了《关于国家助学贷款的管理规定（试行)》，2006 年 9 月 1 日财政部、教育部颁布了《高等学校毕业生国家助学贷款代偿资助暂行办法》。其中《关于国家助学贷款的管理规定（试行)》是国家助学贷款制度的基础，规定了国家助学贷款在实行过程中的具体办法。

国家助学贷款始设于 1999 年，比其他的助学政策都要早。这是因为我国在 20 世纪 90 年代以来已经开始全面实行高校教育收费制度，家庭教育压力陡增，为了减轻家庭的教育压力，帮助学生完成学业，让家庭贫困的学生上得起学，同时为了促进教育事业的发展，国家出台了国家助学贷款这一资助政策。助学贷款不仅仅局限于从国家贷取学费，也可以贷取学生日常在校所需的生活费、住宿费等，这极大地减轻了家庭经济困难学生上学的压力。国家助学贷款是国家结合金融体系现状打造而成的助学手段，具体贷款办法由承办商业银行制定，报央行批准。

（七）基层就业学费补偿贷款代偿

此项政策主要有两个方面的内容，一个指学费补偿，一个指贷款代偿。学费补偿是指国家对学生的学费进行补偿，顾名思义，国家只能对学生未缴纳的学费部分进行补缴。贷款代偿则是指在学生已经申请了国家助学贷款的情况下，国家对学生助学贷款的本金及利息代为偿还。这一政策的主要目的在于充分考虑贫困生缴付学费和偿还贷款的能力，所以对于自愿到我国中西部地区以及偏远地区的高校应届毕业生，服务期在三年以上的，其学费由国家补偿，在校学习期间的国家助学贷款本金及其全部偿还之前产生的利息，也由国家财政代为偿还。

学生如想享受基层就业学费补偿贷款代偿政策必须满足以下条件：第一，必须是高校的应届毕业生，其次是自愿到我国的偏远地区或者中西部地区服务了三年以上。具体来讲，高校的应届毕业生是指中央部属高校中的专科生、本科生、研究生。从这一规定也可以看出，这项政策对高校是有选择的，并不是任何的高校学子都可以享受到这一政策。之所以要求是中央部门所属高校是考虑到高校的教育水平以及学生的能力和学生作出的牺牲。中央部属高校往往教育资源丰富，教育水平较高，而这些学校的学子就业的前景较好。国家鼓励他们到中西部的基层单位就业是为了在帮助家庭经济困难的学生顺利完成学业的同时为中西部基层单位输送高素质人才。基于此，国家才会给出优惠的政策，即帮助学生偿还助学贷款或者帮助学生补缴学费。第二，对于中西部地区和艰苦边区的范围，2006 年《高等学校毕业生国家助学贷款代偿资助暂行办法》中作出了详细的规定，中部地区包括十个省，分别是山西、安徽、湖北、湖南、江西、河南、黑龙江、吉林、海南、河北，西部地区包括 12 个省、自治区、直辖市，分别是指云南、内蒙古、广西、陕西、四川、贵州、重庆、青海、西藏、宁夏、新疆、甘肃。艰苦边区则由国务院指定。此外，在就业单位的范围上，必须是中西部县级以下的单位，这不仅包括县级以下的行政机关，也包括企事业单位以及地处艰苦地区的气象、地震、地质、煤炭、石油、核工业等中央单位的生产一线。第三，在中西部基层单位的就业、服务年限不得少于三年，必须与用人单位签订三年以上的劳动合同。

（八）应征入伍服义务兵役学费补偿贷款代偿及学费减免

应征入伍服义务兵役学费补偿贷款代偿及学费减免政策制定于2009年。制定该政策的目的在于对自愿服兵役的高校学子进行资助。此政策不仅有利于我国军事现代化的建设，帮助我国建立高素质、年轻化的义务兵兵源体制，而且还可以对服兵役的高校学子进行资助，让他们在报效祖国的同时感受到党和政府对他们的关爱。该政策已经实行了将近十年，为国家军队现代化建设打下了坚实的基础。该政策在2013年经过一次大的修改，更加符合了教育部《国家中长期教育改革和发展规划纲要（2010～2020年）》的要求。党的十九大以来，国家将国防事业和教育事业有机结合起来，使国家财政在高校学生资助方面取得成果的同时也使国家的国防及军队建设享受到了教育红利。

国家对于应征入伍服义务兵役的学生进行资助，对其入伍前在校期间缴纳的学费进行补偿，或者对其入伍前在校期间通过国家助学贷款缴纳的学费进行代偿，给予服义务兵役的大学生、研究生更加优惠的政策。2009年的政策针对的只是高校的毕业生，对于在校生入伍没有涉及。2011年该政策经过修改，资助的主体范围扩大到高等学校在校生。精准帮扶他们在入伍归来后迅速地适应学校的生活，弥补他们为国服兵役期间失去的学习时光，减轻他们高等教育阶段的学费负担。为了更好地完成精准帮扶的目的，其具体的实施办法是由教育部、财政部和中国人民解放军总参谋部联合制定的。2013年，国家将高校在校生的入伍服兵役的学费补偿贷款代偿和高校毕业生的学费补偿贷款代偿统一起来，形成一整套完整的管理实施办法，尤其是将往届的毕业生纳入了资助范围。相比于早期的入伍学费补偿贷款代偿，2013年的实施办法资助的规格有所提高，力度更大，比如在补偿代偿额度方面不再按照统一的不超过6000元的标准，而是按照专本科生、硕士研究生、博士研究生学费高低的不同划分了三个等级，额度从6000～10 000元不等。在申请与审批上更加严格，国家专门为其设置了网站，即大学生征兵报名系统，需要网上、线下一起申请，审核部门涉及学校、区县级人民政府征兵办公室、银行等。

（九）直招士官学费补偿贷款代偿

直招士官是指部队每年从应届高校毕业生中招收士官，经过体检、政审、专业审定、确定招收对象和签定协议书并经四个月的培训后直接招收为士官，期限一般在4~7年。对于这一类被招收为士官的高校毕业生，国家会对其在高校求学时交的学费进行补偿，如果学生在上学期间申请了国家助学贷款，国家则会代为偿还。2015年，财政部、教育部、中国人民解放军总参谋部根据国家强军建设的要求联合下发了《关于对直接招收为士官的高等学校学生施行国家资助的通知》，确定于2015年7月1日开始对高校毕业生直招士官在校期间的学费以及贷款进行补偿代偿。该项政策与应征入伍服义务兵役学费补偿贷款代偿及学费减免政策相互补充，体现了国家对军队高素质化的战略布局，同时也是精准资助的又一重大举措。

应征入伍服义务兵役与直招士官主要有以下几点不同：第一，应征入伍服义务兵役的士兵属于义务制兵役士兵，而直招士官的士兵属于志愿兵役制士兵，是更加专业化的军事人才，不论是在军事理论、作战训练还是在军事武器使用管理维修，抑或是军事教育管理方面都具有更强的专业性。第二，应征入伍服义务兵役的士兵来源广泛，只要达到一定的年龄，政治审查合格的都可以成为义务制士兵。而直招士官来源特定，主要是从军事院校的在读学生中招收，以及正在服役的义务兵中选择性招收。当然，具有特殊技能的公民，也在招收之列。第三，两者的服役年限是不同的，对于义务制士兵来说，我国早在1998年就统一规定了2年服役年限，而士官的服役年限因军衔的不同而不同，初级士官最高6年，中级士官最高8年，高级士官可以服现役14年以上，直招士官的服役年限一般在4~7年。第四，义务兵役制的士兵没有工资，只是每个月发放津贴，享受供给制的生活待遇，但对于直招士官实行的是工资制度，而且会定期增长。

国家直招士官学费补偿和贷款代偿的对象为高等学校学生，包括本专科生、硕士研究生和博士研究生以及参加成人高考的学生中的应届和往届毕业生。从这一规定中可以看出，直招士官招收的只是毕业生，不论应届还是往届。但是根据《直接从非军事部门招收士官工作规定》的规定，高校的毕业生年龄男性不超过24周岁，女性不超过23周岁；其他具有专业技能的公民，不超过28周岁，这是年龄上的一个限制。正是基于年龄的限制以及专业化的考量，在招收直招士官的时候才会优先考虑高校在读的本科生、专科生，或者刚刚毕业的学生。同时对于高考报考时自愿报考军事定向生的学生，也被列入直招士官的招收范围，可以享受到直招士官学费补偿贷款代偿资助政策。对于定向生的性质，其学生生源都是专科生，当他们在高考填报志愿时就选择了在专科阶段的学习结束后进入军队中成为军官。虽然在高考入学时就按照约定必须入伍，但其最终能否入伍也需要经过考察，包括在专科阶段是否修满学分，入伍体检和相关手续是否符合要求，等等。只有在这一切的事项全部符合要求后才能入伍实习，开始服兵役。

（十）师范生免费教育

对于师范生免费教育的资助政策始于 2007 年，最初只在北京师范大学、陕西师范大学、东北师范大学、华东师范大学、华中师范大学、西南大学六所大学试行，2013 年以后将省部共建的江西师范大学也纳入其中。师范生免费教育是指对师范类学生在校期间免除所有的学费和住宿费，并且补助一定的生活费。师范生免费教育是在时任国务院总理温家宝的首倡下逐步建立起来的，初衷在于对师范类教育进行系统化、体制化的改革，培育出更多更加优秀的中小学教师。其理论根源在于“科教兴国”战略。最初的师范生免费教育只是在中央部委直属示范高校内试行，2013 年又在省部共建的江西师范大学内推广试点，各省相继效仿，某些省市的师范专业类学生可以得到免费教育的机会，比如西部的西藏和教育水平较高的北京；除了整个辖区内师范类专业学生都可以享受到免费的资助政策外，还有的省市则选择在部分的高校作为试点推行师范生的免费教育，比如中西部的四川、云南以及东部经济发达的上海；有的省市比较重视基层教育工作人才的培养，大力推广定向到基层或农村的中小学教育工作者在师范教育阶段的免费培养，实施这一政策的地区主要集中在教育欠发达的琼桂等地。在这些资助政策的推行之下，各高校培育出了大批的教育人才。该政策施行 11 年来，有 61.37 万人享受到该资助政策的帮扶，资助款项达到 55.59 亿元。2018 年 2 月 11 日根据《中共中央国务院关于全面深化新时代教师队伍建设改革的意见》的要求，教育部等五部门印发了《教师教育振兴行动计划（2018～2022 年）》，其中对师范生免费教育提出了新的要求，即要进行师范生生源质量改善行动，将“免费师范生”改称为“公费师范生”，履约任教服务期调整为6年，并推进地方积极开展师范生公费教育工作。

国务院于2007年决定在教育部直属的师范类大学推行师范生免费教育政策，其目的就是培养大量的基层教育工作者，落实我国科教兴国的战略，从教育抓起，保证师范类学生能够得到良好的教育，并且在大学期间有一个良好的学习环境。同时也是为了培养学生形成尊师重道的习惯，使得教师行业得到广泛的认可和尊重。从《教育部直属师范大学师范生免费教育实施办法（试行）》中可以看出师范生免费教育的根本目的在于为国家的基础教育事业培育大量的高素质人才，提高我国的教育水平，尤其是基础教育的教学水平。同时也是与我国的科教兴国战略对接，为促进教育发展与教育公平，努力为培育下一代营造更好的教育环境，着力打造良好的教育氛围，专心于教育软实力的提升。在现阶段，国家级的师范生免费教育仅仅局限于部属师范类高校的师范类学生，仍然处于试行阶段，还未开始大规模推广。但是在国家政策的推动下，各省教育部门都在努力探寻符合本省教育发展需求的师范生教育资助模式，以推动本省教育大踏步前进。各省在中央政策的影响下都普遍开始重视基础教育人才的培养，对师范类专业学生的教育经费逐年提升，帮助师范类学生更好地完成学业，同时也鼓励学生积极投身教育事业，终身从教、反哺家乡。

（十一）退役士兵教育资助

2010年12月，国务院和中央军委曾联合下达《关于加强退役士兵职业教育和技能培训工作的通知》，其目的是为适应新形势要求，对退役后选择重新参加高考并被成功录取的士兵给予资助，鼓励这些退役的军事人才学习更多的技能，使之从军事专业人员向社会知识技能型人才转变，尽快适应退役后的生活，同时也为了促进退役士兵充分就业，提高退役士兵的就业能力。《通知》在提高思想认识，建立教育培训制度的工作要求中，提出建立完善的退役士兵职业教育和技能培训制度并合理安排退役士兵职业教育和技能培训经费。在此要求下，教育部等五部门于2011年10月印发了《关于实施退役士兵教育资助政策的意见》，开始对考入全日制高等院校的退役士兵进行教育资助。该项规定主要是针对退伍军人再教育，与已经考入高等院校的学生在退伍后所能享受到的国家资助是不同的，一个是国家给予的鼓励高校学生参军入伍的资助政策，一个是帮助在退伍后愿意继续接受教育的军人的资助政策。对退伍士兵的教育资助实施的 7 年来，累计 4 万人享受到了该资助政策，国家财政投入超过 2.2 亿元。退役士兵在享受资助的同时增加了自身的知识储备与实践技能，为自身的就业创造了更多的机会。这一政策极大提高了我国退役士兵的再就业率，同时也为国家的稳定和军队建设打下坚实的基础，使军事专业人才在高等教育的培养下成为复合型人才，促进了我国经济社会发展。

退役士兵教育资助政策有三大基本原则，即统一性原则、自愿性原则、非排他性原则。统一性原则指对退役士兵的教育资助政策是多部门统一制定的，其中的资助标准也是统一的。这一原则在于说明对退役士兵的教育资助是国家行为，具体标准也是由国家制定，不存在厚此薄彼的情况。虽然退役士兵可能考入不同地区的不同院校，大学的隶属也不尽相同，但是资助却是相同的。这也从侧面反映了国家对退役士兵的帮扶力度。此外，统一性原则下对退役士兵学费的资助是由中央财政统一拨付的。中央财政在最为重要的资助项目上的大力支持很好地解决了款项落实不到位的情况，可以更好地帮助退役士兵解决士兵接受再教育中的学费问题。

自愿性原则是说退役士兵可以自由选择是否参加国家统一高考，在考上全日制高等教育学校后也可以选择是否接受该项政策的资助。对退役士兵教育的资助首先是一项资助政策，是鉴于退役士兵为国家的国防事业做出的奉献，国家在其接受继续教育时提供的优惠。但是国家并不强制退役的士兵继续接受教育，也不强制考上高等院校的退役士兵接受国家对他们的资助。国家保证他们充分的选择权的同时，使国家的资助政策得到了良好的效果。

非排他性原则是指退役士兵在享受该资助政策的同时不改变退役士兵现有的其他安置政策。这就说明退役士兵资助政策是国家新设的一项助学政策，与退役军人所享有的国家关于退役军人安置的其他政策是不相关的。该政策为退役士兵自愿接受高等教育时的各项费用提供资助，不会减少退役士兵所享受的其他各项待遇，也不会增加他们的负担。

（十二）新生入学资助项目

为了使家庭经济困难的新生顺利入学报到，2012 年，在党和政府的推动下，中国教育发展基金会利用彩票收入的部分款项专门建立了高校新生入学资助资金。该政策极大地提高了家庭经济困难学生入学的概率，之所以该政策能起到如此显著的作用，是因为它解决了学生路费及入学时的一些必要费用。在 2012 年设立时，该资金就帮助 21 万余贫困学子解决了路费的问题，资助金额达到 1. 35 亿元之多。该政策实施 7 年来，资金投入达到 6. 32 亿元，累计帮助 96. 4 万家庭经济困难学生解决了入学难的问题。随着我国经济社会的发展，人民生活水平逐步提升，该项资助所资助的人数正在减少。但需要这项资助的学生人群仍然庞大，国家仍然会一如既往地贯彻执行这一助学措施。

新生入学资助项目设立的目的是帮助家庭经济困难学生顺利入学，主要集中在对这些学生路费上的资助。国家对于家庭经济困难的学生已经有诸多帮扶措施，比如专门为保证家庭经济困难的学生在校期间的基本生活需要而设立的国家助学金，为帮助家庭经济困难学生顺利完成学业而设置的国家助学贷款，半助半奖性质的国家励志奖学金以及带有资助性质的入伍服役和退役再教育的学费资助，为解决入学难问题设立的家庭经济困难新生交通费用资助。可以说国家对高校学子的资助涉及方方面面，从入学前到毕业，几乎涵盖各个阶段。精准资助的资助理念提出以来，我国的高校教育资助体系更加完善，资助的内容更加具体，对贫困人群的保障更加充分。

入学资助项目的管理和实施坚持“公开透明、量入为出、突出重点、专款专用”的原则。公开透明是指在整个入学资助款项的申请与发放过程始终是公开的，学生的申请需要公开，评选要公开，发放也要公开，同时政策也要公开，各省考生都有知情权，以方便家庭经济困难学生申请。量入为出主要为了保证公益彩票收入能够被合理利用，必须要以彩票收入的多少来决定资助款项的多少，尽量不要超出该收入范围。因为该项资助款项不是国家财政发放的，其规模有限，不能对资助者无限度的增加，也不能对资助款项无限制的增加。为了解决该项资助助款项有限的困境，国家提出了第三条原则，即突出重点。突出重点的目的是帮助家庭经济困难的学生，帮助最需要帮助的学生才是这一资助项目存在的意义。该项资助政策虽然并不能起到很大作用，但也是不可或缺的，受助者家庭往往十分困难，这笔款项可以提供一定帮助。因此，资助最需要资助的学生，是“突出重点”这一原则的重要体现。专款专用则是对资金管理部门的要求，通过开立专门的存款账户，保证资金如数下发，不被贪污挪用。

（十三）勤工助学

高校勤工助学政策最早是由国家教育委员会和财政部在 1993 年下发的《关于进一步做好高等学校勤工助学工作意见的通知》和 1994 年下发的《关于在普通高等学校设立勤工助学基金的通知》确立的。到 2007 年，由于高等院校勤工俭学已经成为普遍现象，但是没有相应的比较具体的管理规范办法。为了保障勤工俭学学子的利益，保证他们能够得到勤工俭学报酬，同时也为了规范学校在勤工助学时的管理行为，防止学校滥用勤工助学资金，教育部、财政部印发了《高等学校勤工助学管理办法》，于 2007 年开始实施。该管理办法有效地解决了高校勤工俭学存在的种种问题，使得既能够帮助学生缓解经济负担，又能帮助学校解决某些岗位工作人员不足的勤工俭学政策良性发展。从 2013 年到 2017 年教育部发布的勤工助学的情况来看，仅仅 5 年内就有超过 1700 万高校学子参加过勤工俭学，涉及款项高达 121 亿元。

1994 年国家在设立勤工助学基金时就曾明确表明该基金设立的目的，即使得高等学校勤工助学活动具有稳定、可靠的经费来源，使这项工作逐步实现经常化、规范化，使家庭经济困难的学生，尤其是特困生得到有效资助，以完成学业。而规范化的管理也是为了规范管理高等学校学生勤工助学工作，促进勤工助学活动健康、有序开展，保障学生的合法权益，培养学生自立自强精神，增强学生社会实践能力，帮助学生顺利完成学业。2007 年 6 月 26 日，教育部、财政部颁布的《高等学校勤工助学管理办法》（教财〔2007〕7

号）规定，勤工助学活动必须坚持“立足校园、服务社会”的宗旨，按照学有余力、自愿申请、信息公开、扶困优先、竞争上岗、遵纪守法的原则，由学校在不影响正常教学秩序和学生正常学习的前提下有组织地开展。

（十四）校内资助

校内资助主要是各高校依据自身的情况，利用自己部分事业收入及社会团体、企事业单位和个人捐助资金，设立校内奖学金、助学金、困难补助、伙食补贴、校内无息借款、减免学费等。我国国内的大学收入主要来自财政拨款和事业收入，捐赠也是仅次于两者的一个重要来源。高校事业收入是高校收入中仅次于财政拨款的第二大收入来源，包括学费收入、杂费收入、餐费收入以及住宿费收入等，也是校内资助的主要资金来源。财政拨款虽然是高校收入的主要部分，但并非校内资助的资金来源。现今，我国许多高校设有全资或合资的营利机构以为自己带来事业收入，高校承接的一些国家项目种类繁多，不一而足，也会增加该项收入。对于这部分资金，除了日常的教学管理工作外，许多学校都会为品学兼优或家庭经济困难学生设置奖助学金或者其他的奖助项目。此外，社会团体、企事业单位和个人也会捐赠一定资金，帮助学校发展。社会捐赠作为欧美国家高校建设与发展的主要来源，已为我国所借鉴，越来越多的社会捐赠也逐渐成为我国高校收入的重要来源。根据校友会网《2017 年中国大学评价研究报告》公布的大学受捐赠情况，清华大学遥遥领先，最受全球慈善企业家青睐，累计接受国内外捐赠 93. 57 亿元。受捐助累计排名前十的学校收到国内外捐助款项将近 400 亿元人民币。在高校接受的捐助中，来自校友的捐赠是最主要的来源，这也体现出了学校培养人才的能力和该校校友团结奉献的精神。捐赠的一部分或者全部款项一般会为校内资助所用，有些捐助者也利用捐助资金设立专门的校内资助项目，建立该项资助的具体制度和办法。

我国至今没有出台一部统一的校内资助管理办法，也没有关于学校事业收入及接受捐赠的管理办法。现有法律法规仅对学校财务制度有所规定，要求学校在财务管理上做到合理的预算编制和预算执行，真实反映学校财务状况，在多渠道筹措资金时节约支出，合理配置并有效使用资产。在这种情况下，只有个别高校制定了事业收入和接受捐助的管理使用办法，有些高校还专门制定了某些校内资助项目的具体管理办法。

（十五）绿色通道

“绿色通道”是近年来为确保被录取的经济困难新生顺利入学而设立的，教育部规定各公办普通高等学校都必须建立的一种制度。经审核对经济困难无法缴纳学杂费用的，批准暂缓缴纳学杂费，先进入学校学习，然后学校帮助这部分学生通过申请国家助学贷款、勤工助学等方式来解决经济困难问题。“绿色通道”是确保普通高校家庭经济困难新生顺利入学的最直接、最有效的措施。可以看出，“绿色通道”贯穿于国家各项助学政策的始终，是落实各项助学政策的有效手段。尤其是在申请国家助学贷款时，绿色通道可以先让家庭经济困难学生办理入学手续，然后再根据国家资助贷款的申请办法办理助学贷款。这不仅可以帮助学生尽快入学，同时也能够发挥助学贷款的作用。

二、高校精准资助的既得成果

（一）高校精准资助总体成果

1. 高校精准资助金额投入

通过对我国 2010 ~ 2017 年高校学生资助的额度比较可以看出（见图 3 - 1），我们国家对于高校的资助工作非常重视，投入的资金规模每年都在增长，屡创新高，在 2017 年突破了 1000 亿元大关，与 2016 年相比，增长额高达 95 亿元，增长率为 9.1%。增长速度最快的是 2014 年至 2016 年这三年，仅 2014 年全年的高校资助金额就有 716 亿元之多，比 2013 年多了 142 亿元，增长率达到前所未有的 24.7%。2013 年以后，每一年高校资助资金额度都呈跨越式的增长，与 2013 年以前各年度形成鲜明的对比。

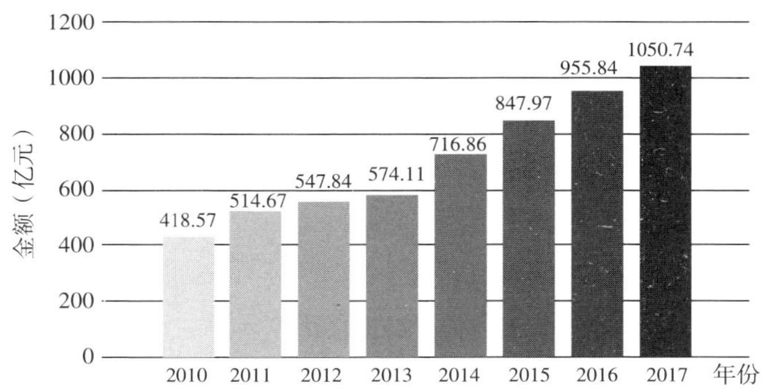

图 3－1　2010～2017 年高校学生资助金额

数据来源：历年中国学生资助发展报告。

2010 年是我国开启新的十年教育规划的开局之年，由国家中长期教育改革和发展规划纲要工作小组办公室发布的《国家中长期教育改革和发展规划纲要（2010～2020 年）》中关于高校教育改革和发展规划的部分提到，为了确保教育经费的及时划拨和投入，各级政府必须明确职责，形成问责制度。同时也要对教育经费的稳定投入打下基础，形成教育经费投入机制。在此基础上，各高校也需要在国家财政拨款的前提下，保证事业收入的稳定性，不断加大对社会资助的吸收力度，积极对学生进行回报母校的教育，形成多层次、多渠道的资金来源体系。各地应当依据本地区的经济发展水平，对高校学生的资助标准形成微调机制，浮动化的动态调整不仅可以实时监控高校是否按照地区经济标准对学生进行资助，也可以发现国家在高校资助工作中的不足。此外，虽然资助工作需要国家指导和政策引领，并进行大规模的资金投入，但是也可以让受教育者合理分摊培养成本，建立资助资金统筹机制。最后，吸收金融优势的教育贷款制度需要进一步的完善，尤其要大力推进贷款方式和手续简便化的生源地助学贷款政策，完善高校的收费政策，统一收费标准，防止民办高校过高收费，这也是助学的关键所在。随着我国经济的发展，这些计划都在有条不紊地进行，从高校资助的资金规模可见一斑。2013 年，依据习近平总书记对农村扶贫工作提出的十六字方针，国务院以及教育部将“精准”两字运用于对我国现阶段高等教育中家庭经济困难学生的资助工作，力争做到有的放矢、重拳出击。

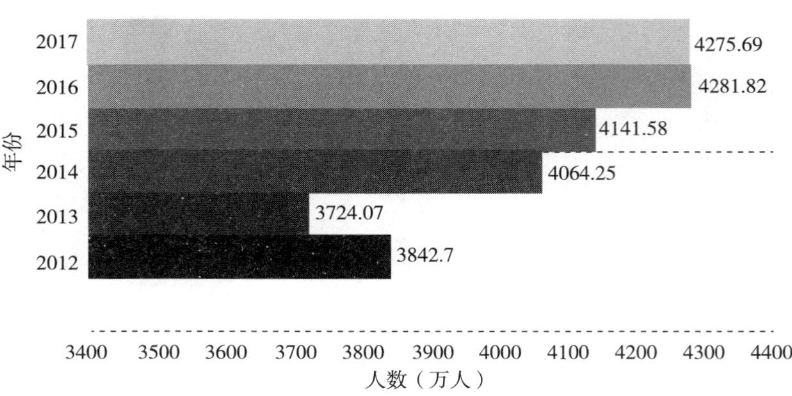

图 3－2　2012～2017 年高校学生受资助人数

数据来源：历年中国学生资助发展报告。

2. 高校精准资助下的受助人数

在精准资助的政策指导下，仅从国家对高校教育投入的资助资金数量不足以看出资助的效果，还必须结合资助工作所涉及的学生数量，看看到底有多少人得到了资助政策的帮助。2014～2016 年，高校资助资金井喷式上升，受资助人数也是屡创新高，自 2014 年高校受资助人数突破 4000 万以来就始终保持在 4000 万人以上（见图 3－2）。我国的高校资助人数要以高校总人数来确定，高校在校生总人数的上升也是资助人数上升的原因之一。其实，现阶段我国高校的招生规模已经基本稳定，资助人数的上升主要是因为国家资助力度在逐步加大，尤其是国家正在大力推广的生源地助学贷款以及不断扩大的对专本科生和研究生的国家助学金的资助规模。我国已经从单一的增加资助资金和资助人数向精准资助转变。

3. 高校资助资金构成

2007 年是我国全面建立国家高校奖励资助体系的一年，各项或新设立的或经过改造的奖助制度相继推出，国家投入资金的规模以及受助的人群空前增加，仅 2007～2011 年五年时间内，全国共资助普通高校学生 1. 79 亿人次，累计资助金额 1817. 18 亿元。资助学生由 2006 年的 1530. 27 万人次增长至 2011 年的

4170.14万人次，增长1.73倍；资助金额由2006年的162.98亿元增长至2011年的501.35亿元，增长2.08倍。2007~2011年普通高校学生资助金额中，财政投入817.8亿元，占比45%；其他资金（包括国家助学贷款）999.38亿元，占比55%。财政资金中，中央财政494.83亿元，占比60.51%；地方财政322.97亿元，占比39.49%。财政投入普通高校学生资助资金由2006年的24.79亿元增长至2011年的245.64亿元，增长8.9倍。其他资金由2006年的138.19亿元增长至2011年的255.71亿元，增长85.04%。[1] 这些数据无疑表明了我国在不断进行的完善资助体系工作中的显著成效。虽然如此，但是对资助政策的精准化实施仍然不够。从2012年至今，由于已经有了精准资助的引导，国家的资助更加趋于成效化、理性化，虽然在资金和受助人群增长速度上不如前期，但确实给予了更多的家庭经济困难学生帮助，资助效果更加突出。特别是在2017年，我国高校受资助的人数有所回落，这并不代表着需要资助的学生未受到资助，而是学生逐渐可以根据自己的情况自行解决在校经济问题，学校和国家也根据现实的需要不断推动资助工作的精准化。

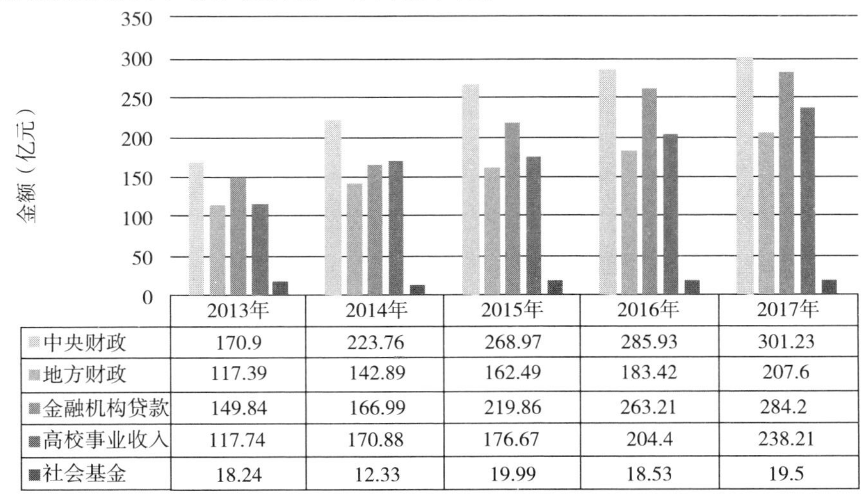

	2013年	2014年	2015年	2016年	2017年
中央财政	170.9	223.76	268.97	285.93	301.23
地方财政	117.39	142.89	162.49	183.42	207.6
金融机构贷款	149.84	166.99	219.86	263.21	284.2
高校事业收入	117.74	170.88	176.67	204.4	238.21
社会基金	18.24	12.33	19.99	18.53	19.5

图3-3 2013~2017年高校资助资金构成

数据来源：历年中国学生资助发展报告。

[1] 教育部. 中国学生资助发展报告（2007~2011年）摘编［N］. 光明日报，2012-10-23.

不论是在额度上还是在人数上，国家对高校学生的资助总量是巨大的，从效果来看，不少家庭经济困难的学生在校学习、生活起居、顺利完成学业等多方面都得到了很大的帮助。对于品学兼优的贫困生，国家的资助政策则多了些鼓励性奖励，激励他们在科研方面潜心钻研。需要注意的是，在取得这些成就的同时，我们要注意分析国家在资助的过程中的资金来源及其稳定性。

（1）中央财政支出

高校资助资金由五方面构成，即中央财政支出、地方财政支出、金融机构贷款、高校事业收入以及社会资金。其中，中央财政拨款是最多的，也是最为重要的。财政拨款是高校资助资金最重要的来源。财政拨款分为两类：中央财政和地方财政。中央财政是资金构成中占比最高的，而且一直处于领先地位。一方面由于高校的资助政策是国家倡议建立的，国家为了保证教育资助能够顺利进行，会在每年的教育资助预算中拨付较多的资金；另一方面国家非常重视教育事业，每年的教育支出有增无减，对于高校的教育资助更是不遗余力。2017 年我国的财政收入突破 20 万亿元，国家对教育的投入水涨船高，达到 3 万多亿元，其中 60% 以上用于教师工资和学生资助，可见每年中央财政的拨款力度。中央财政对高校教育的资助金额从 2013 年的 170 亿元到 2017 年的 300 亿元，增长了近一倍，增长率达 76.5% 。中央财政对高校教育资助主要集中在国家奖学金、师范生免费教育、退役士兵教育资助、高等学校毕业生赴基层单位就业学费补偿国家助学贷款代偿、高等学校学生应征入伍服义务兵役国家资助、高等学校学生直招士官国家资助、高校家庭经济困难新生入学资助项目等全额资助项目和国家助学金、国家励志奖学金等部分资助项目，国家助学贷款和勤工俭学项目尚未涉及。从这一资助范围来看，中央财政涵盖了高校绝大多数资助项目。

（2）地方财政支出

地方财政作为国家财政收入的一部分，在高校资助方面的投入紧随中央财政的步伐。从数据可以看出 2013 年的投入额为 117.39 亿元，2014 年的投入额为 142.89 亿元，比 2013 年多 25.5 亿元，增长率为 21.7% 。2015 年的投入额为162.49亿元，比2014年多19.6亿元，增长率为13.72%。2016年的投入额为183.42亿元，比2015年多20.93亿元，增长率为12.88%。2017年的投入额为207.6亿元，比2016年多投入24.18亿元，增长率为13.18%。（见图3-3）虽然地方财政对高校教育的资助额每年都有增加，但是增长率并不是逐年增加。在近五年的数据中，2014年的增长率是最高的，达到了21.7%，其后每年的增长率都不超过15%。这并不是说地方财政在高校资助投入上有所下滑，而是我国的高校教育资助已经达到一定的规模，形成了一定的资助体系，资金投入需要根据全国高校整体的教育水平和人数不断调整，不能让地方财政一味加大对高校的资助，应该从单纯注重数量向注重质量转变。在2017年地方财政对高校资助投入突破200亿之际，地方财政投入，增长率小幅度增长，稳中有进，势头良好。

以山东省为例，自2007年依照国家高校助学政策制定的省内高校学生资助实施细则以来，经过十年的发展，截至2017年，山东省财政用于资助高校学生的资金规模累计投入了323.63亿元，受资助学生人数达到1.01亿人。从2007年的14亿元投入，到2017年的48亿元财政投入，238%的增长幅度不仅表明山东省教育的水平以及教育资助的水平有了质的提升，而且进一步说明山东省对高校学生资助工作重视程度越来越高，同时也是地方财政和国家财政共同为高校学生资助提供多样化资金来源的具体体现。山东省政府新闻办召开的发布会上，发言人具体介绍了山东省资助政策体系。在国家政策的指导下，山东不断构建本省的高校资助框架，并在国家政策的基础上制定实施细则，逐步加大投入力度。资助政策实施十年以来，山东省的高等教育资助体系逐渐在国家的大力推动下发展完善，并日趋成熟，形成了以国家奖助学金体系为主导，辅之以助学贷款、勤工俭学、困难补助、专属于研究生和与军事相关联的资助项目的资助政策体系，形成了全方位、多层次、立体化的国家为主导的，社会各界积极参与的助学体系，实现了高等教育学生资助政策全覆盖。尤其是2017年，山东省出台的《山东省家庭经济困难学生认定办法》，更是对家庭经济困难学生认定这一老大难问题提出了更加符合山东省教育发展情况的认定机制——四级认定、两级公示工作机制，对需要得到资助的学生进行全面的审查，防止非贫困生抢占真正有需要的学生的资助名额，帮助家庭经济困难学生得到应有的资助，为其创建良好和宽松的学习和生活的环境。要杜绝非家庭经济困难学生钻高校资助认定机制缺陷的空子，改善高校资助政策实施的社会效用低下的状况。

同时，作为中央直辖市的重庆，在地方财政对高校学生资助方面体现出了西部高等教育发展的水平正在稳步提升，国家的高校资助策略因地区经济发展有所不同，这种差异是符合公平原则的，不同地区须因地制宜。从重庆市贯彻落实国家高校学生资助政策工作中，按照政策的要求，充分利用地方财政全力支持高校学生资助工作。到 2017 年年底，重庆市在国家高校资助政策的指引下，首先，在国家政策的框架内针对本行政区域内的高等教育发展情况和生源贫困程度细化了各项高校资助政策，新增了许多由地方财政出资设立的高校资助地方项目，做到了因地制宜，也使域内的高校资助体系更加完善。其次，在实施程序方面，除根据国务院以及财政部、教育部要求的必经程序外，对授权地方制定的各项国家高校资助政策实施程序以及具体评审办法也作出了相应的规定，形成了独具特色的完备的学生申请以及分级审核的程序性规范。最后，不断对学生进行国家高校资助政策宣讲，这也是重庆实施高校资助政策工作能够产生预期社会效益的关键所在。不仅要让高校学子知道有哪些可以申请的教育资助项目，还要让学生知道申请的标准、程序。在这方面，重庆着力较多，力图建立起完整的高校资助体系，使每一项资助政策深入学子之心。基于以上三点，地方财政在政策的有力指引下，能够充分发挥资金的效用。2007～2017 年，重庆累计资助高校学生超过 4100 万人次，投入资助金额 526 亿元。2016 年，重庆创新推出“生源地补充助学贷款”政策。2017 年，重庆出台文件，利用国家助学贷款风险补偿金结余奖励资金、社会捐资助学资金和学生奖助基金等，建立国家助学贷款还款救助机制，对特别困难毕业借款学生进行救助。[1]

[1] 胡航宇．重庆高校学生资助 10 年累计投入 526 亿元［N］．中国教育报，2017－07－11.

（3）金融机构贷款

在高校教育资助的资金构成中，金融机构的贷款虽然是重要的组成部分，但是其涉及的项目只有国家助学贷款一项。仅涉及一项国家助学政策的资金来源却占据着高校资助资金总额的四分之一，可见其重要性。1999 年出台的助学贷款政策已经施行了 18 年，帮助了千万学子顺利完成学业。国家助学贷款政策包括两项内容，一类是校园地国家助学贷款，一类是生源地国家助学贷款。校园地国家助学贷款从 1999 年国家助学贷款政策颁行时就有，而生源地助学贷款是 2007 年 8 月国家在校园地助学贷款的基础上出台的新政策，因为较严格的申请条件、更便捷的申请方式、十分合理的还款条件、更加高的贷款额度，以及便于金融机构贷前、贷后管理与风险防范和便于高校操作贷款业务与大力推广而迅速普及，其贷款规模已经超过了校园地助学贷款。这一项资助政策是解决高校家庭经济困难学生上学难问题的根本助学政策，不仅可以解决在校生学费，还可以解决住宿费和生活费的问题，全方位帮助贫困生解决困难。2007 年生源地助学贷款启动以来，学生贷款更加方便，贷款人数和规模激增，此项投入在高校资助资金构成中逐渐成为中央财政投入以外的第二大高校资助资金投入，甚至有超越中央财政对高校资助资金投入的趋势。由于金融机构贷款是我国借助金融体系建立的助学模式，颇具积极作用。类似于商业贷款的贷款模式和利息优惠以及与信用档案关联的模式不仅体现了助学的内涵，同时也培养了经济困难学生的诚信观念和回报国家的感恩之心。从图 3－3 中可以看出，2013 年的金融机构贷款额为 149. 84 亿元，2014 年的额度为 166. 99 亿元，增长额为 17. 15 亿元，增长率为 11. 45%。2015 年的贷款额为 219. 86 亿元，比上一年增长了 52. 87 亿元，增长率达到 31. 66%。2016 年金融机构贷款投入 263. 21 亿元，比 2015 年多了 43. 35 亿元，增长率为 19. 72%。2017 年金融机构贷款额 284. 2 亿元，相比 2016 年增加了 20. 99 亿元，增长率为 7. 97%。按照金融机构助学贷款的增加趋势，很有可能在今后超过中央财政资金的投入。金融机构参与到高校助学的行动中来，已经取得了良好的效果，已经实现利用金融手段助学的目的，两者的完美融合体现了国家战略的前瞻性，较好地解决了高校学生的上学难问题。虽然奖学助学性质的资金投入在不断加大，但是许多学生仍然支付不起在校期间的各项费用，既包括学费、膳宿费，也包括生活费。要从根本上解决这一问题，不能仅仅依靠资金补助。国家助学贷款很好地解决了这个问题，辅助以绿色通道政策，众多家庭经济困难学生和因特殊情况无法按时上交学费的学生有了缓冲缴费的时间，可以迅速入学，因缴费不及时而无法同步报到入学的情况大大减少。2015 年是金融机构投入贷款资金增长速度最快的一年，31.66% 的年增长率凸显出我国助学贷款对于高校学子的重要性，同时也体现出我国高校学子对助学贷款的依赖程度在不断加大。

（4）高校事业收入

高校事业收入属于高校教育经费的主要来源之一，在社会主义市场经济条件下变得越来越重要，对于地方高校来说更是如此。我国高校的教育经费具有来源多元化的特征，“财、税、费、产、社、基、科、贷、息”九渠道筹措教育经费的局面已经形成。[1] 虽然国家财政拨款是高校教育经费的主要来源渠道，但国家财政拨款难以满足高校迅速发展的需要。因此，高校如何自己筹措资金、如何增加自身的事业收入对学校的发展来说就尤为重要。根据高茵、郑莉的研究可以看出，国家对高校的教育资金投入在不断增加，但是与国家财政总投入相比却呈现下降的趋势，这证明教育方面的投入与其他方面的投入相比还是不甚重视。[2] 此外，我国高校教育资助资金的比例不甚合理，虽然金融机构等资助主体的资金投入已经大有超出中央财政投入之势，但是这些资金来源具有不稳定性。其中最为重要的来源之一，即高校的事业收入虽然已经占到了高校教育资助资金的半壁江山，但由于其缺乏一套合理利用的专门办法，无法确保这项收入惠及广大的家庭经济困难学生。事实上，高校事业收入可能更多地用于在高校的日常开支、活动经费以及校舍的建设、器材的购置方面。[3]

---

❶ 高等学校财务制度讲座［M］．北京：中国人民大学出版社，1997：63.

❷ 高茵、郑莉．高校投资结构与经费来源分析［J］．北京理工大学学报（社会科学版），2006（4）：99－102.

❸ 乐小丹．地方高校教育经费投入结构对绩效的影响分析——以江苏省为例［D］．南京：南京工业大学，2012.

高校事业收入中的教育经费支出包括两部分，一部分是基本的建设支出，一部分是事业支出。事业支出中包括人员性经费和公用经费两部分，人员性经费当中就包括国家要求学校承担的4% ~6% 的国家助学金费用和学校自己设立的各种奖助学金以及勤工助学的支出。从高校事业收入排在高校资助资金占比第三位置可以看出，时至今日，我国高校的事业收入还是比较可观的，是高校教育经费的主要来源之一，其用作本校资助项目的资金也是比较丰厚的。2013 年高校事业收入中为高校资助项目投入的金额为 117. 74 亿元，2014 年的投入金额为 170. 88 亿元，增长了 53. 14 亿元，增长率为 45. 13% 。2015 年高校事业收入在学校资助项目中的投入为 176. 67 亿元，仅增长了不到 6 亿元，增长率仅为 3. 39% ，与上年度的 45. 13% 的增长率相比有较大的下滑。2016 年高校事业收入投入为 204. 4 亿元，比上一年增加了 27. 73 亿元，增长率为 15. 7% 。2016 年投入高校资助的高校事业收入资金为 238. 21 亿元，比 2015 年增加了 33. 81 亿元，增长率为 16. 54% 。在高校事业收入逐渐成为学校在发展过程中的一个重要资金来源时，其对学校资助工作的重要性也变得不言而喻。国家之所以将国家助学贷款的 4% ~6% 的费用分给各个高校承担，一方面是出于国家财政压力，另一方面是高校事业收入的高增长率使高校普遍具有了为高等教育资助事业作出贡献的能力。许多高校在承担国家助学金的资助任务之外，还会利用本身的事业收入建立健全本校的奖助学金体系，比如加大勤工助学的资助力度，对本校家庭经济特别困难、无法缴纳学费的学生，特别是其中的孤残学生、少数民族学生及烈士子女、优抚家庭子女等，实行减免学费、发放特殊困难补助等救济措施。

（5）社会基金

社会基金作为高校资助资金的重要来源之一，虽然其占比很少，只有不到 10% ，但是社会上的资助基金反映了全社会对高等教育及家庭经济困难学生的关心。社会基金是指由企业或者个人捐赠给高校或者国家教育部门的社会资金，旨在回馈母校或者帮助高校建设。一般来说高校都会建立相应的机构，以便对社会捐赠的款项进行管理和使用。这种基金会是由欧美的基金会发展而来的，可以使高校的教育资金得到很好的保值，甚至有可能会增值。

而根据我国的现实情况，国内的基金会一般不被认可，发展的模式和运作的水平与欧美相去甚远，教育基金会更是如此。❶

根据图3－3可以看出2013年高校资助资金中社会基金为18.24亿元，2014年却下降到12.33亿元，减少了5.91亿元，负增长率为32.4%。2015年社会基金有所上升，达到了历史最高水平的19.99亿元，比上一年增加了7.66亿元，增长率为62.12%。但2016年社会基金用于高校资助的款项又有下降，为18.53亿元，比2015年少了1.46亿元，负增长7.3%。2017年高校资助资金中的社会基金又有所提高，为19.5亿元，比上一年增长了0.97亿元，增长率为5.23%。通过数据分析可以了解到，社会基金在高校资助资金中的规模较少，而且会出现负增长的情况，多年以来都没能突破20亿元大关。社会基金投入规模不大，那它的重要性是如何体现的呢？高校是培养人才的教育机构，能够为国家和社会培养大量高水平人才，由于高等教育需要投入大量的人力、物力、财力，仅仅凭借国家的财政拨款和学生缴纳的学费不足以支撑高校教学和科研工作的开展，所以高校成立了专门的基金会用于募集社会资金，其中绝大部分来源于校友捐赠，校友捐赠的重要性愈发彰显。❷

通过对以上数据的解读可知，我国的高等教育资助工作正在有条不紊地推进。不论是在资助资金的总量上还是在资助资金的来源方面都已经显现出我国高校资助工作体系逐渐发展成熟，这不仅表现为资助形式种类繁多，更为重要的是资助所需要的资金来源更加有保障了，不会总是受到国家财政拨款的制约。各高校在提供教育服务的同时利用自身的优势搭建学生资助平台，使用学校的各项收入去帮助学生，为他们创造良好的学习环境，提供更优的教育资源。另外，根据每年不断增长的资助学生人数也可以看出，高校资助政策施行起来更加便利化，也更加公平，能够做到让真正有需要的家庭经济困难学生得到资助政策的红利。

---

❶ 于红．高校基金会投资现状、问题及对策［J］．煤炭高等教育，2012（1）：32－35.

❷ 宋宪昌．解析我国高校基金会校友捐赠不足因素［J］．时代教育，2018（1）：104.

社会基金作为高校资助的重要来源，越来越为高校所重视。根据2017年艾瑞深中国校友会网发布的《2017中国大学评价研究报告》可以看出，我国高校普遍十分重视校友捐赠。社会捐赠不仅是衡量一所学校综合实力、教育教学质量的重要指标，更是体现先进校园文化和社会影响力的关键所在。在这些捐赠中不乏专门针对高校学生资助而专门设立的奖助学金。

（二）国家奖助学金资助成果

国家奖助学金体系可以按类别和生源不同作两类区分，即按类别分为国家奖学金、国家励志奖学金、国家助学金，按生源分为研究生国家奖助学金、专本科生国家奖助学金。不论在何种类别的奖助学金分类之中，国家奖学金政策对所有高校各阶段学生来讲获得的机会是平等的，但是国家励志奖学金政策的受众范围仅限于高校专本科生，且国家励志奖学金是一种既带有奖学性质又带有助学性质的奖学金。对于研究生也有专门的奖励政策——研究生学业奖学金，这一政策着重强调激发鼓励研究生的科研创新能力，这是与专本科生奖励资助方面最大的区别。另外对于国家助学金政策国家也非常重视，它是解决高校资助问题的关键。它的资助人群不仅包括专本科生，还包括研究生。对于专本科生来说，要想获得资助必须要满足一定的条件，也就是说并非所有的专本科生都能获得国家助学金的资助。但是对于研究生来说，国家助学金是人人可得的，对于硕士研究生和博士研究生的资助金额有不同的规定，同时对资助的最低限度也有专门要求，硕士研究生每年资助金额不得少于6000元，博士研究生每年资助金额不得少于12000元。

1. 国家奖学金资助成果

国家奖学金政策至今已经施行了16年，获得学生达到百万人。国家奖学金专门奖励给那些品学兼优的高校学生。我国高校的国家奖学金制度具有重要的育人功能，这是思想政治教育育人功能在高等教育实践中的具体体现。国家奖学金政策的制定与实施是为了鼓励高校中成绩优异的大学生，给予他们更多的经济上的奖励。国家奖学金政策几经变更，其目的倾向性越来越强，奖励的额度也越来越大。从最初的资助为主、奖励为辅，到后来的奖励与资助并重，再到现在的奖励为主、资助为辅，育人导向更加鲜明。品学兼优、全面发展成了高校国家奖学金评选的衡量标准。国家奖学金制度的育人功能体现在多方面，既表现在通过物质资助和精神激励为学生提供生活学习的帮

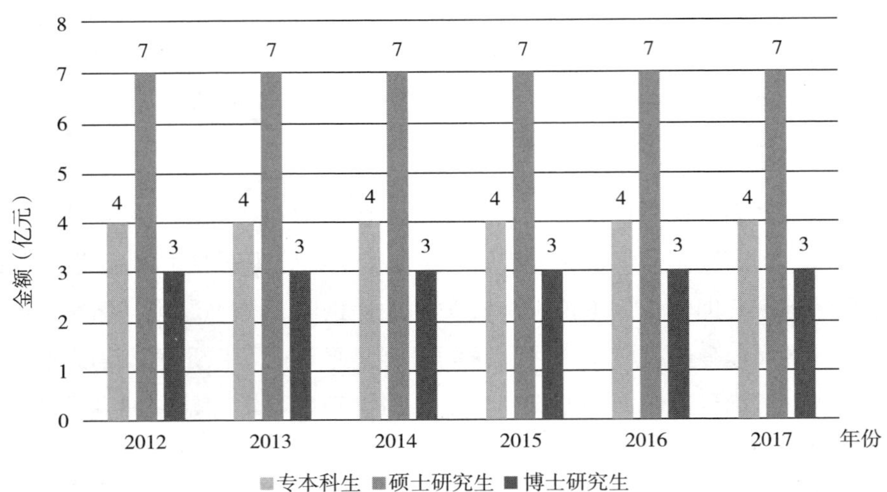

图 3－4　2012～2017 年高校国家奖学金发放总数

数据来源：历年中国学生资助发展报告。

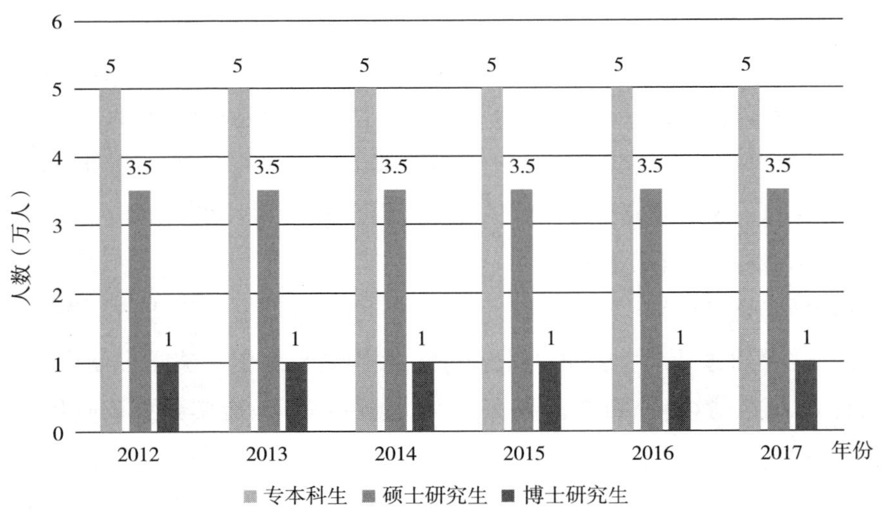

图 3－5　2012～2017 年高校国家奖学金奖励人数

数据来源：历年中国学生资助发展报告。

助，使之获得精神层面的满足；也表现在通过设立严格的评选标准，引导学生严格要求自我、锻炼自我、提升自我。国家奖学金制度育人功能的实现，既是高校思想政治教育需要研究的课题，也是高校奖励资助需要积极重视的问题，更是高等教育发展需要关注的问题。❶

从国家奖学金历年发放的资金数额和获得的人数可以看出（见图3－4、图3－5），不论在校学生多少，每年统一奖励专本科生5万人，硕士研究生3.5万人，博士研究生1万人，奖励额度分比为专本科生每人每年8000元，硕士研究生每人每年20000元，博士研究生每人每年30000元。在人数和标准上是固定的。国家奖学金每年发放的总额为专本科生4亿元，硕士研究生7亿元，博士研究生3亿元，总共14亿元。我国高校国家奖学金制度的实行，是党和国家为建设文化强国和人力资源强国、建设创新型国家、坚持教育优先发展和实现教育公平而采取的重大举措。❷ 国家奖学金政策之所以在高校育人、建设文化强国、建设创新国家等方面取得如此重大的成果，与良好的制度构造是分不开的。国家奖学金制度自出台以来就配套了相应的评选制度，同时国家还专门设立相关部门主持国家奖学金的评定和发放工作，协调各省级教育部门配合国务院教育部、财政部各项工作，使各高校发挥积极性，使国家奖学金政策落到实处。另外，国家同步开展了国家奖学金资金的监督和管理工作，建立了上级监督下级，同级相互监督，纪律监督监察部门定期或不定期检查各经手部门相关工作的全方位、多层次、立体化的监督管理体系。此外，分账核算和专款专用的资金分类使用办法，也使得国家奖学金资金能够及时如数发放到获奖学生手中，防止了出现资金被挪用或贪污的情况。

以清华大学为例，自2002年设立国家奖学金以来，每年发放给研究生和本科生的额度都是严格按照国家的标准执行的，即本科生每人每年8000元，硕士研究生每人每年20000元，博士研究生每人每年30000元。每年奖励学生人数按照在校生人数的0.5%发放。除了国家奖学金这一冠以“国”字头的

❶ 王晓晨．高校国家奖学金制度的育人功能研究［D］．西安：长安大学，2015.

❷ 陈润华．我国高校国家奖学金评定制度研究［D］．福州：福建师范大学，2013.

奖学金外，清华大学还有各类奖学金92项，奖励给本科生的比例超过35%。其中最为重要的几项分别是特等奖学金、特等奖学金提名奖、蒋南翔奖学金、"一二·九"奖学金。这几项奖学金不仅奖励的额度较大，最高可以达到20000元，而且覆盖面较广，针对全校本科生和研究生进行评选，必须是学习成绩十分优秀的学生才能获得。此外，在国家奖学金设立之前，清华大学就已经有不少奖学金项目了，这些奖学金的目的在于给予品学兼优的学生以鼓励，兼顾学生家庭的经济情况，帮助学生减轻因上学产生的经济负担。2017年，清华大学共有10名本科生、10名研究生获得特等奖学金，50名同学获得蒋南翔奖学金，50名同学获得"一二·九"奖学金。从获奖比例看，这些奖学金都是奖励给特别优秀的学生的，因奖励人数有限，又是在所有在校本科生和研究生之间进行评比，可见其含金量之高。国家奖学金政策实施以来，奖励的规模得以扩大，更多的学子得到了奖励。

2. 国家励志奖学金资助成果

国家励志奖学金政策是2007年出台的。从2007年国务院公布《关于建立健全普通本科高校、高等职业学校和中等职业学校家庭经济困难学生资助政策体系的意见》开始，我国家庭经济困难学生的资助政策体系得到了不断的完善。作为一项资助项目，国家励志奖学金的资助额度较高，为每人每年5000元。这一资助项目的实施，对一些品学兼优但家庭经济困难学生而言，能够缓解他们不小的压力，在一定程度上也能够帮助他们顺利完成学业。[1] 国家励志奖学金是由中央和地方财政共同出资设立的，其目的有二，一为助困，一为鼓励。国家励志奖学金设立的目的，就是将国家资助政策体系的资助功能分化出来，由国家励志奖学金和国家助学金承担，从而让国家奖学金成为专门的用于奖励学习成绩优异且品德良好的高校学生的一项专门措施。国家励志奖学金是介于国家奖学金和国家助学金之间的一个奖学金，既不是完全的为帮助家庭经济困难学生，也不是主要为了奖励品学兼优的学生，而是一

[1] 郝红艳，孙婷婷，龚魏魏，等．贫困生资助政策中国家励志奖学金实施现状的调查及思考［J］．时代教育，2012（9）．

个以资助为主，奖励为辅的学生资助政策。从国家励志奖学金最初的定位就可以知道，国家对于国家励志奖学金抱有很高的期望，希望其能弥补国家奖学金和国家助学金的不足，帮助学习良好但家庭经济又十分困难的学子完成学业。之所以如此，是因为国家奖学金奖励数额虽然较大，但是奖励人数少，覆盖面较小。而国家助学金虽然资助的人数会较多，但是资助的金额却比较小，而且须具备满足家庭经济困难这一硬性条件。基于以上两点，国家积极推行国家励志奖学金政策，且中央财政和地方财政共同出资的模式也使得其5000元的资助奖励标准能够持续下去，保证学生能够及时如数的得到奖励，同时也让地方政府积极发挥作用，关心本省高等教育发展及高校学生健康发展。

国家励志奖学金历年发放的金额和人数不是固定的，是按照高校在校生的比例择优进行奖励的。从这一点看，在资助名额上，国家励志奖学金相较于国家奖学金的固定名额灵活许多，照顾了更多品学兼优的学子，同时也能弥补国家奖学金资助的不足。2012 年我国共有普通高校 2442 所，本专科生合计 2391 万人，国家励志奖学金获得人数为 68. 31 万人，占比 2. 85% ，远远高于国家奖学金 0. 21% 的比率。国家励志奖学金奖励金额总计 34. 15 亿元，比国家奖学金 4 亿元的专本科生奖励额度高出 8 倍多，可见国家财政的投入之大。2013 年我国普通高校共有 2491 所，在校专本科生 2468 万人，国家励志奖学金奖励人数 70. 51 万人，比上年增加 2. 2 万人，获奖励人数占在校生总人数比例为 2. 86% ，投入金额达到 35. 37 亿元。2014 年共有高校在校本专科生 2547 万人，获得国家励志奖学金的共有 73. 92 万人，比上年增加了 3. 41 万人，占总在校生人数比例为 2. 9% 。投入资金的规模为 36. 96 亿元，比 2013 年多了 1. 59 亿元。2015 年高校专本科生在校生人数为 2625 万人，而获得国家励志奖学金的有 76. 32 万人，比 2014 年多了 2. 4 万人，占总人数的 2. 91% 。投入资金的规模为 38. 16 亿元，比上一年度增加 1. 2 亿元。2016 年获得国家励志奖学金的人数为 78. 66 万人，比 2015 年增加了 2. 34 万人，共有在校本专科生 2695 万人，占比 2. 92% ，投入的资金总额为 39. 33 亿元，比上年也略有增加。2017 年，国家励志奖学金总共给予了 80. 78 万人，投入资金首次突破了 40 亿元。（见图 3 –6、图 3 –7）

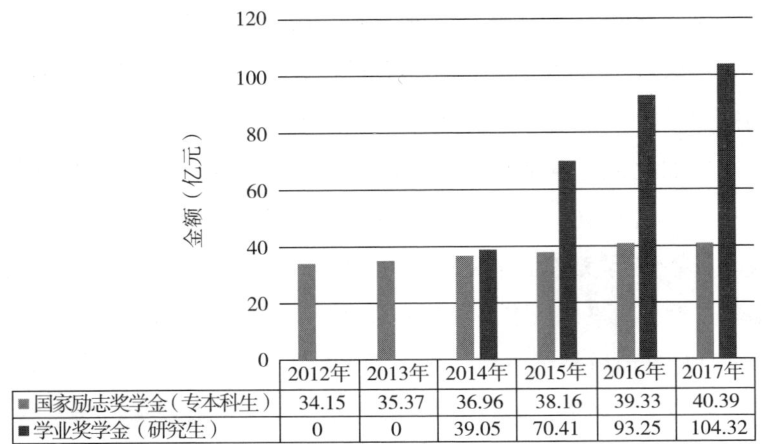

图 3－6　2012～2017 年高校国家励志奖学金及学业奖学金发放金额

数据来源：历年中国学生资助发展报告。

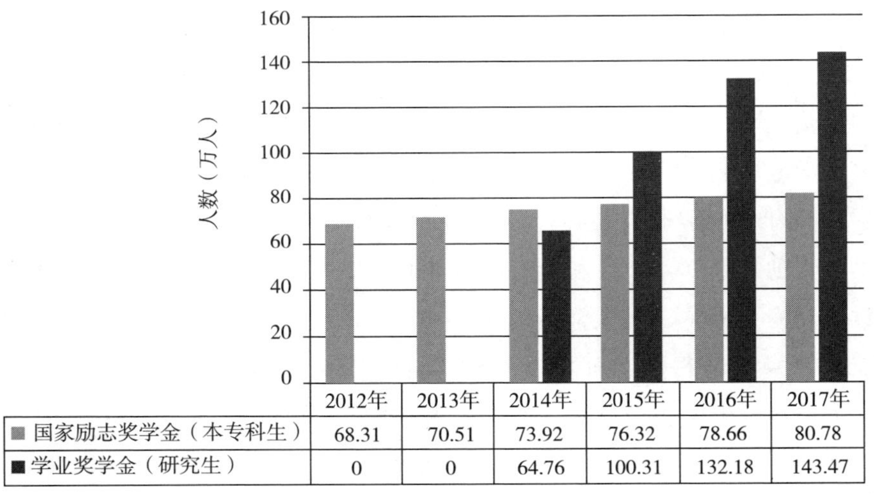

图 3－7　2012～2017 年高校国家励志奖学金及学业奖学金奖励人数

数据来源：历年中国学生资助发展报告。

从以上数据中不难看出，随着我国高校本专科生在校人数的增加，历年的国家励志奖学金人数都会有所增加，虽然增加的幅度不大，但总体呈上升趋势。此外，国家励志奖学金的获奖学生人数在高校在校本专科生的比例中也是呈上升趋势的，可见国家励志奖学金的奖励比例并不是固定的，每年都会有小幅度的变化。在奖励的金额方面，对于学生个人来说，5000 元的奖励额度还是比较高的。对于国家来说，2012 年到 2017 年的 6 年里，投入到国家励志奖学金项目中的金额从 34.15 亿元增加到了 40.39 亿元，增长率为 18.27%，满足了大部分家庭经济困难同时又品学兼优学生的需求，是奖励与资助的有机结合，符合社会主义市场经济条件下国家的教育战略，是贯彻落实科教兴国战略，建设创新型国家的关键一环，也是以人为本，关爱学子的集中体现。

3. 学业奖学金资助成果

学业奖学金是专门针对研究生设立的带有奖励和资助性质的奖学金，其性质与国家励志奖学金类似。依据国务院国家中长期教育改革和发展规划纲要工作小组办公室发布的《国家中长期教育改革和发展规划纲要（2010～2020 年）》中关于设立研究生奖励制度的要求，教育部和财政部于 2013 年发布《关于完善研究生教育投入机制的意见》而正式设立了学业奖学金，设立时间相对较晚。教育部、财政部随后发布了《研究生学业奖学金管理暂行办法》，进一步完善了学业奖学金的制度构建，从 2014 年起，研究生学业奖学金开始发放。研究生学业奖学金的设立大大促进了研究生教育的发展，国家“以奖代免”的策略缓解了研究生上学成本过高的问题，使他们可以安下心来专心做学问，鼓励他们积极投身科研。现行的研究生学业奖学金政策虽然出台不久，但是研究生资助政策有着悠久的发展历史。肇始于 1949 年的研究生单一助学金政策，经过 1991 年奖助分离阶段，2006 年抵免学费阶段，到如今的以奖代免阶段，逐渐渐趋成熟、愈加完善了。[1]

从研究生学业奖学金的实施成果来看，大部分研究生对学业奖学金的认知集中于三个层面，即目标激励导向、物质保障导向、金钱利益导向。目标激励是将外部认可与内在发展相结合的价值观念，物质保障和金钱利益导向

[1] 刘瑞庆．研究生学业奖学金政策实施状况研究——以 D 大学为个案［D］．长春：东北师范大学，2017.

停留在奖学金的货币符号层面。学业奖学金对研究生学习投入的影响主要体现在主客观两个方面：一是等级，二是主体认知。一等学业奖学金和没有获得奖学金的研究生在学习投入上存在显著差异。学生的目标激励认知导向越强，学习投入度越高。研究生主体的动机调节过程是激励效应的内在发生机制。因此，学业奖学金的激励需要通过研究生的主体内化来实现，教育的价值引导作用至关重要。[1] 从实施的具体效果来看，研究生学业奖学金投入巨大，获得者除了得到金钱的奖励外还可以得到相应的荣誉奖励，仅实施四年已经投入了 307 亿元，惠及 440 万名研究生。

2014 年，国家投入的学业奖学金额度为 39. 05 亿元，由 64. 76 万名研究生获得。2015 年学业奖学金总共发放 70. 41 亿元，惠及研究生 100 万人，同上年相比，资金总量增加了 31. 36 亿元，人数增加了 35. 24 万人，相应的增长率分别为 80. 3% 和 54. 42% 。2016 年，研究生学业奖学金在投入资金总量和奖励人数上又创新高，分别为 93. 25 亿元，132. 18 万人。同 2015 年相比，金额增加了 22. 84 亿元，增长率为 32. 44% ，人数增加了 32 万人，增长率为 32. 18% 。2017 年研究生学业奖学金投入额度为 104. 32 亿元，有 143. 47 万人获得，比上一年各增长了 11. 07 亿元、11. 29 万人，增长率分别为 11. 87% 、8. 54% 。短短四年来，学业奖学金不论是在资金投入上还是在发放人数上都是飞跃式的上升，资金总量从 2014 年的 39. 05 亿元上升到 104. 32 亿元，足足上升了两倍多，在人数上从 64. 76 万人上升到 143. 47 万人，增长率为 121. 54% 。借着研究生教育改革的东风，研究生奖励制度正在不断完善，硕士研究生每生每年 8000 元，博士研究生每生每年 10 000 元的奖励标准极大地鼓励了学子们的学习积极性，为推动建设创新研究型高校，缓解研究生教育全面收费情况下教育成本过高的困境，帮助家庭经济困难学生安心地完成学业打下了坚实的基础。同时，以奖代免的学业奖学金制度不仅使学生可以得到一定的金钱资助，还可以收获相应的荣誉。双管齐下的奖励资助办法确实在当代中国高等教育的实践中发挥着重要作用。

---

[1] 李俊秀. 基于学业奖学金认知的研究生学习投入研究［D］. 南京：南京大学，2017.

4. 国家助学金资助成果

高校实施国家助学金制度，目的是使家庭困难学生上得起大学，帮助他们顺利入学和完成学业。国家助学金经历了人民助学金到助学金与奖学金并行再到国家助学金的发展过程。国家助学金在实现我们伟大的“中国梦”，构建社会主义和谐社会，合理配置教育资源，大力促进教育公平等方面更具重要意义。国家助学金作为家庭经济困难学生资助政策体系的重要内容，可以帮助学生顺利入学和完成学业。国家助学金既是为在校困难学生提供的帮助其顺利入学和完成学业的资金，也是一种用于帮助家庭经济困难的本科高校、高等职业学校全日制本专科的在校学生和中等职业学校所有全日制在校农村学生及城市家庭经济困难学生的资助制度。[1]

如图 3 – 8 所示，我国的国家助学金可以分为三类，分别是专本科生国家助学金、研究生国家助学金以及其他各类助学金。专本科生国家助学金设立

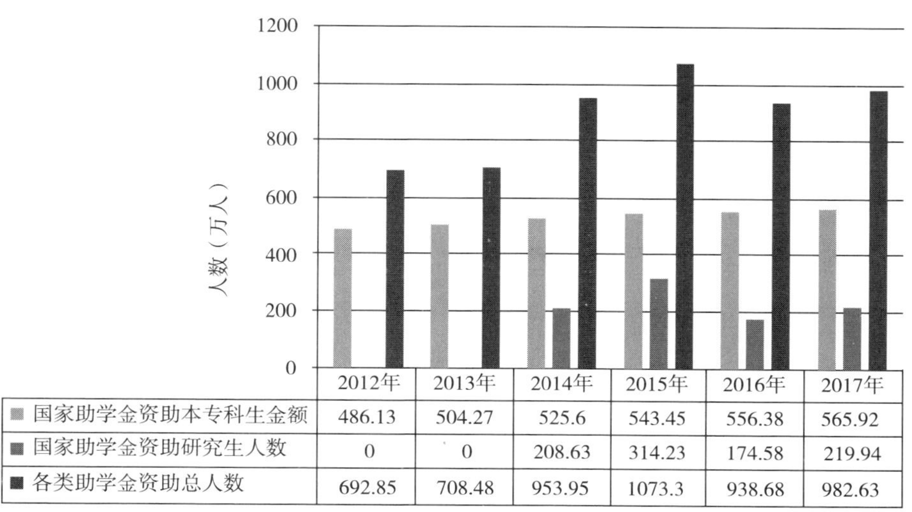

	2012年	2013年	2014年	2015年	2016年	2017年
国家助学金资助本专科生金额	486.13	504.27	525.6	543.45	556.38	565.92
国家助学金资助研究生人数	0	0	208.63	314.23	174.58	219.94
各类助学金资助总人数	692.85	708.48	953.95	1073.3	938.68	982.63

图 3 – 8　2012 ~ 2017 年高校国家助学金及各类助学金受助人数

数据来源：历年中国学生资助发展报告。

[1] 徐伟，汤子琼．我国高校国家助学金历史回顾［J］．科技展望，2014（14）．

较早，发展比较完善；研究生国家助学金起步较晚，于2014年同学业奖学金一同设立；其他各类助学金则名目繁多，设立时间也不一致，但不论在资助人数还是在资助额度上，其他各类助学金都超过了专本科生和研究生国家助学金。从助学金发放（资金投入指标）、助学金使用（过程指标）、助学金效果（产出指标）三个方面评价助学金制度绩效可以发现，目前我国国家助学金制度在评定过程中基本遵循了公平公正的原则和立场，获得助学金后，学生能够合理安排和使用这些资金。国家助学金在支持广度上还不能全面覆盖，支持力度有待加强。总而言之，国家助学金有利于提高学生的思想境界，促进学生提高学习成绩。[1]

如图3－9所示，2012年我国对专本科生国家助学金的投入资金为135.87亿元，资助人数486.13万人。相比其他各类助学金，在资助额度上少了23.79亿元，资助人数上少了206.72万人。2014年，我国第一次对研究生发放国家助学金，专本科生和研究生国家助学金总体的投入资金为205.66亿元，比同年的其他助学金的234.51亿元少了28.85亿元。在资助人数上，专本科生和研究生总体有734.23万人受助，少于其他助学金帮助的953.95万人。2015年国家助学金发放给专本科生和研究生的人数为857.68万人，其他助学金资助人数1073.3万人，两者相差215.62万人；在资助金额方面，专本科生和研究生国家助学金总共投入258.69亿元，相比其他助学金的284.83亿元少了26.14亿元。2016年，我国对于国家奖学金的发放在各个方面都有所提高，专本科生及研究生国家助学金发放给了730.96万人，发放金额总计267.54亿元，其他助学金发放给了938.68万人，发放金额297.49亿元，其他助学金仍然是略高于国家助学金。2017年，国家助学金发放金额提高到了279.68亿元，人数增加到758.86万人，其他助学金投入金额为312.03亿元，受助人数982.63万人。从国家助学金发展的速度，尤其是研究生国家助学金的发展速度来看，国家非常重视助学工作，想要把国家助学金政策发展成为解决家庭经济困难学生上学难问题的关键举措。国家助学金名额分配不是固

[1] 陈绵水，付剑茹，施文艺．国家助学金制度绩效调查分析［J］．江西社会科学，2013（11）．

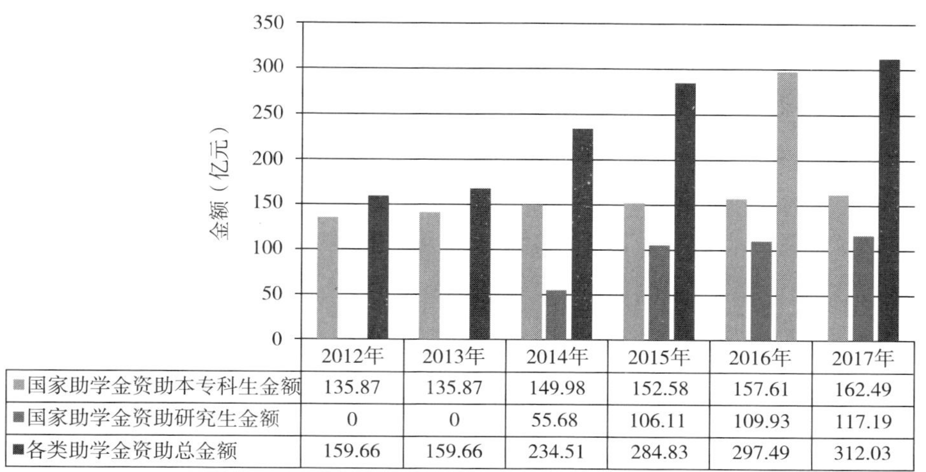

	2012年	2013年	2014年	2015年	2016年	2017年
■国家助学金资助本专科生金额	135.87	135.87	149.98	152.58	157.61	162.49
■国家助学金资助研究生金额	0	0	55.68	106.11	109.93	117.19
■各类助学金资助总金额	159.66	159.66	234.51	284.83	297.49	312.03

图 3－9　2012～2017 年高校国家助学金及各类助学金资助金额

数据来源：历年中国学生资助发展报告。

定的，而是根据各高校的实际情况统一汇总给各省，然后由教育部拟定，在这一过程中需要把所有的部门都调动起来，积极做好名额分配工作，保证家庭经济困难学子能够得到相应的帮助。其他助学金配合国家助学金共同发展，弥补国家助学金力所不及之处，更好地完善国家助学工作的开展。

以北京大学为例。北大每年除发放国家助学金、国家励志奖学金帮助家庭经济困难学生之外，还设置了大量的助学金，比如“五四助学金”和社会捐赠的助学金。这些助学金往往资助金额较高，在 4000～10000 元，因此可以有效地帮助家庭经济困难学生，减轻学生经济负担。

（三）国家助学贷款资助成果

20 世纪 70 年代末，我国恢复了高考制度。党和国家为了实现经济的全面发展，提出了改革开放的发展思路。为了实现教育公平，落实科教兴国的发展战略，我国政府出台了国家助学贷款制度。从当前的高校资助体系来看，国家助学贷款规模最大。国家助学贷款包括校园地国家助学贷款和生源地国家助学贷款两种，自 1999 年该资助政策施行以来，极大地改善了我国高校学生学费的缴纳方式，帮助了更多的家庭经济困难学生顺利进入到高校，减轻

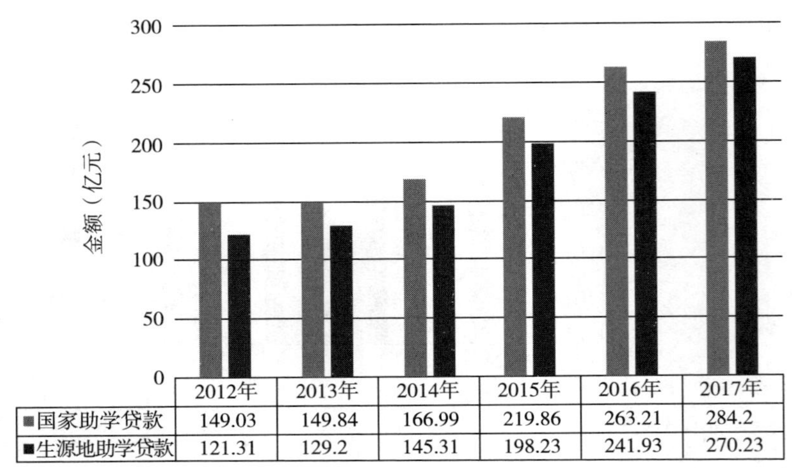

	2012年	2013年	2014年	2015年	2016年	2017年
■国家助学贷款	149.03	149.84	166.99	219.86	263.21	284.2
■生源地助学贷款	121.31	129.2	145.31	198.23	241.93	270.23

图 3－10　2012～2017 年国家助学贷款及生源地助学贷款发放金额

数据来源：历年中国学生资助发展报告。

了家庭的经济负担。国家助学贷款是一种无需担保的商业贷款，主要根据学生的个人信用，帮助学生及时地完成学业而实现的贷款政策。2007 年出台的生源地助学贷款政策，更加便利了学生申请助学贷款，使款项的偿还也更加有保障，成为助学贷款中占比最高的一种贷款。❶

本书列举了 2012～2017 年高校国家助学贷款的发放情况，从图 3－10、图 3－11 可以看出，2012 年国家助学贷款总额为 149.03 亿元，生源地助学贷款就有 121.31 亿元，占比 81.4%；总的贷款人数为 263.45 万人，生源地贷款人数为 212.98 万人，占比 80.84%。此后几年，两者的差距在逐渐缩小，生源地助学贷款的占比也越来越高。之所以如此，第一，是因为生源地助学贷款在贷前信息准确度更高，由地方资助中心全权负责贷款事宜，距离学生居住地较近，比较容易了解学生的家庭经济情况，便于考察学生提供信息的真实性。第二，生源地助学贷款风险更小、追偿难度更低，由学生及家长为共同借款人大大降低了还款和追偿的难度。第三，国家开发银行完善的贷款

❶　鲁溪若．国家助学贷款执行中的问题与对策研究——以河南省为例［D］．武汉：中南财经政法大学，2017.

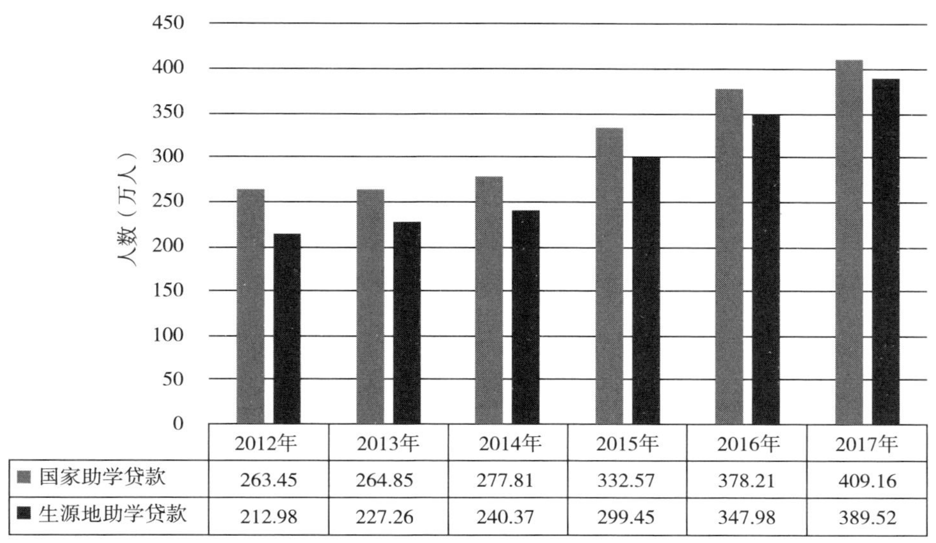

	2012年	2013年	2014年	2015年	2016年	2017年
■ 国家助学贷款	263.45	264.85	277.81	332.57	378.21	409.16
■ 生源地助学贷款	212.98	227.26	240.37	299.45	347.98	389.52

图 3－11　2012～2017 年国家助学贷款及生源地助学贷款受惠人数

数据来源：历年中国学生资助发展报告。

系统也使得贷款记录都清晰可见，便于管理和监督，也为后续贷款提供了可靠的信息。❶

国家助学贷款以金融工具为手段创制出了适用于家庭经济困难学生的贷款新模式，贷款手续的便利化和贷款条件的宽松化以及还款方式的多样化让国家助学贷款成为了我国教育资助政策体系下的生力军，为解决最为重要的资助难题作出了巨大贡献。与国家助学贷款政策配套，国家助学贷款贴息进一步完善了贷款政策，可以减轻学生在校期间还款压力，全心全意投入学习。

国家助学贷款贴息是依据 2004 年教育部、财政部、人民银行、银监会印发的《国家助学贷款风险补偿专项资金管理办法》《国家助学贷款财政贴息管理办法》《国家助学贷款招投标办法》《中央部门所属高校国家助学贷款业务招标文本》而设立的。相对于国家助学贷款政策，助学贷款贴息虽然是辅助性的政策，但是作用巨大。由国家财政支出的帮扶性还息办法从根本上免除

❶ 严雪．两种贷款模式比较视角下高校国家助学贷款业务研究——以泉州地区高校为例［D］．泉州：华侨大学，2017.

了学生在校期间的还息义务，为进一步实施国家助学贷款政策打下坚实的基础。依据南通大学王仓老师的观点，国家助学贷款是准公共产品，政府需要履行其相应的职能，比如健全立法保障、完善财政干预，保障贷款运行的公平与效率、强化行政规制，实现贷款运作的规范与有序等。❶ 国家助学贷款财政贴息是一项完全的针对助学贷款而提供的政府资助政策，其代为偿还的利息全部由中央财政支付，虽然仅仅是对学生在校期间的贷款利息的代偿，但也在一定程度上减轻了学生的经济负担。

如图 3－12 所示，2012 年国家财政为国家助学贷款贴息的总额为 19.59 亿元，有 320 万高校学生享受到了这一资助政策。2013 年有 331.37 万学子享受到了国家财政贴息政策的优惠，国家投入了 26.17 亿元，比上年多投入了

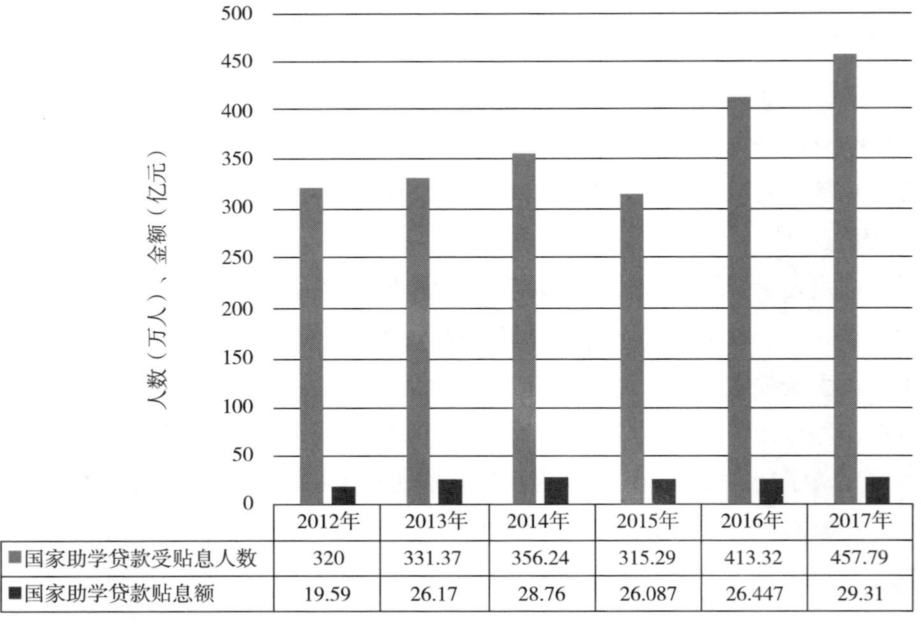

	2012年	2013年	2014年	2015年	2016年	2017年
■国家助学贷款受贴息人数	320	331.37	356.24	315.29	413.32	457.79
■国家助学贷款贴息额	19.59	26.17	28.76	26.087	26.447	29.31

图 3－12　2012～2017 年国家财政为国家助学贷款贴息情况

数据来源：历年中国学生资助发展报告。

❶ 王仓．国家助学贷款的政府善治能力透视——基于公共产品理论的视角［J］．高等财经教育研究，2016（4）．

6.58 亿元，增长率为 33.59% 。2014 年又有 356.24 万人享受到了国家财政贴息政策，比上一年多了 24.87 万人。财政贴息的中央财政拨付 28.76 亿元，比 2013 年多了 2.59 亿元。2015 年，不论是在国家助学贷款贴息金额还是享受贷款贴息的人数上都有所下降，分别为 26.087 亿元、315.29 万人，相比上一年度分别少了 40.95 万人、2.637 亿元。2016 年国家助学贷款贴息有所回升，财政支付的贴息款稍有上升，但享受贴息人数却上升了将近 100 万人。2017 年，财政贴息的对象和金额都有较大的提升，分别为 457.79 万人、29.31 亿元。根据以上的数据，我国国家助学贷款的稳步发展离不开财政贴息的支持，正因为财政贴息的国家政策免除了贷款学生在校贷款利息的偿还义务，才有更多的需要贷款的学生去进行贷款，形成了良性循环。

国家助学贷款深得国家和高校学子的青睐，据统计，山东省从 2007 年到 2016 年地方财政各级财政投入累计达到 323 亿元，但国家助学贷款的金额就达到了将近 100 亿元，可见其规模之大，效用之广。今后，国家助学贷款作为解决家庭经济困难高校生学杂费、生活费的主要手段，将会在高校资助工作中占比越来越大，变得越来越重要。

（四）国家对高校学子入伍的资助成果

高校学子参军入伍服义务兵役或者直接报考军校士官直招所享受的国家学费补偿贷款代偿以及学费的减免政策是根据 2009 年财政部、教育部、中国人民解放军总参谋部印发的《应征入伍服义务兵役高等学校毕业生学费补偿和国家助学贷款代偿暂行办法》确立的，2011 年对该政策的实施对象作出修改后，高校在校生参军入伍，也可以享受学费补偿贷款代偿的资助，这更加符合国家的强军战略，同时也给了高校家庭经济困难学生以更多的资助渠道，使他们在实现自己理想抱负的同时享受到国家对他们的关爱。该项政策实施九年来，为近百万入伍高校学生补偿了学费、代偿了国家助学贷款，也为他们在服义务兵役结束重返校园后提供了学费减免优惠。这项资助政策将助学与强军结合在一起，高校学子可以将所学的知识投入到军事现代化建设中去，国家也为他们提供了更优惠的帮扶计划，使他们在服义务兵役的同时也可以减轻负担教育费用的压力。

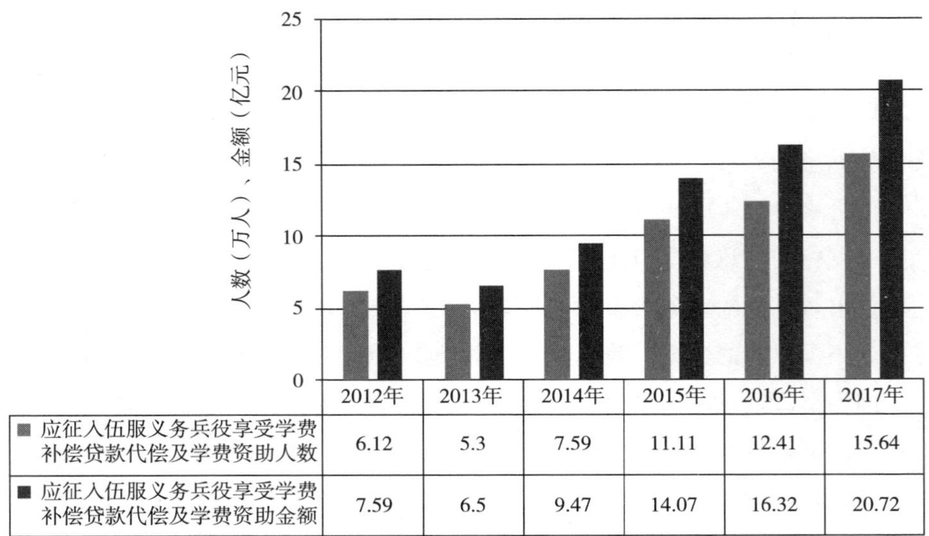

	2012年	2013年	2014年	2015年	2016年	2017年
■ 应征入伍服义务兵役享受学费补偿贷款代偿及学费资助人数	6.12	5.3	7.59	11.11	12.41	15.64
■ 应征入伍服义务兵役享受学费补偿贷款代偿及学费资助金额	7.59	6.5	9.47	14.07	16.32	20.72

图 3－13　2012 ~2017 年高校学生应征入伍服兵役国家资助情况（含直招士官）

数据来源：历年中国学生资助发展报告。

2011 年由于高校在读生也可以参军入伍服义务兵役，受资助的主体更加广泛，更多的高校学生选择参军。如图 3－13 所示，从 2012 年的 6. 12 万人到 2017 年时的 15. 64 万人，人数增加了 9. 52 万人，增长率为 156% 。参军学生享受的学费补偿款和贷款代偿款也从 2012 年的 7. 59 亿元上升到 2017 年的 20. 72 亿元，增加了 13. 13 亿元，增长率为 173% 。如此大规模的增长，证明该项政策起到了积极作用，虽然与庞大的在校生人数相比，入伍比例不高，但是良好的增长势头与稳定的资助水平是实现高校教育多元化，资助内容多样化，学生发展全面化的有力保证，同时也可起到辅助我国军事建设，培养优秀军事人才的作用。

对于服义务兵役和直招士官的教育资助是建立在帮助高校学子减轻教育负担基础之上的，与此相似的对退役士兵的教育资助政策是为了减轻已经退役的士兵通过高考继续接受高等教育时的经济压力。该政策从 2011 年开始实行，财政部等五部门印发的《关于实施退役士兵教育资助政策的意见》，帮助退役士兵更好地在高校学习打下基础。

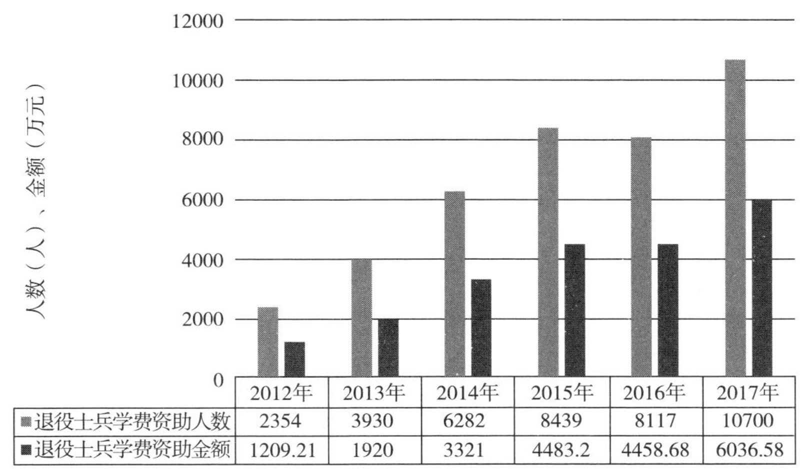

	2012年	2013年	2014年	2015年	2016年	2017年
■退役士兵学费资助人数	2354	3930	6282	8439	8117	10700
■退役士兵学费资助金额	1209.21	1920	3321	4483.2	4458.68	6036.58

图 3－14　2012～2017 年退役士兵学费资助情况

数据来源：历年中国学生资助发展报告。

如图 3－14 所示，2012 年进入高校学习的退役士兵所获得资助款项共计 1209.21 万元，人数达到 2354 人。2013 年人数上升到 3930 人，款项增加 710.79 万元。2014 年的增长是比较迅猛的，受资助退役士兵人数为 6282 人，比上一年多了 2352 人，增长率为 59.85%，财政投入 3321 万元，增加 1401 万元，增长率为 72.97%。2015 年有 8439 人享受到了退役士兵教育资助，财政投入款项也上升到了 4483.2 万元。2016 年较 2015 年稍有下降，但 2017 年又大幅度回升，受资助的人数首次突破 1 万人，财政支付的款项也增加到 6036.58 万元。军队在对外维护国家主权完整、对内稳定政权方面发挥着非常重要的作用，但是退役军人安置也成为世界各国无法回避的问题。在和平时期，如何帮助退役军人回归社会，进行正常的工作生活，不仅仅有关于军队的士气，也将会影响社会的稳定。现阶段，我国退役士兵享有教育资助的法律依据主要是《兵役法》和《退役士兵安置条例》的有关规定。从退役士兵教育资助政策的实施效果来看，该政策确实减轻了退役士兵的教育负担，为退役士兵解决了就业过程中竞争力不强的问题，使他们从专业的军事人才成功转化为拥有相应技能和知识的专门人才。[1]

（五）国家对高校学子基层就业资助成果

为了鼓励高校学子到基层就业，国家对在校期间签订基层就业协议的学子予以一定照顾。其在校期间的学费和贷款由中央财政补偿或代为偿还。如图 3－15 所示，2012 年有 5.91 万名学生享受到了基层就业的学费补偿或贷款代偿，国家财政投入了 4.98 亿元。2013 年人数有所下降，只有 5.04 万人享受到该政策，但是国家对这一政策的投入达到 7.1 亿元的历史最高水平。2014 年，去基层就业的人数有所上升，享受该资助政策的人数达到 5.91 万人，学费补偿贷款代偿款项为 6.4 亿元。2015 年人数又有所上升，为 6.64 万人，国家财政投入 6.51 亿元。2016 年基层就业学费补偿贷款代偿所涉人数与款项均有下滑，分别为 4.96 万人、5.66 亿元，但 2017 年又有回升，分别为 6.94 万人、6 亿元。从这一数据中可以看出，虽然在该政策下签订协议去基

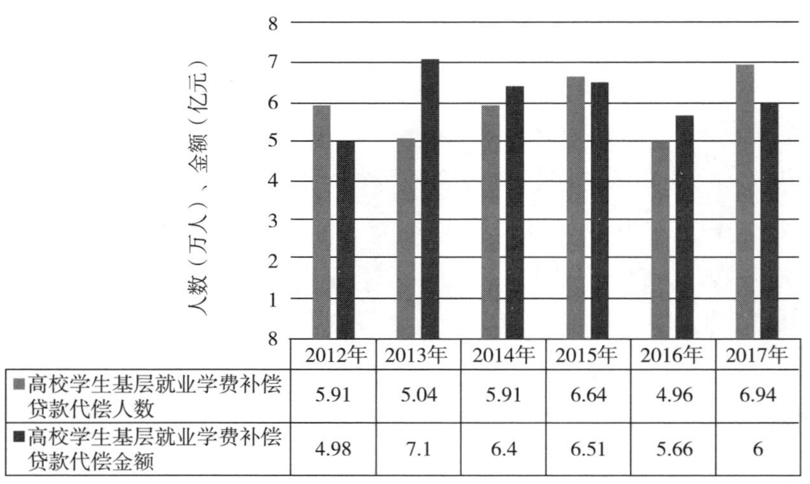

	2012年	2013年	2014年	2015年	2016年	2017年
■高校学生基层就业学费补偿贷款代偿人数	5.91	5.04	5.91	6.64	4.96	6.94
■高校学生基层就业学费补偿贷款代偿金额	4.98	7.1	6.4	6.51	5.66	6

图 3－15　2012～2017 年高校学生基层就业学费补偿贷款代偿情况

数据来源：历年中国学生资助发展报告。

---

[1] 李华，周志霞．美国退役军人教育资助政策对我国退役士兵教育资助问题的启示［J］．中外企业家，2015（29）：268－269.

层就业的高校学生不是很多，每年享受该政策资助的学生仅有五六万人，但是国家财政的投入却十分的巨大，动辄数亿元。国家之所以对去基层就业学生在校期间的学费或贷款予以补偿或代偿，是鼓励学生积极参与基层建设，表彰他们的奉献精神。这一资助政策在帮助家庭经济困难学生顺利完成学业的同时也为我国基层岗位输送了人才，有利于促进我国基层经济社会的发展建设。

（六）国家对中央直属师范院校师范生免费教育成果

师范生免费教育的资助政策可以说是所有资助政策中资助力度最大的一项，既不是一次性的奖励或资助，也不是补偿代偿形式的帮助，而是从一开始就对高校生在校期间的所有费用予以免除。虽然国家财政明确免除的只是学生的学费，但同时又要求对高校的膳宿进行补助，几乎可以说是对师范生全方位的资助了。国家对教育部直属的 6 所院校的师范生进行如此大规模的资助，体现了国家对基础教育的重视，以 6 所分散各地的优质师范院校为依托，大力培养师范人才，使他们更好地投入到基础教育工作中去。师范生免费教育政策旨在为西部中小学提供优秀师资，培养教育家式的好教师，鼓励更多的优秀青年从事教育工作。师范生免费教育政策推动了师范教育发展、优化了教师资源配置，形成教育政策的评估制是提高教育政策实施质量的必然选择。[1]

从资助效果来看，每年还是有不少学生愿意从事基础教育的，毕竟 6 所学校生源有限，每年愿意签订赴中西部或偏远地区从事基础教育工作协议的学生平均有五六万人，这个数字还是很可观的。从图 3－16 数据可以看出，享受师范生免费教育人数最多的是 2015 年，达到了近 10 万人，但国家资助金额历年变动不大。这一资助政策与高校学生基础就业学费补偿贷款代偿政策相类似，都是为了向中西部及边远地区输送人才，但不同之处在于，师范生免费教育政策可以输送工作年限达 10 年的专门教育人才，国家资助力度空前。在该政策实施的 10 年间，已经有超过 50 万师范专业的毕业生去往中西

---

[1] 黎婉勤．关于师范生免费教育的若干思考［J］．教师教育研究，2007，19（3）：24－28.

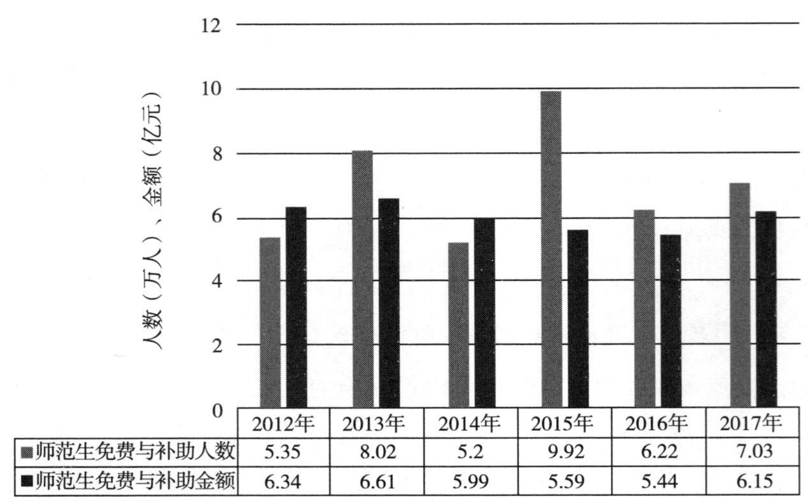

	2012年	2013年	2014年	2015年	2016年	2017年
■师范生免费与补助人数	5.35	8.02	5.2	9.92	6.22	7.03
■师范生免费与补助金额	6.34	6.61	5.99	5.59	5.44	6.15

图 3－16　2012～2017 年师范生免费与补助情况

数据来源：历年中国学生资助发展报告。

部从事中小学教育，为国家偏远地区尤其是农村地区的基础教育输送了新鲜的血液，使这些地区的基础教育质量获得了较快发展，更多的孩子有了接受高等教育的机会，继而为家乡的繁荣作出贡献，如此形成良性循环，有利于更好地实现教育公平，推动全社会向更加安定、团结、繁荣的方向发展。

（七）国家对大学入学新生资助成果

如果说除了国家对大学入学新生资助之外的其他资助是我国高校精准资助体系的主体框架，那么国家对大学入学新生的资助就是这主体框架的细微之处，国家连高校新生入学时以及入学后一段时期内的必要费用的资助也替学生们想到了。

从图 3－17 显示的数据可以看出，虽然国家对这项资助的投入并不多，平均每年只有 1 亿元左右，分摊到每个申请此项资助的学生身上也就不到 1000 元，从每年申请这一资助的学生数量上可以看出，人数虽不多，最多时也仅有 21 万人，有时只有 10 万人左右，但是对于家庭经济困难程度较深的学生来讲这笔资助款非常有必要。该政策自 2012 年秋季开始实施以来，国家利用中央专项彩票公益金累计投入了 6.32 亿元，已经有 96.4 万人享受到了该政策带来的利好。该政策正体现了精准资助的内涵，为高校新生顺利入学提供了制度保障。

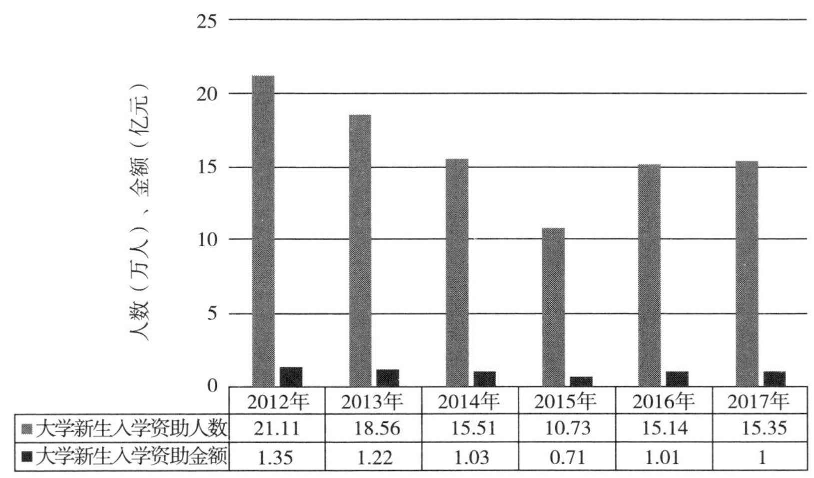

	2012年	2013年	2014年	2015年	2016年	2017年
■大学新生入学资助人数	21.11	18.56	15.51	10.73	15.14	15.35
■大学新生入学资助金额	1.35	1.22	1.03	0.71	1.01	1

图 3－17　2012～2017 年大学新生入学资助情况

数据来源：历年中国学生资助发展报告。

三、高校精准资助的实施困境

（一）资助政策宣传及解读不到位的困境

1. 资助政策宣传力度不够

2007 年 5 月，国务院出台《关于建立健全普通本科高校、高等职业学校和中等职业学校家庭经济困难学生资助政策体系的意见》（国发〔2007〕13 号），初步建立了高等学校家庭经济困难生资助政策体系。2010 年《国家中长期教育改革和发展规划纲要（2010～2020 年）》颁布实施后，国家密集出台了一系列高校学生资助政策和措施。[❶] 这些政策既包括无偿的奖助学类、贷款类，也包括有偿的勤工俭学及“三助”类。在 2007 年出台的高校资助一揽

---

❶ 吉雯，李敏，韩娜娜．高校“精准化”资助家庭经济困难学生工作研究［J］．黑龙江生态工程职业学院学报，2018（1）：85.

子政策中有一些是新设立的，有些是之前就存在的。从政策实施效果来看，基本覆盖了高校学生资助的各个方面。国家财政以及社会资金的大力支持，帮助了众多家庭经济困难学生解决了上学问题，减轻了生活负担。但事实上，有些政策在实施过程中实施力度不大，这主要体现在享受政策的学生不是很多，国家对这些资助项目的投入明显少于其他资助项目的资金投入。此外，有一些政策措施虽然得到了国家、高校和社会的大力支持，但是存在学生不够重视的问题，之所以出现这个问题，政策宣传是值得反思的一个环节。

国家高等教育资助政策的宣传工作可以分为三个阶段，即入学前、入学时及入学后。如此划分的主要依据是各类资助政策的不同性质。具体来说，学生往往在入学后才会对某些资助政策有所了解。国家虽然要求各高校在录取通知书中附加高校家庭情况调查表及国家高等教育诸项资助政策的介绍材料，但是却没有形式和内容的统一要求，导致有些高校对国家资助政策的介绍不完善，有些高校索性不介绍或者将自己建立的某些资助政策与国家资助政策混在一起介绍，使得家庭经济困难的学生对资助政策没有清晰的理解。此外高校在介绍国家资助政策时对申请或者获取方法的指导不够具体，导致有需要的学生不知该如何得到帮助。问题最为突出的是大学新生入学资助这一政策。该政策设立的初衷是为了帮助家庭经济困难的大学新生解决在入学时以及入学后一段时期内的经济困难问题的，但是由于高校及学生居住地相关部门宣传不及时、不准确，导致有需要的学生错失这一获得资助的机会。学生入学时以及入学后的资助政策宣传工作都是由学校来完成的，但是有的高校不够重视，宣传力度不足。从而影响国家资助政策的实施效果，使学生不能享受到可得的资助。由此可见，高校资助政策的宣传不仅仅是国家的事，高校也要承担起积极宣传国家各项资助政策的责任。对大数据技术认识不足以及对发挥“数据库”和“互联网+”的积极作用不够重视，是高校国家资助政策宣传平台建设缺位的关键因素，也是高校在宣传国家资助政策方面不到位的重要原因。

2. 资助政策解读不够细致

对资助政策的宣传是国家高校资助政策落实的第一步，但是在宣传中缺乏细致解读和具体指导也会使资助政策陷入实施困境。在现阶段，国家对各种资助政策都有相关的实施办法，在一定程度上完成了解读工作，同时全国高校资助网站也会对各项政策有所解答。但是这些解读形式单一，效果不佳。此外，对资助政策解读的模棱两可与含糊不清会直接导致高校在实施过程中出现偏差，造成学生申请工作的反复，为学校评定工作带来不必要的负担。各高校应该加强对国家资助政策解读指导工作的重视，加深对国家诸项助学政策的了解，深入细致地做好宣传工作，让学生听得懂，学得会。学校是诸项助学政策的具体实施者，只有学校切实负起宣传引导的责任，积极开展形式多样的宣传讲解活动，让真正有需要的同学困有所助，及时获得帮助，才能真正实现政策初衷。

3. 辅导员的作用尚未体现

一般来说，辅导员是学生资助工作中极为重要的角色。首先，辅导员是资助政策的宣传阐释者，可以帮助学生学透资助政策，落实精准宣传是辅导员在该工作中的第一要务。其次，辅导员是资助实施的公正裁判者，其在完善认定工作，推动精准识别方面经验丰富，正视辅导员的作用，将会使高校资助的评判更加的公平，使有需要的学生得到应有的帮助。再次，辅导员是资助责任的重要承担者。辅导员应该对资助政策有深入的理解，不仅要给学生进行具体讲解，同时也要对资助政策施行过程中的工作负责，承担起应负的责任。此外，辅导员还是高校建库动态跟进，强化精准管理的基本执行人，是高校资助工作中第一线的工作者。最后，辅导员是资助对象的教育引导者。高校资助的作用不仅仅是金钱的救济，更是心理与精神的资助，不仅要对获得资助的学生进行感恩教育、回报教育以及自强教育，更要对没有获得资助的学生进行心理开导，使他们消除负面情绪，将资助育人的高校教育资助内涵表达完整，实现精准的资助效能。[1]

在今天的高校资助工作中，辅导员的作用并没有很好地发挥出来，高校

---

❶ 谢浩然．辅导员在高校“精准资助”中的角色定位及角色扮演［J］．法治与社会，2016（8）：237－238.

对辅导员在高校资助工作中所起的作用重视不够。迄今为止，虽然国家出台了关于辅导员在高校资助过程中所做工作的有关规定，但是这些规定过于宏观，操作性不强。制定资助政策具体的实施办法与评审办法的权力往往被授予各个高校，由高校根据自身实际情况自主制定实施。如此一来，各高校虽各自建立了各项工作相应的评判标准和具体要求，但对高校辅导员在资助活动中的工作、任务缺少具体的说明，没有充分认识到辅导员在资助过程中的重要作用。

（二）家庭经济困难认定工作的现实困境

1. 家庭经济困难申报材料存在舞弊现象

在家庭经济困难认定工作中和学生申请国家资助的过程中的第一步程序就是要求学生提交家庭经济情况的说明，一般要求提供家庭经济情况调查表和基层群众性自治组织或民政部门开具的意见书，在这一过程中存在舞弊的空间。形成这一弊端的主要原因在于学生的家庭经济情况和个人情况不能在学校和学生户口所在地之间形成信息共享，这就容易出现学生任意填写有关情况的现象。为了避免这一现象，当务之急是建立校内外信息相关联的大数据库。

首先家庭经济情况调查表是由学生自行填写的，在填写时完全可以捏造家庭经济事实，虚报家庭经济情况，尽量在表面上压低自己家庭的生活水平，以满足申请国家资助的条件。作为学生户口所在地的基层自治组织、街道办或是民政部门，本来负有了解并证明学生家庭实际情况的职责，却往往在人情关系等因素的干预下开具不实的家庭经济情况证明材料。作为生源地的民政部门往往出于老乡情结、本着“助学”目的，“终审”盖章前大都依据村委会或社区的证明材料，未进行必要的调查核实。其最终结果是，贫困证明流于形式、程序存在巨大舞弊空间，其真实性、公平性和有效性大打折扣。[1]其次，学校对学生提交家庭经济情况调查表把关不严，只要学生提供当地民政部门加盖公章的家庭经济情况调查表就可以提出申请。[2] 加之高校对于学生

---

[1] 刘玉霞．大数据背景下高校精准资助路径探析［J］．未来与发展，2016（9）：70.

[2] 吉雯，李敏，韩娜娜．高校“精准化”资助家庭经济困难学生工作研究［J］．黑龙江生态工程职业学院学报，2018（1）：86.

提交的众多材料难以应付，巨大的工作量使学校在收集和整理以及后续的初步认定环节中草草了事。程序性事项的弊端大抵如此，在实质性事项中也存在舞弊的现象。实质性事项是指，学校对于学生提交的家庭情况调查数据以及突发事件并没有合理的量化标准，相互之间的比较也不成体系。长期以来，家庭经济困难学生的评判标准内容上偏重书面叙述、缺乏量化指标，资格认定的主要依据是申请者自我描述与审核方的情感认知。

2. 缺乏精准合理的认定标准和数据模型

国家资助政策的核心在于精准资助，因此对学生经济情况的认知必须有精准合理的认定标准，这样才能使真正贫困的学生得到应有的帮助。但是在现阶段，我国在资助认定方面虽然有较完整的认定标准，但是其精准性和合理性仍然有所欠缺。没有精准的认定标准就难以建立一次为基础的贫困生认定模型。我国到目前为止建立起来的资助政策体系确立的认定标准多是国家层面的，相对统一的认定标准，地域差异难免带来统一标准的不适应性。而国家授权各高校自行制定评判规范的权力虽然在一定程度上满足了照顾区域发展不平衡所带来的贫困认定差异的需要，但同时也给学校滥用制定贫困认定标准的权力埋下了隐患。由于各高校不能细化认定标准，贫困生数据认定模型迟迟无法建立。

第一，对于学生提交的贫困证明各高校大都缺失具体的认定标准，即帮扶措施有关规则不够具体。在贫困生申请表中的贫困指标通常有：孤儿、单亲、父母务农、多子女上学、家庭遭受严重的自然灾害、家庭欠款等，贫困生认定通常采用家庭（人均）年收入情况、学生家庭人口数、有无重大疾病灾害等指标，以上指标在评定过程中起到了相当大的作用。然而，我国正处于区域经济不平衡发展的阶段，经济收入水平差距大，地域、城乡发展不均衡，单纯依据家住在偏远农村地区认定贫困生是不精准的。目前为止，针对如何准确鉴定贫困生，还没有一个较权威的研究分析给出明确的结论，因此，各个高校的标准各不相同。现行的方法耗费大量资源，在增加认定和管理成本的同时，没有提高贫困生认定方法的信度和效度，导致对学生贫困程度的衡量存在偏差，贫困生认定标准缺乏科学化。[1] 第二，家庭经济困难生的指标和资金分配不合理。我国高校奖助学金的名额分配方式不够科学，中西部学校家庭经济困难学生较多，但名额却是有限的，这是对精准资助认定标准下模式固化的体现。此外，各高校内部名额的划分也存在局限性，一般都是按人头分配，但如此一来，高校的各学院或系部之间人数差异较大，对于人数较多的学院或系部的学生得到国家资助的概率就要小于人数较少的学院或系部的学生，从而使一些真正贫困的学生错失得到资助的机会。第三，高校精准资助育人工作评价体系不健全。一是在机制上缺失学生综合素质发展成效的评价机制。二是在内容上缺少学生成长成才的指标设置。三是在形式上缺少育人成效的反馈机制。[2]

3. 评审机制存在乏人文性、少技术性的缺陷

精准资助中评审机制的缺陷主要体现在缺失完善的评价体系，对学生上交的材料没有具体的评判标准，在初级评审过程中存在泄露学生隐私的嫌疑，在学校的终审过程中往往是按照初审的结论直接认定，几乎不作改动。对于资助名单公示过程中学生提出的异议并没有很好的解决办法和规范的处理程序。由于没能在评审过程中将大数据分析评价和模型定性分析这类技术性的评审办法引入高校资助过程，人为干预较突出，陷入理性化智能评估优势难以发挥的困境。这些缺陷都是高校资助工作评审机制中存在的问题，足以使国家的资助政策变味，最终使真正需要资助的学生无法获得应得的政策利好。对于泄露学生隐私的问题，高校中普遍存在的现象是让申请资助的学生当众说明家庭的情况，并对学生的个人信息进行公开，公正评选沦为了比惨。这也间接体现出高校自身在国家资助评审程序上的不完善之处，导致学校对学生提交的材料情况缺乏客观的认识，以致面对材料无从下手，只能借助其他手段和途径完成评选工作。一方面，分级评审的办法虽然是出于促进高校资

[1] 李成飞．大数据背景下高校贫困生资助工作精准化研究［D］．南京：南京邮电大学，2017：16.

[2] 胡邦宁，张晓宇，付车，可王帆．构建高校精准资助耦合性育人机制研究［J］．文化创新比较研究，2017（12）：6.

助精准化的考量，毫无二致的评价标准却使得分级评审办法流于形式。学校评定小组没有把好审核关，主要以班级评定小组评定出来的结果为准。❶ 另一方面，对于学生在公示过程中提出的不满，高校往往采取不理睬、不安抚、不讲解的方式对待，造成学生积怨，容易引发学生之间的矛盾。

（三）高校资助信息化管理的现实困境

1. 高校资助信息智能化程度低

资助信息化从 2007 年开始就从国家层面开始普及，这在贷款的申请、发放和国家奖助学金申请等方面体现得尤为明显。但是，对于高校学生资助信息的智能化、动态化建设却颇为缓慢，直至今日仍然不能充分实现均衡发展。首先，很多高校迄今为止还在使用纸质化的信息储蓄方式，学生们的资助信息始终停留在纸面，没有建立相应的收集、查询、分析系统，前后信息缺乏连贯性。其次，虽然有的高校建立了学生资助信息化平台，但是智能化程度较低，仍处于“人管、电控”的阶段。这种管理模式一方面时效性差，传统的数据管理和分析系统是基于关系型数据库管理系统（RDBMS）建立的，这些系统在处理传统的结构化数据时性能突出，但是对当下如视频、音像等半结构化或无结构化数据的处理存在障碍；另一方面是针对性差，在数据采集来源及应用上，大数据实时采集、面向所有个体，具有高度全面性和完整性。而传统数据则更倾向于诠释宏观、大体的学生管理状况，对于贫困生的数据多数来源于阶段性数据，数据的细化程度较低。❷

2. 高校资助信息平台兼容性较差

各个高校的资助平台大都是独立的，有自己的管理和分析数据的模式和独立的判断标准。学生资助大数据的采集及分析统计对于软硬件平台的要求高，需要足够的技术支撑来保障大数据信息的运用，目前我国高校资助信息平台良莠不齐，这一问题是当下高校资助工作的软肋。由于各方面因素的限制，高校资助工作难以获得高效的技术支撑平台，这在一定程度上影响了精

---

❶ 章桂芝．高校贫困生资助工作存在的问题及解决措施［J］．海峡科学，2017（2）：73.

❷ 李成飞．大数据背景下高校贫困生资助工作精准化研究［D］．南京：南京邮电大学，2017：15.

准资助工作的科学性。❶ 此外，由于各学校以及学生家庭所在地基层自治组织或民政部门的学生信息不对称，无法及时共享信息，也不能及时传输有关信息。即使在高校内部，其资助信息管理也分为“奖、贷、助、补、免”五大部分，分别是奖学金、国家助学贷款、勤工助学、困难补助、学杂费减免以及绿色通道等多样资助项目。各项目间互不相通，使得高校开发的贫困生资助系统内部存在着标准不一、程序差异等问题，与其他资助信息兼容性不高，难以实现资助数据的共享。

3. 高校资助信息缺乏后续跟踪机制

高校资助信息是决定学生能否获得资助以及获得什么样资助的关键，但是高校学生的资助信息管理往往止步于资助款项的发放，这样仅仅在贫困生的认定层面开展工作，而忽视学生在获得资助款项后对资金的使用情况和具体效果，缺乏对学生日常行为、学习情况、生活状态等全方位的考察和监督，因而无法确保助学金是否真正发挥了其应有的作用。学生资助工作仅仅停留在认定层面，缺乏对贫困学生的后续指导和适当的跟踪评估，不利于对贫困学生的后期培养和监督管理，难以实现当前国家提出的发展型资助目标，不能实现对资助用途的持续关注，暴露出目前学生资助工作的一大缺失。❷ 此外，高校学生资助信息往往是一次性使用，缺乏连续性，难以对高校学子家庭经济情况的变化以及学生资助需求的变化进行对比分析。这样不仅使评审工作效率低下，同时也可能出现不该得到资助的学生得到资助，本应该得到资助的学生得不到资助的现象。

（四）受资助学生资助效果片面化的困境

1. 资助观念落后

我国在高校资助中首要解决的问题是在经济上帮助家庭经济困难学生完成学业，让学生上得起学。随着时代的发展，现阶段我国高校资助的任务已

---

❶ 陈夏芸．大数据时代高校精准资助工作的微信平台建设与分析［J］．宁德师范学院学报，2017（4）：113.

❷ 孙彦利，郭琳，陈俊洁，等．基于“大数据”的大学生精准资助现状分析［J］．管理观察，2018（1）：132.

经从让学生上得起学向既要上得起也要上得好转变。之所以说上得好，是出于对高等教育目的的考量，高等教育以为国家培养出德、智、体、美全面发展的高素质人才为目的，高校学生资助也要围绕这个目的开展工作。但事实上，在现在的高校资助体系下学生往往出现学习不努力和“等、靠、要”的现象。原因在于我国落后的资助观念，也在于高校对国家政策认知的不全面、不透彻，更在于各高校没能及时转变资助观念。

资助观念落后，首先要解决高校家庭经济困难学生“心理资助”的问题。以贫困生认定工作为例，《关于认真做好高等学校家庭经济困难学生认定工作的指导意见》是高校贫困生认定工作的指导纲领。以往的资助，大都关注学生的经济贫困问题，而忽视家庭经济困难学生的心理问题。由于家庭经济困难而导致的部分贫困生“心理贫困”的自卑心态在现今的资助工作中已经初见端倪，家庭经济困难学生的“心理贫困”问题也逐渐开始成为需要国家和学校必须重视的问题。❶ 其次，家庭经济困难学生精神贫困亟待解决。忽略困难学生精神层面的塑造和帮扶，往往使家庭困难学生更敏感，归属感较难建立，心理落差和压力较大，社交技能相对较弱，综合素质有待提高等实际问题，这些都很难用单纯的物质资助来解决。部分受助学生“等、靠、要”的思想严重，缺少自立自强的意识，缺少感恩回报社会的意识，资助工作本身的人文关怀和育人诉求被弱化，难以从根本上让学生感受生活的满足，无法实现“精神脱贫”。❷

2. 资助育人效果不够突出

高校资助工作的最终目的不单单是实现纯粹经济性质的帮助，而是通过经济上的援助以及精神与心理上的资助，给予人文关怀。最终使家庭经济困难学生建立起自信，树立正确的三观，培养他们的个人能力，使他们长存感恩之心、回报之心，达到资助育人的效果。但是目前高校资助观念的落后，资助育人往往难以实现，常常事与愿违。

---

❶ 陈夏芸．大数据时代高校精准资助工作的微信平台建设与分析［J］．宁德师范学院学报，2017（4）：113.

❷ 刘晓杰．“精准扶贫”思想下的大学生“精准资助”［J］．教育教学论坛，2017（3）：4.

资助育人之所以收效甚微，首要原因为高校的思想政治教育工作存在的诸多问题，例如家庭经济困难学生思想政治教育方式单一，仅仅依靠激励教育，往往会使他们出现言行不一、虚伪掩饰的问题。此外，家庭经济困难学生思想政治教育内容针对性不强，内容大多为生活关心、学习帮扶与理论教育。真正能够体现教育差异性的心理帮扶和以素质技能教育为代表的其他教育内容相对较少，这也客观反映了家庭经济困难学生的思想政治教育内容工作的缺乏。此外，家庭经济困难学生思想政治教育参与主体缺乏。目前参与思想政治工作的群体，除高校和部分热心公益事业的社会团体外，其他主体的参与力度和积极性有待提高。[1] 资助育人的定位模糊、资源有限也是资助育人效果不突出的一大原因，高校对于受资助学生的激励往往思想引导不够、激励不足。[2] 另外，学校常以管理者自居，服务意识欠缺，致使资助育人的发展失衡，其评价机制也有所欠缺。

（五）高校资助资金管理不力且利用不足

1. 没有建立相应的财务管理制度

目前，高校的内外部经济环境越来越复杂化，巨额的资助资金加大了学校的财务管理风险。高校未能建立相应的资助资金财务管理制度，容易出现管理不到位的情况。当学校出现需要挤占高校资助资金的“重要”事项时，由于管理制度不完善，如果没有相应的制度监督和详细记录，被挤占的高校资助资金容易有借无还，对需要获得资助的学生利益造成侵害。此外，由于没有合适的财务管理制度，部分高校资金使用过于随意，引发了一系列的高校贪腐和犯罪的行为。[3] 财务管理制度每个高校都有，但是专门用于高校资助资金管理的财务管理制度却不属于传统的高校财务管理制度。高校资助资金是高校资金中最为重要的一项资金，关系到高校家庭经济困难学生的利益，也关系到国家高校资助政策的落实问题。因此，建立与高校资助资金相配套

---

[1] 王欢．高校家庭经济困难学生思想政治教育的对策研究［D］．沈阳：沈阳航空航天大学，2017：14－16.

[2] 刘凤萍．高校精准资助的制度育人研究［D］．西安：长安大学，2016：20－28.

[3] 耿成兴．高校财务制度建设存在的问题与建议［J］．会计师，2013（1）：37.

的专门的高校资助资金财务管理制度是高校对资助资金监管的必要举措，是保证资金利用效率的有效手段，也是高校精准资助目标得以实现的必由之路。

2. 对高校学生资助中心的资金监管功能利用不足

高校的学生资助中心是负责高校学生资助工作的中心部门，但是在高校资助资金的管理方面却没有受到应有的重视。高校的资助资金往往由学校的财务部门和行政部门负责监管，学生资助中心只能在资金监管中充当附属角色，参与高校资助资金监管活动较少。学校的财务部门和行政部门既是高校资助资金使用和发放的决定部门、执行部门，又是监督管理部门，多重角色集于一身，为高校资助资金使用过程中的权力滥用或贪污挪用创造了条件。同时，高校学生资助中心的边缘化，会使其监督管理高校资助资金的应有功能大打折扣，间接对高校资助政策的贯彻落实造成不利影响，使得家庭经济困难学生不能很好地得到国家资助。

3. 没有统一的监管办法

高校在管理国家助学资金方面大多数没有统一的监管办法，这样就容易导致学校在管理国家资助资金时“九龙治水”，对高校资助资金管理产生负面的影响。此外，由于高校的学生资助中心对高校资助资金管理权的边缘化，学校对资金管理的非专业性和不系统性显露无疑。既缺乏专业的资助资金管理部门和人员，又缺少资金管理的统一规定，高校在资助资金管理方面难免造成资金的浪费、发放不及时、被内部人员贪污挪用以及财务记账混乱等问题。除了高校本身没有统一的资助资金监管办法外，各省主管部门也尚未出台具体的监管办法，国家层面更是如此。孟德斯鸠有言：“一切权力不受监督，必将腐败。”如果各高校继续自治其事，虽然在一定程度上可以起到照顾各地区、各高校差异情况的作用，但更容易造成各高校的权力滥用，滋生腐败。

第四章　新时代高校贫困生精准资助的模式

源自拉丁语“modulus”一词的“模式”本身具有多种解释和多重概念，目前用英语表达为“model”。若从科学的角度进行分析，本词属于科学哲学范畴。至于何为“模式”，美籍教授C·亚历山大有自己的独到见解，他认为“模式（pattern）是解决某一类问题的方法论。把解决某类问题的方法总结归纳到理论高度，就是模式。它是一种指导，是一种解决某类问题的最佳实践。借助于模式，我们可以利用前人的经验和智慧，做出优良的设计方案，达到事半功倍的效果”❶。

瑞典教授斯文·温德尔同英国教授丹尼斯·麦奎尔则觉得“模式是用图像形式对某一事项或实体进行的一种有意简化的描述。一个模式试图表明任何结构或过程的主要组成部分以及这些部分之间的相互关系”。❷ 美国学者沃纳丁·赛弗林和小詹姆斯·W坦卡特认为“模式是再现现实的一种理论性的简化的形式”。❸ 我国学者陈世清认为“模式是主体行为的一般方式，包括科学实验模式、经济发展模式、企业盈利模式等，是理论和实践之间的中介环节，具有一般性、简单性、重复性、结构性、稳定性、可操作性的特征。模式在实际运用中必须结合具体情况，实现一般性和特殊性的衔接并根据实际

---

❶ ［美］C·亚历山大．建筑的永恒之道［M］．赵冰，译．北京：知识产权出版社，2004.

❷ ［英］丹尼斯·麦奎尔，［瑞典］斯文·温德尔．大众传播模式论［M］．祝建华，武伟，译．上海：上海译文出版，1987.

❸ ［美］沃纳丁·赛弗林，小詹姆斯·W坦卡特．传播学的起源研究与应用［M］．陈韵昭，译．福州：福建人民出版社，1985.

情况的变化随时调整要素与结构才有可操作性”。[1] 高文认为：“模式是对某一过程或某一系统的简化与微缩式表征，以帮助人们形象把握某些难以直接观察或过于抽象复杂的事物。”[2]《现代汉语词典》中记载的关于模式内涵表述为：“某种事物的标准形式或使人可以照着做的标准样式。”[3]《新华词典》则将模式简洁地定义为“事物的标准样式”[4]。结合以上各类观点我们可以得出，所谓模式，指的是在表象上可以获得的能够为人们所总结运用的具有标准意义的行为样式，其本身作为一种通过归纳总结得出的范式，是形式上的而非实质上的，但本身的形式又由其实质内容所决定。模式本身具有中间化、简洁化、典型化的特点。具体拓展开来讲，其主要涵盖了三个方面的内容：其一，中间化。模式于上连接抽象理论，于下承接具体实践，其本身既要作为抽象理论的模范典型，又要作为具体经验的高度概括。作为两者间的桥梁而言，它本身在理论与实践的转换中如同齿轮一般，起着重要的作用，是理论与实践实现互动的重要连接点。其本身的特殊地位，即属于理论与实践中间的存在，为其自身作为一种范式提供了方便。其二，简洁化。模式本身作为一种表面现象，即表象，既对抽象理论的晦涩表达以及模糊解读进行了消除，又排除了进行具象化的实践所产生的在不同情况下造成的不同结果而导致的难以归纳的情况，变化多样，以其高度简约以及通俗易懂的方式对事物进行其独到的解释和说明，模式这种高度范式本身具备易于理解的特性，容易上手操作。总结或者归纳而得出的模式可以使人们避免因为复杂理解而造成的效率低下。其三，典型化。从静态的角度进行理解，可以发现在一定阶段，对于人来说具有普适性的模式始终具备高度的使用价值，因而容易为被大多数人所接受并自觉不自觉地加以运用，用一句不是十分恰当的话来形容就是“世上本无路，走的人多了，也便成了路”，其本身就如同给人们提供了一条经反复测验得出的精准路径，让人们在该抽象范式的指导下进行具体化

[1] 陈世清．对称经济学［M］．北京：中国时代经济出版社，2011.

[2] 高文．现代教育的模式化研究［M］．济南：山东教育出版社，2000.

[3] 中国社会科学院语言研究所．现代汉语词典［M］．北京：商务印书馆，1999.

[4] 新华词典．北京：商务印书馆，2013.

操作，进而对人们的行动产生独到的指导作用以及类似于参照系的作用。

依逻辑学规则解读，高校贫困生精准资助模式同前文所提及的抽象化的模式概念之间是归类于低位与高位概念、上位及下位概念，延展概念与本体概念、泛式概念及限定概念的关系。前者在其具体概念以及规定等各个方面，与后者是属于一种被包含关系；后者相较而言，是将前者视为其子集，所以在外延方面要远大于前者。正因如此，笔者在一系列整理归纳下，对高校贫困生精准资助模式作如下定义：所谓高校贫困生资助模式是指特定贫困生资助理念主导下的一种形式简约、结构明细、可资仿效的贫困生资助模型。建构高校贫困生精准资助模式应以模式原理和特定贫困生资助理念为理论依据，以贫困生资助工作实践为经验基础具体展开。当前对于高校贫困生精准资助模式的具体实践共包括以下几个部分：建立学生校内外关联大数据库；构建多功能不同层次需求的模式；实施扶贫资助动态管理。笔者将对其一一进行分述，并加以补充完善。

一、建立高校学生资助的内外关联大数据库

当前，加快高校贫困生资助体系化与制度化建设，不仅是在我国“以人为本”科学发展观指导下落实人才强国战略的现实要求，而且是真正实现教育精准、教育优化、教育公平而实施的具有开创性意义的重大举措。我国人口众多，由于历史地理因素原因，各地区经济发展不平衡。要加快各个地区经济社会发展，推动全面建成小康社会，大量“德才兼备”的优秀人才必不可少。各大高校作为培养人才的摇篮，肩负着培育担当国家富强和民族复兴使命的青年人才的任务。贯彻落实我国贫困生的各项资助政策，帮助各地区贫困学生顺利完成学业，让他们更好地服务社会、服务国家，意义重大。如何精准识别贫困学生？如何对贫困学生等级进行科学划分？目前仍是关乎精准资助政策实施效果的关键问题，需要运用“大数据”进行操作。

（一）何为“大数据”

关于“大数据”（Big Data），全球知名的研究机构 Gartner 给出的定义如

下："大数据"是指一种新型的处理模型，以这种处理模型为核心，取得更多的决策权、调查能力以及系统性流程操作的能力，进而能适应当前信息资产规模膨胀，增长迅速，内容多元的现状。❶"大数据"自身最为重要的科学价值在于它可以对所收集到的有效信息进行筛选、整合、分析、梳理等一系列科学专业处理，而不是单纯进行海量数据的整合收集。

对于大数据的认识理解，需要从三个层面进行：第一个层面是理论，想要系统认识某一事物，首先要从理论出发。在理论层面上，对大数据本身进行概括叙述，需要对大数据的性质和内涵加以限定。第二个层面是技术，技术能够体现大数据的实用性及其他价值，是大数据不断进行革新发展的依托。第三层面是实践，实践是检验大数据价值的最高标准。只有通过实践才能真正使一项技术从理论步入现实当中。❷

如今大数据已经走进了千家万户，并且在国家机器的运转过程中也发挥着极其重要的作用，美国洛杉矶警局已经普遍使用以大数据为基础的犯罪预测软件；统计学教授内特·西尔弗（Nate Silver）利用大数据成功预测了美国2012 年的大选；google 流感倾向（Google Flu Trends）通过大数据对全球禽流感疫情的分布进行预警；麻省理工学院通过手机 GPS 定位数据以及道路交通数据安排城市规划。

（二）"大数据"发展运用的政策支持

2015 年 9 月，国务院印发《促进大数据发展行动纲要》（以下简称《纲要》），对大数据的进一步发展工作进行了统筹规划和安排部署。《纲要》对大数据的使用进行了诸多指导，在接下来的 5 ~ 10 年内，要开辟一种科学化高精度治理、多元共同参与合作的新型的社会治理模式，构建以人为本，协同大众，服务社会的新型运作体制，建立顺畅、高效、安全的新型运行机制，推动创新创业型社会的蓬勃发展。《纲要》对高水平、高智能的产业发展对新

---

❶ 中国大数据 .6 个用好大数据的秘诀［EB/OL］.［2018 - 02 - 02］. http://www.thebigdata.cn/YeJieDongTai/29051.html.

❷ 中国互联网数据资讯中心. 大数据究竟是什么？一篇文章让你认识并读懂大数据［EB/OL］.［2018 -02 -02］. http://www.199it.com/archives/167397.html.

的生态也提出了新的要求，作出了新的阐释。

《纲要》对于三项重要任务进行了科学安排。第一，要提高政府数据透明度，数据信息应由各方共享，梳理整合各类资源，加强治理能力和治理水平现代化建设。对政府部门数据资源实现有效开放共享，提高关系人民群众生活质量信息的透明化水平，对于大数据基础设施的自身建设加以全面规划。保证科学调控，宏观视野，提高治理精度，促进贸易便利化服务，提高安全效率，加快民生服务建设。第二，关注产业创新发展工作，大力支持对新兴产业的投入，在经济转型方面下功夫。推动新兴产业、农业和农村产业大数据化的发展，加快促使大数据研究与发展创新进行高度融合交叉，推动基础研究和核心技术研究，完善大数据产业链。第三，加强安全保障，完善管理，加强大数据的安全保障层级，强化安全支撑。

（三）利用“大数据”助力精准资助的研究现状

国内外在高校学生资助方面的研究著述颇丰，也形成了一系列颇有影响的成果，但专就高校学生精准资助进行深入系统的研究尚付诸阙如，真正立足于大数据的高校学生精准资助也仅限于少数学者进行的局部的基础性探讨。

1. 国际研究视角

从国际研究的层面看，大数据应用于教育领域是国外近年来研究的热点问题。国外关于大数据教育领域应用的研究领先于我国。早在 2008 年就有学者在论文中指出大数据将带来生物学研究和教学的变革，2012 年美国政府颁布《通过教育数据挖掘和学习分析促进教与学》的报告之后，更是引发了大数据教育领域应用研究的热潮。Allen（2014）等学者认为大数据技术平台为家庭经济困难学生精准识别提供支撑。Chaffee（2013）认为大数据思维应用于资助工作中不仅在于掌握庞大的被资助人相关联的数据信息，它更注重对有意义的数据进行专业化处理，通过“加工”实现数据的“增值”。Montolio（2013）认为在政策制定中，可以构建涵盖政府、家庭、学校和学生等载体的大数据家庭经济困难学生认定新模式。Rapp（2015）认为构建细化分级和多重指标的“新分级资助”模式可以进一步提高资助匹配的准确程度。John Stone 提出“成本分担”理论，预见了美国学生资助“育人”的目标管理，认为目标管理要体现社会效应和对资助政策公正性等宏观方面的回应认同，还要彰显在家庭经济困难学生经济改善、心理健康和综合素质提升等“育人”价值中。应当说，这些极为丰富深刻的理论，为本研究提供了理论借鉴和逻辑起点。

但是，西方一些发达国家基于其较高的经济发展程度与不同的历史、文化、教育背景，对中国高校学生精准资助模型的设计缺乏充分的解释力。其理论及框架设计，对于我国而言未必适用，不能搞“拿来主义”和全盘引进。不过，其在操作实施层面上的一些理念和技术手段可供我国参考借鉴。以美国贫困生资助大数据精准识别方式为例：美国教育部依托 FAFSA（联邦学生资助免费申请表）实现贫困生资格认定，美国教育部依据国会通过的计算公式，根据申请人在 FAFSA 中填写的个人和家庭基本信息、收入和资产信息，计算出 EFC 预期家庭贡献，判断申请人的困难程度并衡量家庭在教育支出中的承受能力。美国的 FAFSA 之所以能够顺利实施，依靠的是一整套税务征管制度。税务征管的第一环节是税源监控，美国实行税务自行申报制度，不自行申报者将被强制征税，以保证税款入库。与此同时，在税务稽查过程中，谎报和瞒报的税务人将受到严厉的行政和经济处罚。美国还依托计算机服务与管理的标准化和制度化加强税收信息化建设。除此之外，美国还通过收入控制体系监控非劳动收入，并将个人的所有财产视为经营性收入，以此评判家庭的经济情况。美国教育部借助大数据技术平台充分监控公民的个税缴纳情况和评估公民个人家庭基本经济情况和教育支出的承受能力。基于税收来进行需资助学生的精准识别值得我国高校借鉴。[1]

2. 国内研究视角

从国内研究层面看，伴随大数据技术的广泛运用与高校精准资助工作的发展，近年来我国学术界对高校精准资助的问题日益重视，产生了一系列有价值的学术成果。如郭晰（2013）针对当前高校扶贫工作存在的区域差异大、

---

[1] 谢浩然．美国联邦政府学生资助体系对我国高校“精准资助”的借鉴价值［J］．法治与社会，2016（7）．

体系不完整、机制不健全等诸多问题，提出了改进的相关策略；郑州（2013）将模糊综合评价法引入高校贫困生认定工作中，以提高高校扶贫工作中的精准认定工作效率和工作成效；王鹏（2015）研究认为高校扶贫工作中引入数据挖掘有助于全面促进高校教育扶贫工作的开展；马腾飞（2016）分析了当前高校贫困生认定工作现状，提出了构建贫困生认定框架，通过机制创新实现精准化认定的观点。应当说，这些成果都认识到了当前我国高校资助工作的现状，意识到了在大数据时代创新高校资助工作模式的必要性与复杂性，也从不同侧面提出了许多建设性意见。但就目前研究现状而言，仍然存在许多不足。首先，在研究内容上，对目前高校资助工作中存在的问题批判较多，结合大数据时代系统反思我国高校学生精准资助模式的理论探讨较少。其次，在研究思路上，有研究成果虽然指出了精准资助与传统资助的区别与联系以及精准资助的典型特征，但是尚未厘清精准资助的准确含义，更没有紧密结合大数据的时代特征，也没有采用大数据思维。再次，在研究方法上，偏重于传统的方法研究，缺乏大数据的研究方法。现有研究多为规范分析，对于精准资助效果缺少统计分析。最后，在研究成果上，迄今为止，现有的成果大多为点对点的对策性研究，没有形成一个统一的理论分析框架。因此，本书将从大数据时代的现实背景出发，用全新的视野、思路、理论、方法和技术手段，在实证分析的基础上展开对高校学生精准资助模式的探讨。

（四）“大数据”助力精准资助的体现

通过“大数据”建立数据库进行精准资助，首先要解决以下几个问题：

1. 资格认定

我国幅员辽阔，各个地区经济发展差异较大，因此，每个学校定义贫困生的标准也不尽相同。目前比较通用的是三级贫困证明，所谓三级贫困证明是指由村（居委会）、乡（镇、街道办事处）、县或区民政部门开具，以证明家庭贫困情况的证明。其办理流程如下，首先由困难家庭向所在社区居委会（村委会）写出家庭贫困申请并提供相关证明材料，所在社区居委会（村委会）进行入户调查了解情况后，对情况属实的，签署意见并加盖公章。然后由本人将社区居委会（村委会）加盖公章的个人申请及相关证明材料送到街道办事处（乡、镇政府），街道办事处（乡、镇政府）进行调查审核后，对情况属实的，签署意见并加盖公章。最后由本人将社区居委会（村委会）和街道办事处（乡、镇政府）加盖公章的个人申请及相关证明材料送到县级民政部门，县级民政部门审核后签署意见并加盖公章。三级贫困证明本身作为对经济困难学生认定的标准，存在很大纰漏，各个环节主观性及可操作性太强，容易出现贫困生认定不公的情况。举例来说，2007 年，湖北襄樊一名大学生被终止受资助资格，记者在调查中发现，该受助大学生的父亲竟是樊城区城管局副局长，母亲也是环卫所合同工。[1] 这个现象表明，“假贫困生”是真实存在的。除三级贫困证明外，有人主张将家庭收入作为贫困生认定标准，如果年平均学习成本高于家庭人均纯收入的 3.5 倍，则该学生可以视为贫困生给予资助（骆柞炎，2006）。也有主张按照学生自己的消费数额来确定贫困生资格，比如月生活费低于 150 元的视为贫困生，低于 90 元的视为特困生（张文芝，2005）。还有人主张以当地居民最低生活保障线为标准（陈建顺、李照刚，2003）。目前高校贫困生资助过程中最大的不公平之处在于高校贫困生的认定过程。首要的问题是高校贫困生标准线如何确定的问题，目前各高校都拟定了一个学生家庭人均月收入标准线（基本上参照当地最低生活保障水平），低于标准线即为贫困生，可以享受高校学生资助政策资助。如果该项指标高于标准线，哪怕仅仅高出一点，也不能认定为贫困生，学生将不能享受学校资助政策体系内的任何资助，月收入仅仅数元之差，其待遇将是天差地别，这样就导致了家庭经济情况基本相当的学生在资助政策实施过程中的不公平。其次，当前各高校对于贫困生的认定材料要求标准不一，现实中贫困生首先要“自我认定”，当自己认为家庭难以负担学费和生活费的开支，感觉经济压力较大时，再由当地政府部门（一般是乡镇政府）开具证明，说明其家庭收入情况。这种认定程序和标准随意性相当大，导致不少原本应该通过贫困生资格认定的学生因为证明材料不全而没有通过，而一些原本不应该

[1] 副局长女儿成了贫困生［EB/OL］．［2007－08－27］．http：//news. sina. com. cn/c/2007－08－27/043012454054s. shtml.

通过困难认定的学生由于提供的虚假证明材料反而成了贫困生，这无疑加剧了高校在贫困生资助过程中的不公平。从贫困生的分布情况来说，地区之间、系统之间、专业之间贫困生的比例也不一样。就地域而言，在云南、甘肃、贵州等西部地区的贫困生比例超过了 30%；就高校而言，学校性质往往与贫困率有关，如北京林业大学 2000～2001 年的贫困生比例高达 48.7%，师范类院校的贫困生比例也高于平均水平。1999 年广西师范大学的贫困生比例是 32%，西南师范大学的比例是 33%，而青海师范大学的贫困生比例则高达 40%。[1]

无论是三级贫困证明还是各项评定指标，在推进贫困生精准资助的工作中，最重要的因素是相关信息是否真实可信。目前采取的贫困生自行申报，地方政府书面审核模式存在各种问题，利用“大数据”技术建立数据库的方式辅助贫困生的资助工作首先需要保证录入的信息不出纰漏，保证各项数值确定无误，信息真实可靠，才能做到贫困生资格的准确认定，真正做到精准资助。

2. 资助分配

当前各大高校的助学金等级通常为一等助学金、二等助学金、三等助学金三级，通过民主投票的方式确定获得各等级助学金的贫困生资助名单。这种方式本身存在一定的合理性，但是贫困生的情况千差万别，这就容易导致部分同学即使获得了一等助学金，资助力度仍然不够，部分学校助学金名额的分配方法较为原始，基本上就是按各个学院总人数进行比例分配，并没有全校统筹。要知道各高校的不同学院贫困生比例不同，有些学院属于“贵族学院”，学费昂贵，贫困学生比例较低；有些学院学生大多都来自偏远地区或民族地区，其贫困生相对较多。简单地采取比例分配方式，虽然能够减少贫困生认定工作的工作量，提高贫困生认定工作与资助工作的效率，但是在家庭困难学生人数较多的学院难以充分保障贫困学生得到相应的资助，这与我国高校贫困生资助政策的初衷相违背。

---

[1] 张文芝．论高校贫困大学生的现状及对策［J］．西南民族大学学报·人文社科版，2005（8）．

正所谓锦上添花不如雪中送炭，如何做到按需分配而不是比例分配，使有效的补贴真正落到实处，需要运用大数据技术进行统筹分析，通盘考虑。借大数据助力名额分配，通过对数据内容进行采集分析，获取有效信息，保证贫困生扶贫资源的精准分配；通过大数据对高校家庭困难学生的家庭情况进行认定，加快精准资助体系化建设；通过学生入学季的档案归入，电子档案录入，获取学生的初始信息并加以整理维护，以便利用大数据进行分析，以资于精准资助；通过大数据，对学生的发展性素质进行评估，在保证学生基础生活条件下，对学生的发展潜力进行数据化表示，让学生更多地获取发展机会、改善发展条件；最后，通过大数据进行高校家庭困难学生的动态管理，在资助工作后期，即资助资金发放后对于学生的综合表现，包括学生的学习和生活情况进行大数据评估，从而对是否实现资助的政策目标，对资助任务价值进行最终品评。

3. 资助有效性跟踪

当前有的高校片面注重贫困生认定和资助款发放工作，忽视对受资助学生日常学习和生活表现的过程监管。长期的放任政策容易滋长部分学生好逸恶劳的不良思想。有的高校虽然意识到了动态管理的重要性，但对违背受资助者行为要求的学生采取的诸如取消贫困生资格等惩治措施非但不能使有问题的贫困生及时改正错误，反而使他们失去了资助而更加无法顺利完成学业，更容易产生抵触情绪和心理问题，为和谐校园建设以及学校的安全稳定带来隐患。

目前来看，各高校重视助学金的评选和发放工作，但是对于资助完成后助学金具体的使用方式方法及受资助者是否遵守相关的制度要求没有做到持续关注。持续关注资助落实到位后的去向，对学校而言，是评价资助工作是否取得应有效果的一种手段；对学生而言，尤其对那些没有被评为贫困生的学生而言，是衡量教育资助是否公平的一把标尺。学生拿到助学金后是否用于改善基本的学习和生活条件，是否使用助学金进行与学习相关活动？是否有肆意挥霍助学金的情况？获得助学金的同学学习成绩是否有所提升？提升幅度如何？有多少助学金用在学习方面的投入？这些都是可以进行跟踪的重要数据指标，助学金有没有用于其他活动尤其是挥霍娱乐消费也需要进行跟踪。有关调查显示，当前的确出现了一些受助家庭经济困难大学生肆意挥霍国家奖助金的情况，一拿到助学金就买高档手机、经常出入高档餐厅、参加各种高消费娱乐活动等。国家助学金的政策目的是让贫困生得到更公平的教育机会，然而当前许多学生关心的是如何取得贫困生资格，分到助学金这块“蛋糕”，而不是感恩国家的恩泽，勤勉专注地投入到学业当中。目前更加严重的问题是，受到国家资助却没有感恩之心的学生数量也在不断增加，违背了我国奖助学金政策初衷。❶

（五）校内外关联大数据库的具体内容

大数据技术的精髓不在于掌握庞大的数据信息，而在于对有意义的数据进行专业化处理，进行整合分析，通过“加工”实现数据的“增值”。在政策制定中，可以构建涵盖以政府、家庭、学校和学生为载体的大数据家庭经济困难学生认定新模式。通过建立学生校内外关联大数据库，一方面，需要建立全国性的综合数据处理平台；另一方面，需要学校自身的技术支持进行数据统计、数据挖掘，追求贫困生认定工作科学化、精准化，搭建高效的高校贫困生资助平台，需要国家、地方以及学校自身的努力合作。

1. 国家层面：家庭经济困难学生认定工作统一信息交互平台

长期以来各级各部门多把目光集中在家庭经济困难学生的认定上，因为当资助的力度加大时，家庭经济困难大学生认定的边界越来越模糊，也越来越难以界定。当资助力度加大的时候，众多高校秉持“不患寡而患不均”，强调雨露均沾发放资助补贴，造成本身就十分有限的资源极大的浪费。此外，由于各种漏洞，资料造假，谎称贫困生的情况也屡见不鲜，这使得资助的有效性大打折扣。❷ 很多高校认定家庭经济困难学生的机制是“由学生进行申报，老师拍板决定，学校复核审批”的流水线化模式，这种认定方法的每一个环节都会存在不确定因素。比如学生“报”的真实可信度问题，因为学生

---

❶ 吴跃东．高校学生资助政策体系的教育公平问题研究［M］．上海：上海三联书店，2016.

❷ 杨红波．我国高校家庭经济困难学生资助的有效性探讨［J］．思想教育研究，2014，7（7）．

“报”主要是看学生的家庭经济情况调查表，而对这张表的真实性并无核实查证的办法。当前很多地方政府出于对自己家乡子弟爱护照顾角度考虑，也并不会对家庭经济情况调查表进行认真审核，并不谨小慎微地考察其真实性。目前，高校贫困生的认定程序上存在很大问题，首先学校通过学生提交的各类家庭情况认定资料，进行初步审核，对其家庭状况进行简单的摸底调查，然后在此基础上由辅导员组织召开贫困生资格认定的民主会议，最终确定受资助贫困生名单。值得一提的是，目前我国仍有部分高校让贫困生出席贫困生资格认定的相关会议讲述自己的家庭情况，互相“比惨”。这种做法是不人道的，一方面，将家庭经济情况堪忧的同学曝光在众多同学的视线之下，无疑是对该同学的一种心理伤害；另一方面，由于最终的评判结果须由投票决定，这类贫困生贫困程度评比往往成为“比惨大会”，对于贫困生资格的精准认定毫无意义。

学校对学生家庭经济情况采取材料认证方式，这些材料通常包括生源地基层民主自治组织（如村、居委会）出具的贫困证明、地方民政局等民政部门开具的贫困证明材料以及低保户证明材料，等等，以这些材料进行综合评定，虽然具备一定的科学性，但因为缺乏对学生生源地情况的实地考察了解，缺少对学生的个人信息情况真实性证明。仅仅凭这些材料就对学生是否具备贫困生资格进行认定，对贫困等级进行划分显得极为草率。少数学生为了获得资助而弄虚作假，填写的家庭经济状况并不真实；目前学生生源地的村（居）委会和民政部门“放水”的情况也普遍存在，办事人员对于贫困证明把关不严，往往不经审查就开具贫困证明。家庭并不贫困却通过各类材料和人情关系拿到了贫困生资格，真正有需求的贫困生却难以获得应有的资助的情况也时常出现。

因此，建立一个全国性的家庭经济困难学生认定工作统一信息交互平台具有重要意义。针对该平台，我们必须要明晰几个关键点，首先，这一平台必须涵盖全国范围，而且是由国家建立的；其次，建立该平台的目的在于实现家庭经济困难学生信息的交流互动；最后，该平台须基于大数据技术收集、分析、整合相关信息。满足了以上三点，该平台将可以有效地对学生申报的家庭经济情况进行审查，尽可能地过滤掉那些谎报家庭经济情况的学生，为统一高校家庭经济困难学生认定标准，制定各地区不同的认定标准提供数据支撑。此外，该平台不仅需要负责高校资助工作的行政部门的大力支持和积极参与，还需要金融机构、税务部门等相关主体参与其中，使高校家庭经济困难学生认定工作更具科学性、系统性、可靠性。由于多方参与，需要保证各方面数据的真实可靠。各个部门可以通过数据共享，获取有用的信息。有了全国性的数据信息服务技术平台，依托平台优势进行贫困生状况统计并且实现数据资源共享，自然可以从数据来源角度为精准识别提供技术保障。

2. 高校层面：定性和定量相结合的家庭经济困难学生认定分类指标体系

对于高校贫困生量化指标认定，这里先用一个模型举例：家庭经济困难学生因在学生家庭人均年收入、学生月可支配收入、在校期间经济状况和消费状况以及困难原因认定标准的差异而在等级划分上有所不同。如何做到公平合理的贫困生资格认定和等级划分尤为关键。本节将介绍一种数学模型，拟在家庭经济困难学生等级认定基本方法的基础上，采用美国运筹学家 T. L. Saaty 教授的层次分析法，以 AHP 的形式对学生经济困难度进行综合评判递阶层次模型设计，通过各种分等级、分层次的被相当细化的因素，比较其中对经济困难的影响程度，进行权重的评判。

模型与当前社会所认知的经济困难因素形成基本保持一致，避免有的不重要的因素被过分考虑，重要的因素被边缘化。笔者也根据时代的发展，在层次模型中加入或删除需要被考虑的新产生的影响因素和不再需要被考虑的影响因素，在此基础上进行权重修改和微调。除此之外，考虑到地域的差异使经济困难标准呈现合理的差异化、浮动化。我们把经济困难学生认定的主要因素基本归结为三大方面，八个因素。建立的层次结构模型如表 4 – 1 所示。

表 4－1　经济困难学生认定层次结构模型

目标层	选出经济困难学生 P_j，$j=1，2，\cdots，m$	
准则层	个人因素 A_1	生活开支 A_{11}
		获助情况 A_{12}
	家庭因素 A_2	家庭收入 A_{21}
		家庭负债 A_{22}
		成员健康 A_{23}
		意外变故 A_{24}
	自然因素 A_3	所处地域 A_{31}
		自然灾害 A_{32}
方案层	学生 S_i，$i=1，2，\cdots，n$	

首先，构造两两比较判断矩阵，假设要比较 n 个因素对目标 P 的影响，确定他们在 P 中所占比重。矩阵 A 中元素 a_{ij}表示该层第 i 和 j 两个影响因素关于上一层评价目标的相对重要性程度之比的赋值，这些赋值可以有长期从事经济困难学生工作并对经济困难学生工作相当熟悉的资深工作人员给出。

其次，计算各因素权向量并做一致性检验。各因素的权向量，课题组建议用对应 A 的最大特征根 λ_{max}的特征向量（归一化后）作为权向量 W，W 的分量 W_i 为相应元素的权重值。

最后，计算学生家庭经济困难程度。在确定每个指标的权重后，根据各种因素对每个学生经济困难影响程度按 10 分制进行打分，1 分为影响十分弱，10 分为影响十分强。统计打分结果得到矩阵 S_{ij}，同时统计每个学生的信息，调查每个经济困难学生的经济困难因素，选择造成家庭经济困难的指标。按照此方法得到学生家庭经济困难程度的分数为：$T=\sum_{i,j=1}^{n}W_iS_{ij}r_{ij}$。通过该公式，我们就能比较清晰地将各种因素分门别类，综合校量，分出合理的经济困难等级。

此模型作为量化贫困生贫困程度的简单模型，通过对指标数值的提炼可以得出对贫困生的贫困程度的初步了解，模型对于贫困生贫困指数的量化数据可以为高校贫困生资格及贫困级别的认定和划分提供重要参考，尽可能地做到公平公正。

3. 家庭经济困难学生信息数据库与学校信息的有效对接

当前我国尚未建立国家层面的家庭经济困难学生认定工作统一信息交互平台，对于学生的校外信息真实性确认仍然存在难度，目前各高校对学生贫困程度的认定主要采取以三级贫困证明为主要认证材料的要求。受现有条件限制，本书将以学生自主提供的证明材料作为学生校外信息的主要认定条件。对于学生校外信息的采集收录，笔者将以西南政法大学为例，通过“智慧校园”系统进行高校贫困生家庭信息大数据采集；对于学生校内信息的收集，则通过学生一卡通记录的消费情况进行，双管齐下，保证高校学生校内外大数据库的关联性。接下来将分别对两种方式进行介绍。

（1）“智慧校园”系统与贫困生认定的运用

“智慧校园”是高校经过信息化的技术措施，完成对高校内各种资源的归集统管和分析细化，以达到资源的完整利用和合理配置，让校务管理更加有序的管理系统。该管理系统需要依托网络技术和数字化信息才能顺利运行。在运行过程中该系统可以为学校提供在老师教学、学生学习、科学研究、技术服务、生活服务等多方面、宽领域的数字化管理措施，方便老师在教学过程中、学生在学习生活和科研过程中以及高校在对外宣传过程中充分的挖掘和利用学校资源。通过校园信息的数字化收集、分析、管理和应用可以反作用于学校良性发展。数字化建设是智慧校园系统建立和运行的重中之重。数字化校园不仅仅是指数字化的硬件，也包括流动资产、非流动资产，还包括数字化的软件，如教学、管理、办公等方面，只有构建一个在数字化框架下的校园信息体系，才会使数字校园真正的实现。实现校园的数字化，不论是在高校教育水平、管理能力，还是师生发展方面，都会进入一个更高的阶段，学校的综合竞争力将产生质的飞跃，同时也让学校的各个部门、各项职能、各类人员、各种信息结束分散化和互不关联的状态，形成一个有机的统一体。

“智慧校园”系统本身所具有的集成数据优势明显，已经广泛运用于西南政法大学的日常管理工作中。作为笔者的工作单位、西南地区的重点法学院校，笔者以西南政法大学为研究样本，针对当前西南政法大学本硕博三个层次现有共 2 万余名学生进行了调查。目前西南政法大学的智慧校园平台已开通经济困难认定申请窗口，该窗口采用贫困生自行申报模式，由申请学生自行填写数据申报，“智慧校园”目前的贫困生认定项目包括家庭劳动人数、家庭失业人数、家庭赡养人数、家庭总人数、家庭人均年收入、家庭欠债金额、学生孤残情况、学生是否为烈士子女、学生是否为优抚家庭子女以及学生家庭是否遭遇重大疾病、自然灾害或突发事件、学生家庭是否建档立卡、学生家庭是否为城乡低保户、学生家庭是否为特困救助供养、学生家庭是否为城镇零就业家庭、学生家庭是否为农村低收入和城市其他低收入家庭。除以上选项外，学生还可以自行填写申请理由，并且需附上家庭欠债原因。根据学校现有智慧校园平台数据，经统计可以得出，当前西南政法大学约有 8% 的学生申请贫困生认定，而经评议复核，被认定为经济困难群体约为申报人数的 85% 。此比例在各年度基本保持稳定。笔者依据所得到的数据，估算西南政法大学的贫困生人数约占学校总人数的 7% 。但目前智慧校园平台并没有建立针对贫困生的数据库，经济困难认定申请窗口仅为信息采集的初步窗口，无法进行贫困生的初步认定工作，没有实现真正的数据化模式。笔者拟依托现有智慧校园平台建立贫困生数据库，用关键词进行筛选，以此区分经济困难学生与非经济困难学生。筛选关键词包括：在校生、月生活费、家庭人均年收入、家庭欠债、校外住宿、娱乐消费、受资助情况、家庭劳动力数量、赡养扶养情况、疾病或意外。

具体操作步骤为：在智慧校园平台系统中开设贫困生认定版块—学生在系统上申请贫困生认定—平台进行关键词进行初步筛选—对初筛的群体由各学院成立专家认定小组进行复核（提交家庭经济情况调查表）—认定贫困生身份。

（2）学生一卡通与贫困生认定的运用

校园一卡通是指在学校范围内用一张 IC 卡来代替身份证、学生证、工作证、借书证、就餐卡、医疗证等，实现一张卡就可走遍校园。一卡通作为高校学生日常生活必备的消费工具，具有统计学生消费信息的巨大优势，通过一卡通数据认定贫困生具有如下优点。

一卡通具有普遍性。高校信息技术的飞快发展使其应用的范围也逐渐宽广，其中利用信息化的载体中的数据信息分析学生在校日常消费情况是推进精准资助的一大技术优势。校园一卡通已经成为高等学校数字化建设不可或缺的一部分。

一卡通数据具有较高价值。一卡通的消费数据可分为三方面：一是食堂消费数据。通过对学生在校就餐的次数、月消费总额、次消费金额，以及选择的具体就餐窗口，如是否是小炒、清真窗口等，可以分析出该学生的基本经济情况，可实现对贫困生认定的事后监督和事后动态考察。ICI 一些文章也从定量分析的角度，用模型比较了贫困生和非贫困生就餐消费的区别，得出结论：一般情况下，贫困生倾向于校内就餐且总额和次消费额偏低，选择清真等性价比高的窗口就餐可能性大。二是超市等日常消费数据。通过考察一卡通学生日常消费的次数、消费的金额及购买的物品种类等，可以大概分析该生的消费习惯特点、是否节俭等。三是圈存数据。通过圈存数据量及每次的金额，可以看出学生金钱的掌控情况以及是否有挥霍的情形。一般情况下，经济条件不太好的学生圈存金额较小，可能因为本身可支配金额有限，一卡通无法取现，担心丢卡造成损失等，这些数据能真实反映学生日常消费和日常学习情况。一卡通的学习及生活数据价值包括：通过对学生考勤、图书借阅、文献检索记录、校内成绩记录、机房使用等数据资料的分析，可以考察该生是否专心于学业、态度是否端正，可根据分析结论给予动态的监督管理，进行针对性教育。通过对学生吃早餐的时间及次数、使用校内健身设施、看病就医等数据的分析，可了解学生的生活习惯、身体健康状况等，可从侧面给予学生相应的关怀和监督。

一卡通数据分析较为容易。因为一卡通数据属于结构化数据，且全部储存于数据库之中。结构化数据之所以是一种比较容易分析的数据，原因在于其表达形式和实现方式是二维表结构，完全遵照数据的格式和长度的规范，储存和管理在数据库内进行。相对于结构化的数据，还有半结构化的数据和非结构化的数据，后两者则明显不具备结构化数据在高校信息化建设中的优势。首先，因为非结构化数据和半结构化数据不是通过二维表的方式表现出来的；其次，也不能严格遵循数据格式和长度规范；再次，其储存和管理不能由数据库的规范模式进行。尤其对于非结构化的数据来说，其本身就是不完整的，由于没有预先定义好的数据模型，因此不能通过数据库的二维逻辑来外显化。校园一卡通如果通过应用结构化数据的数据库来收集分析和整理学生的各种信息是极有利于统计家庭经济困难学生的消费情况的，并为进一步确认贫困生提供了技术支撑。

高校普遍建立一卡通系统已经是高校学生管理工作中的一种常态，这样不仅能够提高管理的效率，也能强化学校管理的作用。但是建立校园一卡通系统就会收集到大量的数据，这些数据都是学生在高校日常生活中的各种行为所积累的，其中尤以消费情况最为重要。一般来说，高校的校园一卡通可以与学校由学生使用的所有应用系统相关联，这样就能比较全面地记录高校学子的消费情况。高校学子消费情况的数据分析，无疑会成为高校家庭经济困难学生认定工作的基石。建立在消费大数据之上的贫困生认定结果是将比例原则发挥到极致的体现，这对于高校充分发挥国家资助政策的作用，让资助资金得到最大限度的利用有十分重要的意义。当然，利用好数据，对数据合理分析是其发挥效用的关键，也是为高校提供认定标准的核心。

现阶段，高校一卡通的普及工作已经不再是建立高校大数据库的重心，对于校园卡收集到的海量信息的整合、分类、管理和分析才是重点所在。只有利用好校园卡收集到的信息，才可以发掘出很多和学生有关的有用信息，这样能对精准资助工作的进行提供帮助。

4. 采用数据挖掘技术进行贫困生识别辅助工作

（1）数据挖掘的概念

数据挖掘又被称为是数据库知识发现（KDD），其属于目前人工智能及数据库方面研究的一个极其热门的问题。数据挖掘（Data Mining）在技术上的定义是指从大量的、不完全的、有噪声的、随机的、模糊的实际应用的数据当中，提取隐含在其中的、人们事先不知道的，但又是潜在有用信息和知识的过程。[1] 同数据挖掘概念存在相似性的概念还包括数据分析、数据决策、数

[1] 王国平，郭伟宸，汪若君．IBM SPSS Modeler 数据与文本挖掘实战［M］．北京：清华大学出版社，2014.

据融合，等等。数据挖掘本身作为一种协助作出决策的工具，主要基于人工智能、机器学习、识别模式、统计学、数据库、可视化技术等，能够高度自动化地分析数据，进行归纳、整合、推理，挖掘其潜在的信息价值。

（2）数据挖掘的方法

数据挖掘方法多样，包括关联规则分析、聚类分析、决策树、神经网络等，鉴于本书研究讨论需要，下面只对聚类分析这种方法加以介绍。

所谓聚类分析，顾名思义，就是通过对大量数据中的某些内容进行分析，把其中一些存在相似点的数据筛选出来，列入不同的组别当中，从而进行高效的数据判断处理。同预测模型相比，聚类分析有很大的不同，这主要表现为，在聚类过程中，没有具有特征性的目标变量作为数据的属性。对于需要处理的数据的属性，聚类算法进行简单判断，再依据此判断获取不同的分类，将待操作的数据列入不同的组别当中。每个组别当中的数据本身存在相同的特征，各个组别特征各异，然后对这些组别进行接下来的实际运用操作。聚类算法作为一种高效算法，可采取多种途径对各类数据分门别类。当前比较流行而且应用较广的方法为 K－means 与分层凝聚法等方法结合法，这种方法的优点是可以极大程度地进行数据细化。

由于聚类分析是一种高效、准确且便捷的数据挖掘方法，因此其使用频率不断提高，引起了诸多关注。生活中很多地方都会使用聚类分析法进行数据挖掘，比如公安机关会用聚类分析法对犯罪嫌疑人出没场所进行监控，医院会用聚类分析法对病人健康情况进行评估，教师会采用聚类分析法授课，等等。

（3）数据挖掘在贫困生认定工作中的运用

数据挖掘是提高资助精确度的有效手段。对于学生的各方面数据需要进行综合性整理收集。要进行综合性的整理收集，数据需要覆盖学校的教育评估，教学管理、财政情况等日常管理的方方面面。此外，还需要整合一些学生个人数据，例如学生的学习情况、生活消费情况、到课情况、志愿服务情况等相关信息数据。如此，要形成学生在校期间校内校外方方面面的数据网，还需要一个可以实时反馈给学校数据的媒介。各大高校的校园一卡通就充当了数据采集媒介的角色。可以说目前很多的高校都建立了以校园一卡通作为数据采集媒介的方法，在服务学生的同时收集数据。目前仍需不断扩大一卡通的使用范围，不仅包括传统的饮食缴费，也包括校园超市的消费等学生在校日常生活中需要缴费的项目，还要包括学生学习动态，如图书馆借阅、上课打卡等。高校不断地开发校园卡的功能，一方面方便了学生，另一方面也便利了学校尽可能多而准确地采集学生的数据。如此一来，学校就可以建立起信息量巨大的数据网络，真正全面采集学生数据。

全面采集学生的数据只是数据挖掘工作的第一步，在海量的数据当中对每一个学生的经济情况进行识别并按等级划分并不是一个容易的工作。因此，接下来需要对高校数据采集终端得到的数据进行整理、汇总和分析。只有在分析过大量的数据后，高校才有可能在全部学生的消费情况和家庭经济程度中划分出等级，作为精准识别贫困生的参照标准。在这一工作中，学生的消费情况是衡量学生家庭经济情况的重要数据来源，需要高校在校内形成数据共享和数据整合系统，并建立高等教育学校家庭经济困难学生识别预警机制。

以某中等发展地区高校为例，如果一定时期内连续不间断数据挖掘表明某未受资助生月消费（每月按 30 天计）均低于 350 元，且恩格尔系数较高。结合当地当时消费水平和省最低生活保障线，综合分析后基本可以认定该生符合贫困资助标准。对于这一类高校学生，学校应当动用学校自身的奖助体系主动进行资助，最好采用餐费等生活补助的形式，限定使用途径。该资助方式十分人性化：一方面，将补助直接转入就餐卡而非发放现金，可避免学生舍不得花钱吃饭的情况，又可以实现资助方面的进一步精准化；另一方面，可以较好保护受助学生的自尊心，消除学生资助的心理成本，使学生“既有钱又有面儿”。当然，学校建立的家庭经济困难学生资助预警机制可以在学生生活水平有所提高时及时反馈给学校，使学校第一时间对该学生重新评估，该继续发放资助金的应继续发放，需要调整的应及时调整，不该再发放的就停止发放。只有这样，才能从根本上做到精准识别、精准资助。

通过前期的工作，运用数据挖掘的原理并将它运用在贫困生认定管理中，需要满足如下的功能和性能要求。

首先，组建一个以校园一卡通为基础的学生消费数据系统模型，在模型的基础上描述学生的消费行为，尝试发现不同经济状况学生之间的消费差别，通过消费数据发现生活困难的学生，同时提供班级推荐候选贫困生班主任数据录入、查询功能，高消费程度预警功能和举报功能。系统本身应当具有易操作性。当前主要使用系统进行贫困生评定工作的人员主要是高校辅导员，其系统操作应界面简单、清晰、明了，本身具有易交互性和易用性，分析和挖掘结果也要图形图表化，让用户易懂易理解。

其次，整合校内各部门的分散数据，尤其是全方位、多层次深度整合学生日常消费流水数据。从认定经验而言，学生日常消费支出状况可以作为家庭经济困难学生认定的重要参照标准。❶ 通过挖掘消费频率、消费额度及消费水平数据，分析学生经济背景和家庭贫困程度。上述例子中，由于学生持卡消费数据分散在各个部门终端，因此，数据采集和挖掘的前提就是实现校内数据共享和数据整合。重点整合学生的餐饮、购物、圈存等数据，结合学籍基本信息，建立所有学生家庭经济困难学生识别预警机制。❷

通过前期的工作，将高校贫困生认定及管理工作数据挖掘化，使两者完美结合，还需要做到以下内容。

其一，数据挖掘的载体应当便于上手操作，即使用的贫困生认定软件或程序应简单易懂，至少可以在不需要了解原理情况下运行。当前主要使用系统进行贫困生评定工作的为各个高校辅导员，系统的操作应当能够简易明确，最终所形成的结果应当一目了然，最好可以做到图形化或者图像化，让使用者可以轻松对其结果进行归纳整理。

其二，经由对校园卡系统消费数据进行海量分析，从而建立起能够正确分析以及统计的模型，在此基础上，对学生的各类消费进行统计以及预测，进而对不同经济状况学生消费存在的不同进行调查研究，最后获得想要的调查结果，有效找出真正存在生活条件拮据、生活状况贫困的学生。在该模型

❶ 丁婧，李妍，高远，王路娜．完善高校贫困大学生奖助学金体系研究：基于贫困学生消费结构支出结构的分析［J］．思想战线，2015（1）：75－79.

❷ 刘玉霞．大数据背景下高校精准资助路径探析［J］．未来与发展，2016（9）：69－73.

中，还可以进行统计人员的信息录入以及贫困生动态管理监测，高消费情况记录、学生举报以及贫困预警等一系列操作。

其三，面对大量的数据，该系统本身应当具有强大的整合能力以及处理能力。要知道目前高校的学生人数动辄数万，没有一个具备强大的整合能力以及数据处理能力的系统，将难以真正作用于高校贫困生认定及追踪实践工作。每个学生消费的每笔数据，都是要进行精确记录以及整合的。校园卡本身在学生日常生活中，记录了丰富而全面的各类数据。因此，需要进行科学筛选。与此同时，当执行数据选择以及预先数据处理时，有必要确保各项数据本身的完整性、准确性、集成性，并在此基础上进行真正意义上的贫困生数据处理工作。

具体数据挖掘的流程如图 4 –1 所示：

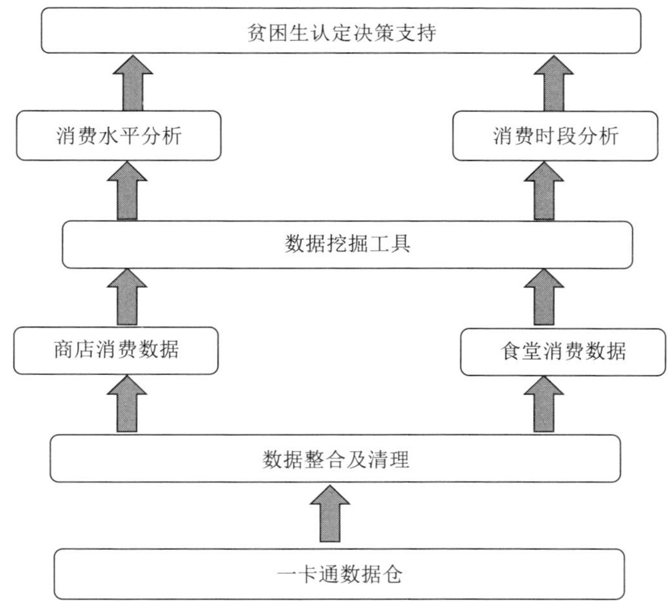

图 4 –1　数据挖掘流程

（4）数据挖掘时应注意的问题

首先，需要注意的问题是校园一卡通数据的可靠性问题。比如，学生使用一卡通在食堂就餐，每次就餐所花费的金额，往往是我们认定一个学生是否贫困的依据。但是，随着外卖产业的发展，有很多家庭经济水平并不高的同学在课业繁忙时也会喜欢吃外卖。这就导致了校园一卡通记录学生食堂消费这一方面的数据不具有权威性与真实性，进而对之后的数据挖掘工作造成很大的困扰。虽然这样的同学数量并不多，但是，仍然是需要特别重视的一个方面。

其次，校园一卡通数据庞杂，不单单包括使用一卡通的学生在进行消费数据，还包括学校的教职工等人员的消费数据，如何排除这些人员在学校使用校园一卡通进行消费的相关数据，是需要着重研究和重视的问题。这就需要我们在使用识别系统过程中，对这些人员加以特别标注并进行分类过滤筛选。从而得到我们需要的，能够科学反映学生在校一卡通使用情况的精准数据。

再次，还需要考虑以下问题，有些同学是因为身体健康原因而导致的家庭贫困，比如先天性残疾或者因事故导致的残疾或者其他身体疾病，如心脏或血液疾病等，这种同学往往是不住在学校，他们也很少会使用校园卡进行消费。在这种情况下，借由校园卡消费情况来区分贫困生以及划分贫困等级的方法对他们就显然存在局限。还有就是某些学生虽然在学校有住宿，但是因为自己的亲戚就住在附近，住在亲戚那边既方便又可以包一日三餐，这些同学校园卡中反映的有关信息自然是不够全面的。这些都是需要注意的问题。

最后，还有部分学生存在缺失部分校园卡的消费数据的情况，这些同学主要包括因出国交流学习，因严重疾病等原因长时间休学，长时间的事假，因个人原因的其他退学或者休学情况，等等。对于这一部分同学，校园卡数据是不能真实反映其家庭经济情况的，所以需要对他们的信息进行单独处理，防止发生遗漏，因为这些同学家庭的贫困发生率往往较高。

作为校园卡管理主要数据库和数据管理库的西南政法大学信息数据处理中心，经过数年运营管理，目前已经有了成熟的信息化管理模式和丰富的管理手段。当前信息数据处理中心的工作主要包括以下两个部分：第一，消费额的整合分析归纳。消费额的整合分析归纳是指将从数据终端——圈存机中获取海量数据信息，之后对这些信息进行编码整理，使之成为可供数据处理中心分析处理的数据，进而将这些数据科学化，以便于挖掘、分析、利用。第二，数据的处理工作。被科学处理后的数据将被录入学校的数据库并进行解析和归纳，获得相应的有效结果，并且完成备份工作。对于数据挖掘对贫困生的认证方法，本部分将不再进行具体阐述。

二、构建发展性多层次需求决策模式

在大数据时代，学生资助管理工作难以回避对数据信息的采用。在整个资助系统认定过程当中，需要考虑各高校的实际情况，保证系统本身具有易于操作性。目前需要的是能够直接进行操作，简而易懂的贫困生发展性多层次资助决策模式支持系统，从而让决策者从数学分析和数据处理工作中解脱出来，通过成型的完备的系统进行资助决策工作，提高可行性与可操作性，进而提高资助的效率以及公平性，实现多层次全面发展的目标。

（一）决策科学概述

1. 决策的含义

决策是在综合评判诸多要素的基础上所做出的判断，其在整个管理系统中处于核心地位。在人类社会发展的长河中，决策是人类有别于动物的重要意识现象。每个人的思维方式、意识形态的不同，造成人们对于事物的判断也会千差万别，依据判断所做出的决策也会存在问题及偏差，所以决策的科学化至关重要，科学决策是人类参与社会活动非常重要的一环。作为一种社会活动，对高校贫困生进行资助也会对决策这一环节有所涉及。由于主管贫困生资助的领导或老师对于资助工作的开展具有一定决定权，他们如何进行资助，设定什么指标，以什么内容为依据，如何分配各方资助金额，都需要进行多方面考量后才能进行判断，这就需要综合性的科学决策。

什么是决策，决策的含义是什么？美国卡内基梅隆大学教授赫伯·西蒙作出了如下定义：“决策是管理的心脏；管理是由一系列决策组成的；管理就是决策。”而美国著名学者亨利·艾伯斯认为：“决策有狭义和广义之分。狭义地说，决策是在几种行为方针中作出一个选择；广义地说，决策还包括在做出最后选择之间必须进行的一切活动。”❶《现代科学技术词典》对决策的释义为：“所谓决策，是指在几个可能的方案中做一选择。”❷ 而系统论学者则认为：“决策就是为了实现一个特定系统目标，根据客观的可能性，在占有一定信息和经验的基础上，借助一定的工具、技巧和方法，对决策的诸多因素进行准确的计算和优选后，对行动做出的决定。”

伴随着管理科学的发展进步与不断革新，决策的概念在人类不断的实践中逐渐清晰。所谓决策，是指人们制订计划，选择计划，依据计划内容实现事先所想要达到的目标的一系列活动。通过上述定义可以得出，决策是对未来即将发生的事情进行的一种预期，是对未来做出的一系列选择，是将计划付诸于实践的重要过程。决策本身就是一个在众多解决方法或众多路径中的选优活动，以期达到最高性价比或最高效率的预期结果。

决策涉及人们社会生活的方方面面，大到国计民生，小到柴米油盐，高校贫困生资助活动属于决策中范围较广、内容较繁杂的一类。只有决策本身具备科学性、合理性，人类社会才能稳步运行，才会真正使公平正义落实在每个人身上。

2. 决策的流程

决策本身的流程，通常来说，主要涵盖以下几部分内容：目标的选定、候补提案的选定、提案评测及取用、提案应用、最终获取反馈，如图 4－2 所示。

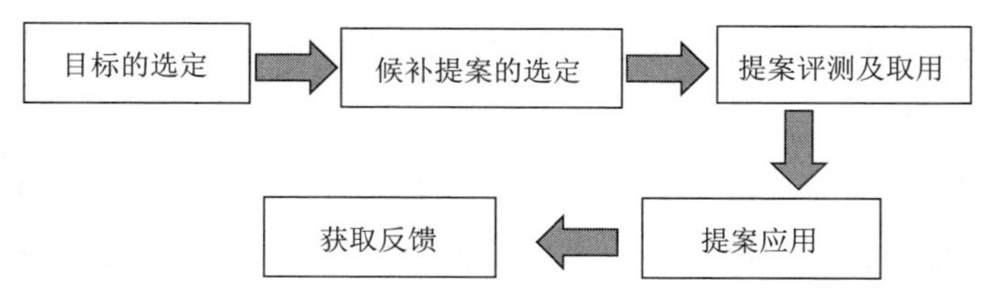

图 4－2　决策流程

❶ ［美］亨利·艾伯斯．现代管理原理［M］．杨文士，译．北京：商务印书馆，1980.

❷ 现代科学技术词典［M］．上海：上海科学技术出版社，1980.

首当其冲的是对决策目标的选定，何为选定决策目标？即通过对多种因素的综合考量，在现有基础上进行预测，从而获得该决策意图的最终目标的过程。所谓候补提案的选定，就是不断地在整个决策过程中打破思维僵局，进行创新突破的过程，就是不断寻找新的可能性的过程。候补提案的选定就是找出可以实现该目标的多重路线，在目标进行选定的基础上进一步拓展的过程。提案的评测及取用，是对先前选定的提案通过各种方式进行评测，找出各个提案本身存在的优点及不足，进而经过整合或者其他取舍方式不断进行筛选，以保证最后能够获得最高效率的资源配置，最终获取一个最佳方案。提案应用部分则是将前面已经筛选出来的、理论上能够获得最高效率、最好配置的最佳方案应用到实践中去，观察其是否能够达到指定的要求或者能否实现预期的目标。在该实践结束后，就到了最后一个环节，即获取反馈环节，这个环节主要是对前面科学选定的方案的最后实践结果进行效果反馈，通过及时准确的反馈可以让决策者根据情况进行调整、取舍。

3. 决策的类型设定

其一，依据决策本身的重要性，决策可以划分出战略意义方面、业务处理方面、管理事务方面。这三个方面是三个层级，即战略意义方面高于业务处理方面，业务处理方面高于管理事务方面。所谓战略意义方面的决策看重的是未来的、长远的回报和收益，其本身需要有高超指导才能的领导人员或管理人员来执行。举例来说，我国解放战争时期毛泽东同志通过高超的推演，以卓越非凡的胆识，进行了一系列战略意义方面的决策，最终实现了将反革命分子驱逐出大陆的壮举。这就是战略意义方面的决策，其本身依靠的是智慧和谋略，是决定一项任务，一项事业乃至一国命运的重要决策，因此处于最高的地位，战略意义方面的正确决策，即使会存在小的困扰和失败，也会成为根本性胜利的基石；业务处理方面的决策相对于战略意义的决策而言是处于较低层级的一种决策类型，该决策内容往往是对生活中一些较为简单问题的决策，但是这类决策也不可过于马虎大意，因为此类决策往往是具有高层战略决策执行性质的决策。领导人员制定了战略意义上的重要决策，不是凭空就能实现的，而要付诸行动。业务处理方面的决策具有的执行性即在于此。举例来说：制定了宏伟的蓝图，如完善一个法律制度，该如何实现这一“完善”目标？即需要在生活实践中收集各种资料，不断进行分析研究，在业务处理方面解决各种问题。所以，业务处理方面的决策虽然层级较低但也相当重要。最后，管理事务方面的决策是三个决策类型中最具实践性和链接性的一个。管理事务方面的决策是对高层战略意义上的决策进行具体落实和充分执行的重要内容，同时可以反作用于业务处理方面的决策，保证其能够符合战略决策的需要，因此，管理事务方面的决策是为战略目的决策服务的关键节点。管理事务方面的决策往往是仅次于领导阶层的人进行的行为选择。用一个比较通俗的例子来说明，管理事务方面的决策如同郡县职官，所谓“郡县治，天下安”，管理事务方面的决策直接关乎事业成败与否。管理事务决策是具有管理资格的人开展的决策活动，这里的管理资格覆盖面极广，因此，管理事务决策同业务处理方面决策相互融合，互存交叉的情况时有发生。

其二，依据决策本身的性质以及决策最终成果的可信度，可将决策本身划分为充分信赖型决策、不可充分信赖型决策以及存在风险型决策。倘若诸多可供采纳的方案在确定的情况下都只能得出一个答案，也就是说一种方案只存在唯一答案，那么也就是说其最终答案可以被充分信赖（因为只有这一种答案），那么我们就将这种决策称呼为充分信赖型决策。若存在诸多选项，即诸多能够采纳的方案无法在确定情况下得出唯一答案，但是可以获得一个范围内的多种答案，最后得出的这个答案或结果必然在这几种当中，但是无法确定到底是哪一种，那么这项决策最后得出的答案就是不可充分信赖的，这种决策就是不可充分信赖型决策。若决策所面对的选项是完全无法预知的，也就是完全随机的，没有答案范围，那么这种决策就是难以捉摸的，只能通过用量化方式进行各项运算，并且考虑诸多随机因素，才能大致性地找到一个决策方向，这种决策本身充满了挑战与风险，因而被称为存在风险性决策。

（二）发展性多层次需求决策的内容

对于发展性多层次需求决策，需要进行分开解读。首先，什么是发展性？发展性指的是看待事物不能仅仅立足于现状，不能用短浅的目光看待事物的进程，而应从发展的角度进行深度剖析和解读，防止思维固化，思想固化，防止以静止的角度看待问题。如果决策本身不具备发展性，就如同无源之水、无本之木，缺乏了其存在的生机活力，就会陷入形而上学的误区，难以获取正确的认知，这样的决策本身将不会具备科学性，而不具备科学性的决策将误导实践活动的发展，难以实现决策的重要目的。在贫困生资助工作中，如果不能做到发展性决策，就无法适应高校贫困生工作的时代环境和不断发展着的实际情况，会使最终资助效果不尽如人意。其次，对于多层次也需要作进一步理解。所谓多层次是指进行决策需要有层级，举例来说，有高等级、高优先级的决策因素，次高等级、次高优先级的决策因素，普通等级、普通优先级的决策因素，次低等级、次低优先级的决策因素和低等级、低优先级的决策因素（这里按照五类进行划分）。之所以按照层级进行划分，是因为对一项事物本身而言，存在轻重缓急，存在主次矛盾。锦上添花不如雪中送炭就是这个道理。在高校贫困生资助工作的语境中，层级是指资助目的的分层，即某些是用于保证高校贫困生日常生活的资助，这种资助是较低层级的资助，因为其主要目的是保证高校贫困生的衣食住行，此类资助受众较广，门槛较低，是保证高校贫困生自身日常生活能够为继的重要部分，因此该层级因为其要求较低进而等级也较低。而相对的，某些则是用于培优的资助，其层级较高，门槛也较高，进而受众也相对较少，总体投入资金少但单独落实到贫困生的个人资金较高。例如，发展贫困生课余爱好的资助，贫困生出国留学、交流的资助，贫困生锻炼身体器械购买的资助，等等。这些资助是属于高层级的，是在充分保证高校贫困生衣食住行的前提下，进行的学生个人素质的拓展。因此其本身也是一个选优的过程。毕竟每一个人都是一个个体，个体本身存在差异，在进行高校贫困资助过程中会出现某些学生资助效果极佳的情况，对于这些学生采用“大锅饭”的资助方式往往会扼杀他们的能力以及天分，所以需要进行高等级的分层，使这些贫困生得到更高的培养资助资金，进而能够达到更高的培养目标，最后实现精英人才的打造，回报社会。

综上内容所述，我们可以对发展性与多层次进行一个大致的了解，在这里对发展性多层次进行一个初步总结，即对某一学生进行资助需要具备发展性视野，对该同学的日常表现以及不断变化发展的各项指标进行评估，然后在此基础上，进行层次识别认定，最后进行具体的类型划分：包括基本需求型资助方案决策、求知需求型资助方案决策和卓越需求性资助方案决策。高校学生精准资助是具备发展性的事业，需要根据每个同学自身情况，建立在每名同学的需求之上的，绝不应该是一种停滞不前的、固定的、“大锅饭式”的资助金额的等额分配。通过分层级识别，建立具有发展性特点的高校贫困生资助模式，只有这样，才能够适应时代需要。当然，这种发展性多层次的资助需要建立在庞大的数据分析基础上，这就需要大数据技术助力。大数据对于这种发展性多层次的资助的助力主要体现在对高校贫困生的日常情况评估上。在较低层次方面，需要对学生课堂表现情况、迟到早退情况、课业成绩情况、食堂消费情况以及学生入学时录入的信息进行梳理；对学生家庭收入、双亲情况、家庭负担等一系列内容进行整合。在较高层次方面，需要对学生志愿者服务情况，参加学生会等学校社团组织的情况，个人参加的市厅级、省部级、国家级竞赛情况等数据信息整合梳理。在具有发展性的学生动态掌控模式下，依层次进行高校贫困生资助，从而实现一种有层级、阶梯式，由低到高分为三个层次需求的模式。❶

一是基本需求的层次。所谓基本需求层次是指在保证高校贫困生能够有充分的资金完成自己在学校生活中的各类活动，也就是说要确保家庭经济困难学生在学习和生活上有基本的保障。这是属于一个最低层次的，审核标准相对较低的，投入总体资金量大，但是分别落实到每个贫困生身上资金较少的资助层次。其本身是面向全体家庭经济困难学生的，受众范围极广，当前各个学校进行的贫困生资助也往往停留在这个层级，其基本目标是“实现家庭经济困难学生资助全覆盖”。在这个层面上需要足够的资金投入，主要通过国家助学金、国家助学贷款等予以解决。就目前情况而言，我国的贫困生资助工作对这一层级几乎完成了全面达标，应该说已经基本解决了最低需求的问题。

---

❶ 谢伟，易邱寒．“大数据”视域下的高校学生精准资助模式研究［J］．今日财富，2016（12）：149－150.

二是求知需求的层次。求知需求层次指的是将贫困生资助层级自基本需求层次进行提升，即依靠资助工作促进学生德才兼备、全面发展。习总书记曾强调：坚持精准扶贫“要帮助贫困地区群众提高身体素质、文化素质、就业能力，努力阻止因病致贫、因病返贫，打开孩子们通过学习成长、青壮年通过多渠道就业改变命运的扎实通道，坚决阻止贫困现象代际传递”。这一重要思想就是强调资助要与育人有机融合。这就要求我们在资助项目的设计、资助资源的预算分配上进行结构调整，在资助工作中做到有层次，有分级，避免“平均分配”“轮流受助”现象的发生，总体上应当坚持增加激励性资助项目，减少无偿资助，让家庭经济困难学生通过勤工助学等个人的努力获得助学金，促进学生学业发展和能力提升。同时，还要培养受助学生的诚信意识、感恩意识，让广大受助学生有感激之情、感恩之心和社会责任感。

三是追求卓越的层次。追求卓越的层次是通过资助将一部分优秀的家庭经济困难学生培养成为拔尖创新人才。培养拔尖创新人才是世界高等教育发展的整体趋势，是国家“大众创业，万众创新”战略部署的必然要求，也是高校学生资助工作的重要价值所在。拔尖创新人才的培养是多层次资助工作的最高层级，其本身具备投入总体资金少但落实到贫困生个人资金量大的特点。为此，有些高校就设立了创业助学金、活动表现突出的资助金、创业启动金等一系列项目，进而支持家庭经济困难学生创新、创业，这是资助工作大有可为的领域。

相关内容翔实的决策方法将于后文第六章高校贫困生精准资助的技术支持部分进行详细讲解，本章暂不赘述。

（三）发展性多层次资助管理决策的意义

我国的高校贫困生资助工作要想适应目前时代发展的步伐，适应当前中国高校贫困生生活现状，需要进一步实现贫困生的评选、管理、后续反馈的科学化，即做到贫困生资助科学决策。笔者认为，发展性多层次资助管理决策符合科学决策要求。特别是在高校放宽大学生录取条件后，我国大学生人数激增，贫困生资助工作愈加艰难，学生对于高校贫困生工作本身的信任度也受到了不断的考验。高校在从旧有的公益模式向现在的收费模式进行转化后，我国的高校贫困生资助工作不断发生新的变革。随之而来的，就是高校贫困生资助工作中亟待解决的诸多难题。笔者担任高校辅导员和大学老师多年，对于我国高校贫困生资助工作中存在的问题比较了解，主要包括：第一，过多的个人主观因素掺杂其中，一方面很多情况下无法做到对学生的贫困情况进行科学合理的评判，进而导致部分贫困学生在评选后心怀不满，难以真正实现对于贫困生的精准帮扶；另一方面在“不患寡而患不均”的观念影响之下，每名贫困生的受资助标准几乎处于同一平均线上，不具备层次性和阶梯性，使资助工作变为“大锅饭”，不利于贫困生谋求发展积极性的提高。第二，除了个人主观因素外，当前大学生数量的激增也为我国本就紧张的教学资源分配工作带来严重危机。国内高校主要以公立高校为主，公益性质较强，资金来源有限，再加上为了旧校舍修缮以及教学教育人员工资的提高，使得能够投入贫困生工作的资金数额并不可观。更重要的是，各个高校之间因教育水平、师资力量、地方政府重视程度不同，国家扶助和支持的力度不同，各个学校本身资金获取方式也不同，某些传统强校的资金补助在国家和地方帮扶下能够保证对贫困生资助工作的充分运行，但这样的学校在全国范围内仍占少数。多数学校难以获得来自国家和社会的大量资助，因此很多时候不得不出现以自掏腰包或强拉外联的方式保证本校贫困生资助工作的有序进行。第三，传统教育方式的弊端导致难以将素质教育与基础教育进行分层。基础教育是素质教育的根基，没有完备的基础教育，素质教育也难以实现。与此同时，也不能一味重视基础教育而想当然地认为只要做好了基础教育就一定会出现高素质人才。目前贫困生资助工作就存在这样的误区。教育过分注重基础，贫困生工作的资助金也主要倾注于基础教育之上，对于素质教育关注不够，结果就是难以做到让资助学生实现特色发展和层次化发展，使高校资助工作效果不尽如人意。

（四）发展性多层次资助管理决策的方法

1. 资助对象的一对一资助包决策

资助包，指的是选择一整套资助方法和资助内容，这些方法涉及的内容是为受助个体量身打造的，既建立在众多数据信息基础上，又充分考量受资助单位的综合因素，既满足基本资助需求又追求高层次发展资助需求的一系列资助方式的整合。资助包会针对个体需求进行分级，主要包括满足基本需求层次、满足技能培养需求层次和追求卓越人才需求层次，通过反复进行的资助模式和资助内容选择，使资助包本身尽可能地契合被资助对象需求，按照该资助需求的内涵来进行资助方案的确定与选择，形成科学有效的资助决策，从而达到资助效率最大化与资助结果最优化，以贴身打造的方式保证对资助对象的多层次的发展性资助。

资助包方法无疑是能够实现贫困生个人发展的强力方法，但是如何对资助包内容进行评析，如何保证每名学生都能得到适合自己的资助包方案，仍有很多问题需要攻克解决。

对于资助包的选取和适用，早在1950年前后，美国大学入学考试委员会就已经开始对贫困生工作的资助包选定方式展开研究，取得了很多成果。相较而言，中国高校在资助包方法运用上仍处于初级阶段，评定贫困生的方式、贫困生的需求项目、需求金额等，都没有一个科学确切的量化系统。正如前文所言，我国目前对贫困生的认定主要以主观因素为评判依据，虽然其中存在民主投票等方法，但是民主投票本身容易因学生关系亲疏等因素使结果失实，最终得出的结果难以令人信服。

针对以上问题，需要通过层层剖析予以梳理解决，问题集中点主要为以下两个方面：如何评定贫困生，即贫困生要依靠哪些因素进行辨析；贫困生需求项目和金额如何确定，如何给予贫困生科学资助。针对这些问题，笔者简述自身观点。

（1）贫困生认定因素辨析

贫困生如何认定？依靠哪些因素进行认定？这些是高校进行贫困生资助工作必须率先解决的问题。贫困生之所以贫困，往往有诸多因素，正如同事物本身具有主要矛盾和次要矛盾，矛盾本身包括主要方面和次要方面一般，这一系列导致贫困的因素的原因力也是不同的。当然在整个贫困生评选工作当中，很难对某几项因素进行量化对比，得出某一项因素强于另一项因素的结论。所以对于导致贫困生贫困的因素迫切需要体系化、科学化的界定。为此需要进行多角度评析。所谓多角度评析是指对贫困生普遍致贫项目进行总结和赋值，这些角度涵盖贫困生家庭年度收入、双亲健康情况、双亲工作情况、贫困生本人健康情况、家庭负债情况，等等。本书所提及的发展性多层次资助模式对贫困生的认定因素依照易于量化、易于决策的观念划分为“资助需求项”和“贫困生素质”两种。资助需求项是为了满足贫困生本身所需要的最为基础的需求内容，通过对资助需求的分析，让资助工作者对资助项形成更为深刻的认识。而贫困生素质方面则主要表现为贫困生对于发展的更高层级需要，从而使贫困生工作更进一步，这是进行求知型及卓越型资助方案决策的主要依据。

其一，资助需求项。在利用大数据进行贫困生认定工作部分，笔者通过运用 AHP 层次分析法来对各项导致贫困生家庭难以脱贫的因素进行分析，最后得出一个量化的数值来表明该贫困生的贫困程度，以此认定贫困生资格的方法。通过这种方法既能够明确贫困生的认定依据，又能通过量化方式，对贫困生的贫困程度进行数据化排序，使贫困生认定工作为众人信服。在量化选取贫困生的基础上，将传统评选方法和精准量化数据相结合，进而进行富有科技含量和人文关怀的贫困生综合评测。然而，贫困生本身贫困程度虽然已经确定，但要做到依照资助包进行精准资助，仍要进行一个具体到每一分钱的资助需求额度计算。只有确定学生具体需要多少资助金额，各项目分别需要多少资金，才能够真正实现资助包的实际应用。贫困指数越高，贫困值越大，则该贫困生对于资助金额的需求也会越多，这是毋庸置疑的。贫困问题就是经济问题，在我国目前的贫困生资助工作当中，金钱资助是效果最直接也是最容易进行的。当然，我国目前对于资助金额的划拨存在诸多难题，例如最为准确的资助金额到底要如何确定？由受资助学生所在村委会和居委会开地方证明？由当地民政部门开具相关证明？学生个人准备低保材料？还是由学校自身对学生的贫困程度和情况进行调查？我国人口众多，贫困生资助金额的确定很难以具体到方方面面，想要获得一个真正靠谱的贫困学生资助金额的需求值是相当不容易的。在金钱划拨方面，出于人的私心，也不能保证贫困学生提供材料的真实性。除此之外，在整个贫困资助工作过程中，还会存在大量的不确定因素，导致贫困生资助金额的确定遇到各种阻碍。资助金额的确定是很难解决的问题，目前我们能够做到，也是必须要做到的就是让贫困生获得应有贫困资助金额补助，这是最基本的要求。保证让贫困生贫困程度与资助金额呈现对应关系，贫困生本身的贫困程度与其资助金额确定需要形成一套完整的合规体系，在 AHP 基础上我们可以获取量化的贫困生贫困程度，具体操作的技术等除了前文简述的 AHP 进行贫困生认定的方法，其余内容将于后面章节进行详细介绍。贫困生资助金额与贫困生贫困程度的量化指标挂钩，保持两者的正比例关系。当贫困生本身贫困程度明显低于或者高于其应当获得贫困生资助金额的量化要求时，则需要对该贫困生资助力度、资助模式及资助资金数据进行相应的变动和调整，从而保证其贫困情况与受助情况相吻合。满足贫困生需求的最为基础的资助资金指的是贫困生在一个学年内能获得的各项资助以及家庭出资外的可以保障该贫困生得到用于日常生活的基础性的资助资金。采用公式方式进行表述如下：

贫困生基础资助资金＝学习所需必要资金－家庭必要出资－亲友出资帮助－其他渠道获得的各项资助

学习所需必要资金通常以一学年为计算单位，内容通常涵盖学费、书本费、参加考试所需要的费用、寝室的住宿费用、必要交通费用以及最为基础的生活费用。其中学费、书费、住宿费都属于高校的行政性费用。各大高校的学习所需必要资金的确定通常具备自己相应的指标，也就是收费办法。各高校学费、书本费用以及住宿所需费用都会有专门的文件进行详细规定，而且往往会在新生入学时的录取通知书或者其他相关文件上载明。

家庭必要出资（又被称作家庭费用支付）通常意义为高校家庭经济困难学生的家庭成员对该生入学读书给予的金钱和物质方面的必要支持。家庭在伦理道德和法律义务方面，均应当对子女的在校学习提供必要的费用，因为在子女大学毕业参加工作后，其所获得的工资以及其他收益通常是要用以维系家庭生活的，也就是说家庭最终会因为自身对子女学习进行的经济投入得到回报的。所以，家庭对子女进行学习方面的必要出资理所应当。倘若家庭能够顺利无阻地承担子女高校生活期间的全部费用，那么该家庭就不能被称作贫困家庭，从该家庭走出来的孩子自然也不能成为贫困生。所以，此部分讨论的家庭必要出资是指作为家庭支柱的劳动力尽自己所能获取的金钱在维持家庭必要生活开销，同时对子女上学期间所需费用的最大限度的支持。这种支持在高额学杂费用面前，往往是杯水车薪。在家庭力所能及的基础之上为子女作出的贡献，是伟大而值得尊重的。在这里我们应当清楚，每个受资助的学子情况各异，贫困家庭也都存在着自己的致贫原因，家庭能够承担的经济负担也不尽相同。不同的资助对象，其家庭支付能力是不相同的，这里的家庭支付能力以该生所在家庭的年收入为主要衡量标准。当前贫困生家庭的年收入数据支撑材料相当单薄，学校通常将学生入学时填写的家庭状况统计表以及生源村委会、居委会、民政部门、双亲所在工作单位提供的相关证明作为主要参考资料。这一过程中所存在的主观性和随意性自不必说，关于证明材料真实性的质疑前文已作阐述，此处不再重述。因此，将家庭收入额同贫困生贫困程度进行匹配程度的比较分析，具有重大意义。

亲友出资帮助指的是家庭经济困难学生通过从亲朋好友那里得到金钱支持，供其完成学业，维持在校期间基本生活。对于亲友出资帮助的数额信息往往难以获得，因为亲友出资很多情况下会以逢年过节的礼物或者红包方式表现，很难进行具体化的金额计算。

其他渠道获得的各项资助通常为社会组织，如各类非政府组织（NGO）提供专项资金，对具有培养潜力或者能力出众的贫困学生给予的资金资助。这类资助相较于家庭经济收入以及亲友资助而言，其数据具有很高的确定性，可以通过该社会组织的数据统计及记录获取可靠数据，从而对该资助数额进行精准的统计评估，确定贫困生在学校的日常状态。

其二，贫困生素质。对贫困生素质尤其是对综合素质进行评估，是发展性多层次资助的应有之义。进行分层次评估就是要针对素质教育进行层次划分。通过对学生综合素质进行划分，摆脱“大锅饭”式的贫困资金分配模式，从而促进贫困生认定精准化，即发展性资助认定。

在教育学领域内，对综合素质的内涵具有多种阐释。有人认为，大学生综合素质是基于先天因素，加上后天影响，最终形成的对大学生的发展和提高起着决定作用的，最基础、最重要、最本质的综合素养和品质。[1] 诸峰等在《大学生综合素质的内涵与测评》一文中指出，大学生综合素质的基本内涵是以开发大学生基本素质和发展性素质为着力点，进一步深化教学主渠道外的、有助于学生提高综合素质的各种活动和工作项目，重点在思想政治与道德素养、社会实践与志愿服务、科学技术与创新创业、文体艺术与身心发展、技能培训等五个方面引导和帮助广大学生完善智能结构，全面成长成才。[2] 通常情况下一个人的综合素质涵盖道德、文化、身心各个方面的素质，通过对这些素质的整合协调，最终形成对一个人的综合评价。笔者所探讨的高校家庭困难学生综合素质主要就是对思政品质以及学习工作能力、为人处世各方面加以综合评判而得出的最终结果。具体来说，涵盖以下内容。

①创新能力。创新能力是目前最为重要的能力之一，培养创新性人才是我国素质教育的重要目标，通过创新，才能真正实现人类社会的前进和发展，才能获取新的知识，解决新的问题。当前我国将培养创新型人才作为人才强国的关键，培养创新型人才，建设我国高科技人才队伍，才能有效解决外国对我国的科技封堵。以最近炒得火热的“中兴制裁案”为例，正是因为我国不具备芯片制造的核心技术，缺乏相关人才，所以受制于人。所以，创新能力、创新发展对于我国综合人才的培养具有极大意义。但我们也要注意目前存在的局限，我国在对高科技人才培养方面仍欠缺系统模式，目前对于具备创新意识学生的培养模式仍有局限性。可以说很多创新型人才没有被及时发现，专门培养。就此，我们应当总结经验，在贫困生资助工作方面，注意发现具备创新精神和意识的学生，给他们以土壤，培养他们的创新能力，充实我国人才队伍。

②学习能力。随着全民素质的不断提高，不断进行自我完善成为人们生活的重要价值追求，这需要不断进行学习，用知识充实自己的精神生活，武装自己的头脑。在人的学习能力中，最为重要的是自学能力。当今大学生，

---

[1] 陈海燕．大学生综合素质培养途径研究［D］．南京：河海大学，2004：2.

[2] 诸峰，陈凌．大学生综合素质的内涵与测评［J］．扬州大学学报（高教研究版），2004（12）：32.

从小学到高中的教育都是在班主任和其他老师督促下进行的。步入大学，缺乏高强度的监管后，很多学生都丧失了以前的学习热情和拼搏劲头，抱着过一天是一天的态度在大学里混日子。迟到、早退、旷课成为习惯，最后得到一个文凭，碌碌无为。在这种情况下，可以看出掌握自我学习能力有多么重要。能够对自己的生活有计划，对自己的学习有紧张感，充满竞争意识的贫困学生，是需要重视并且加强对其资助力度的，学习能力强，能吃苦，能慎独，作为综合素质教育中极为关键的一环，需要加以重视。

③拥有正确的世界观。世界观是人们对整个世界的总的看法和根本观点，素质教育需要培养的人才是德才兼备型人才，“才”是创新能力、学习能力等各方面能力的集合，而德主要指的是道德，想要养成良好的道德素养，必须要有正确的世界观，缺乏正确的世界观会使人性格扭曲、缺乏正常的伦理道德思维，因此对于世界观的正确引导和培养是必要的也是必须的。只有养成正确的世界观才能真正为国家提供需要的人才，贫困生认定工作一定要注意对学生的性格考察，对于世界观存在缺陷的学生，要加以正确引导，不抛弃不放弃，在经常的关怀下帮助世界观扭曲的学生回归正常，这样才能真正达到资助工作应有的效果，实现资助目标。

④拥有正确的人生观。人生观是指一个人对于人生的根本看法和观点。其内容涵盖人生目的、人生价值以及人生态度。

人生目的是一个人追求的，能够为之奋斗终生的目标，这往往是比较抽象而难以琢磨的。随着人的不断发展，人生目的也会随之不断改变，往往是在之前的基础上更进一步。因为遭受某些打击、发生某些意外、得到某些出乎意料的回报而发生重大改变，这些都导致了人生目的本身具备了不确定性。人生目的本身也有好坏善恶之分，比如有些人的人生目的是赚取钱财，为了达到这个人生目的，他可以无所不用其极，危害他人，危害社会，这就是坏的、邪恶的人生目的；有些人的人生目的是服务他人、奉献社会，想要获取他人对自己的肯定，通过不断的服务和奉献获取自己的精神满足，这种人生目的就是好的、善良的。这是需要首先加以区分的。

人生态度是指一个人对生活的态度，人生态度种类多样，这里主要对消极人生态度和积极人生态度进行介绍和概括。消极的人生态度会令人面对困难犹豫不前，是指对于生活抱有过一天是一天的心态，不思进取，不相信他人，拒绝行动和不愿努力等不良情感的总括。一个人如果抱有消极的人生态度，会让生活变得暗淡。对学生来讲，容易缺乏学习热情，难以融入校园生活，在毕业后难以融入社会，严重的还可能会导致抑郁症等疾病。作为综合素质评判中的一环，人生态度往往为人们所忽视，但是其重要程度绝对不亚于其他任何部分。人生态度决定一个人的精气神，积极的人生态度会造就一个健康向上的人，带给周围人希望和光明。积极的人生态度是综合素质中非常重要的评判标准，代表着一个人无限的可能性。具备积极人生态度的人往往敢于尝试并且勇于尝试各种新鲜事物，创新精神和学习精神会显著强于他人。可以说人生态度本身是一个人进行诸多自我突破的意识基础。高校家庭困难学生资助需要将人生态度作为重要考察对象，可以采取学生谈话或老师谈心等方式，对贫困学生的生活态度进行摸底调查，正确的人生态度要加以鼓励，错误的人生态度要及时引导。

人生价值是人生观体系中的一个重要的范畴，每个人对自己的人生价值都有不同的看法和观点。人和动物最大的不同就是，人能够清楚地进行自我认知，并且明确自身的价值。自人类掌握劳动技能开始，在整个社会分工中，每个人的价值就已经开始有所体现。“人固有一死，或轻于鸿毛，或重于泰山”。每个人的价值通过不同的行为会有不同的外在体现，但根本上体现为一个人对社会、对国家、对他人的作用和意义。人生价值的大小既是国家、社会、他人对每个人的行为评价，又是对自己的一份生活答卷。

正确的人生观需要正确的人生目的、积极的人生态度和符合期望的人生价值，这三者相结合，将使一个人在精神上成为强者。目前贫困生资助工作需要对学生的各方面能力加以挖掘，提供物质方面的保障助其成才。

⑤劳动观教育。这里的劳动观教育主要涵盖两个方面的内容，首先要尊重劳动，其次要主动投身于劳动。尊重劳动非常考验一个人的综合素质，劳动光荣不是空泛之谈，对于每一名劳动者，都应当抱有尊重的态度。社会是由劳动者的劳动产生的劳动价值作支撑的，每一个劳动者都是整个社会机器

上的螺丝钉，为促进我国繁荣发展作出贡献。每一名学生都应当对劳动者报以尊重，这体现在日常生活中的方方面面，比如对于清洁人员的尊重体现在：不乱丢果皮纸屑，不随地吐痰，不乱涂乱画等；对图书馆管理人员的尊重体现在：在图书馆内部借阅书籍用过后归还原位，在图书馆内不大声喧哗，不给图书馆工作人员增添工作负担等；对于教师的尊重体现在：提前到教室，不迟到早退，不无故旷课等，这些都是作为一名学生应当注意的。对于大学生主动投身劳动的行为，可以进行进一步分析，一个是大学生就业观念问题，另一个是劳动能力问题，要避免眼高手低。大学生就业观念是指在大学生达到毕业要求后，进行择业过程中，要有正确的择业观念，以防到头来高不成、低不就。对劳动的认识要清楚，给自己明确的劳动定位，让自己能够尽快步入社会，成为奉献社会的一分子。身体力行，杜绝眼高手低，是指作为学生，在高校生活中不应推卸自己应承担的劳动任务，做事情要踏踏实实，认真做每一件事，每一份工。当前眼高手低是社会各界对于90后大学生的普遍评价，虽说这种说法有些以偏概全，但是也恰恰反映了目前大学生的普遍状况：缺少实践空谈理论，不能踏实进行劳动，自视甚高，最终自然冷暖自知。

综合素质认定中，劳动观是相当必要的一个考察因子。学生总要步入社会，目前知识的储备，校园生活的积淀都是为了最终踏入社会付出劳动打下的基础。贫困生的起点相较于他人往往较低，因此更应当认识到劳动实践的重要性，更应当重视养成正确的劳动观念。

⑥审美观念及审美能力的培养。人们总是对美好的事物充满向往，审美观念的养成一方面来自人天生的对于美好事物的追求，另一方面则来自后天培育和学习。审美能力则是在审美观念基础之上进行实践和操作过程中养成的重要能力，其本身是综合素质的组成部分，是评判系统中可以进行量化的标准。具有审美观念和审美能力的学生，在日常生活中会不自觉地对某些事物加以偏爱从而有所侧重，包括美术、舞蹈、声乐器乐、书法，等等，这些最终会成为学生的特长加分项目。在综合素质认定当中，自然需要对这些突出特长加大投入力度，使学生真正实现卓越发展，强化学生能力，以高层次培养发展学生的各项特长，保证贫困生资助工作层次明显，重点突出，培养

多元人才。

⑦社会公德教育。正确的世界观、人生观、价值观是保证公民遵守社会公德的基石，大学生社会公德的遵守是整个社会运行发展的规范方面的要求。人是社会性动物，无法脱离社会，人类个体随着岁月流逝，在成长过程中，需要自觉遵守社会公德，将自己与动物区别开来。

基本素质，在贫困生测评方面的主要表现为：一是贫困生思想道德方面的政治表现、本人所具备的道德素养、在学习方面的表现、社交以及参加工作的表现，等等，这些都能够挖掘出家庭经济困难学生的闪光点，能够让人们对家庭经济困难学生所具备的培养潜质进行评测。二是贫困生所具备的发展性能力，即家庭经济困难学生在基本的学习生活方面达到要求基础上，进一步培养在体育、艺术等方面的特长。对于这些方面进行培养，达到贫困学生素质的高层次发展，是在基础的素质之上的一种增量，涵盖舞蹈比赛、篮球比赛等各类赛事的得奖情况，受到校外组织褒奖、获得区县市省国家荣誉等。这些都能够反映家庭经济困难学生的发展性素质，体现了分层次发展的追求卓越性。

目前各高校对于学生的综合素质通常有一套自己的评判系统，比如综合测评体系。综合测评体系目前是高校学生获得奖学金的重要依据，也是评优评奖的重要参考，其本身将德智体美各项指标囊括其中，通过将各类项目，如学习成绩、课余活动、文体爱好、志愿服务等通过量化方式换算成各项分数，统计数值，但其本身存在较大随意性，而且某些活动评分也存在偏颇现象，所以，本书将进一步对这些评分项目予以细化和梳理。目前来看，综合素质测评主要侧重于以下几大角度，包括思政素质、专业知识掌握程度、科学文化水平、人际交往、参与社会活动，等等。以下分别对这些角度加以论述。

首先是思政素质。所谓思政素质，扩展开来说就是思想道德素质与政治修养。通过对思政素质进行全面评估，能够让贫困生资助工作者了解贫困生思想动态、政治立场、三观是否正确、是否具备应有的道德等一系列信息，从而对贫困生自身的价值取向进行评定，对其是否符合社会主义人才培养基本要求，是否能够对自身、对家庭、对社会进行回报，是否能够承担作为一名中华人民共和国公民应承担的义务进行评判。这是整个家庭经济困难学生资助工作最需要考量的内容，可以说是整个资助工作的核心，贫困同学是否值得进行资助以及资助力度大小可以通过思政评价情况进行初步决定。

其次是专业知识的掌握程度。专业知识掌握程度是一名学生在高校学习情况的综合量化体现，其往往通过学生的专业课成绩表现出来。专业知识掌握程度可以凸显贫困生个人的学习能力和学习态度，虽然应试教育广受教育者们批判，但是不得不承认的是，应试教育的量化评分方式是对一名学生专业知识掌握程度的最为理想的评价方式。没有成绩评定这一项目，将难以对学生的学习能力和学习素养加以精确评估。贫困生资助绝非单纯的扶贫，还具有培养卓越人才的意图和目标。因此如何实现卓越人才培养，专业知识的数据参考必不可少。在符合前者思政素养的同时，还要满足专业知识掌握程度要求，才能够保证学生真正做到有才又有德，有效防止受资助学生有德无才和有才无德情况发生。

最后，在满足德才兼备要求后，科学文化水平、人际交往、参与社会活动这几项指标成为区分高层次资助和普通资助的重要标准。科学文化水平指的是在已有专业知识掌握程度上的再创造，往往表现为发表相关领域高水平学术论文，参加具有意义的专业性社会实践活动，或者完成学科领域内的创新发现、发明创造等，其本身已经超出对专业知识的掌握，也就是专业课成绩范畴，属于对自己的专业能力进行的拓展。人际交往和参与社会活动是调查学生为人处世能力的重要项目。人际交往本身是学生打破人与人之间的隔阂，进行合作的重要环节，擅长人际交往能够使学生获取更多机会，表现更为突出；参与社会活动则是学生承担社会责任，勇于离开校园步入社会，牺牲自己时间、精力奉献他人的重要表现，社会活动在国外高校尤其是美国高校尤其活跃，学生每参加一次社会活动都是对其综合能力的一次考验，往往需要很强的协调能力、组织能力和动手能力，并且要懂得感恩和积极进取。

思政素质的满足是进行家庭困难学生资助的最为基础要求，达到这一标准即可获得最为基础的，低层次的资助。目前在我国该层次的资助已几乎实现了全员覆盖，专业知识的掌握程度是中层次资助所需要参照的条件。针对课业成绩优异，学习能力出众的贫困学生，往往通过奖学金方式进行，可以在一定程度上保证成绩出众学生的能力得到进一步培养，目前我国高校在这一层次上仍需加大审查和投入力度。科学文化水平、人际交往和参与社会活动属于高层次资助范畴，目前我国对这一层级的专项资助尚不完整，仍存在很多空白，然而这一层级的学生往往是最为需要进行专门培养的，也是最应保证其受到应有资助的。这一层级的资金投入，是实现发展性多层次需求决策的关键。只有对以上各部分资助层级进行全方位把握，实行科学有效的决策模式，才能保证各层级资金供给充足，更多给予贫困生以能力培养方面的资助，而不仅仅局限于基本生活保障和学习方面的资助。如此，才能实现真正意义上的由基础型到卓越型发展的人才的多层次覆盖式培养模式。

2. 受资助学生生活、学习、家庭情况的追踪评估制度

基于不同的评价标准，因偏重价值判断，缺乏量化指标等原因，对受资助学生的追踪评估是贫困生资助工作中的难点。在长期的学生管理工作经验的基础上，我们尝试寻求把握、评判学生生活、学习和家庭情况最为有效的方法，并加以总结，试图构建一种制度。在制度层面的经验总结可以在更普遍的范围内推广适用。一个好的制度不可没有初心，贫困生资助诸多政策的初心如何？笔者以为，不外乎助学扶困。既然初心如此，我们一切管理、决策的方法就应当围绕这个初心探索、适用，不忘初心。2017 年 9 月，新华网记者曾走访调查贫困大学生资助情况，得出了“贫困生资助识别不精准问题”的调查结论。在中央大力推进精准扶贫的时代背景下，要实现助学扶困政策精准实施，在高校管理决策工作过程中，应尤为注意对受资助学生生活、学习情况和家庭情况的关注、追踪和效果评估。

贫困生资助管理决策的出发点是解决学生的经济生活状况不足以应对大学生活的基本物质需要的这个矛盾，保障他们必须的物质条件。不容讳言的是，若困而未助、助而不困，将不利于大学生心态稳定，不利于培养他们公平公正、实事求是的思想观念，甚至容易引起学生不满，不利于学生工作的顺利开展。习总书记讲：“调查研究是谋事之基、成事之道。”在贫困生资格

及级别认定或调整上实现精准化管理决策，就必须从受资助学生的实际情况出发，通过不定期与学生谈心、走访询问、与同学室友沟通了解的方式，关心受资助学生的思想动态、经济状况、生活条件、同学关系等各方面情况，综合各方反馈，进行总体评估，并针对突出意见，作出相应处理。

笔者认为，对受资助学生生活学习情况的追踪评估机制应从评估人员的选任入手，细化其权利义务及工作基本原则，完善监督机制，形成相互联系的有机系统（见图4－3）。

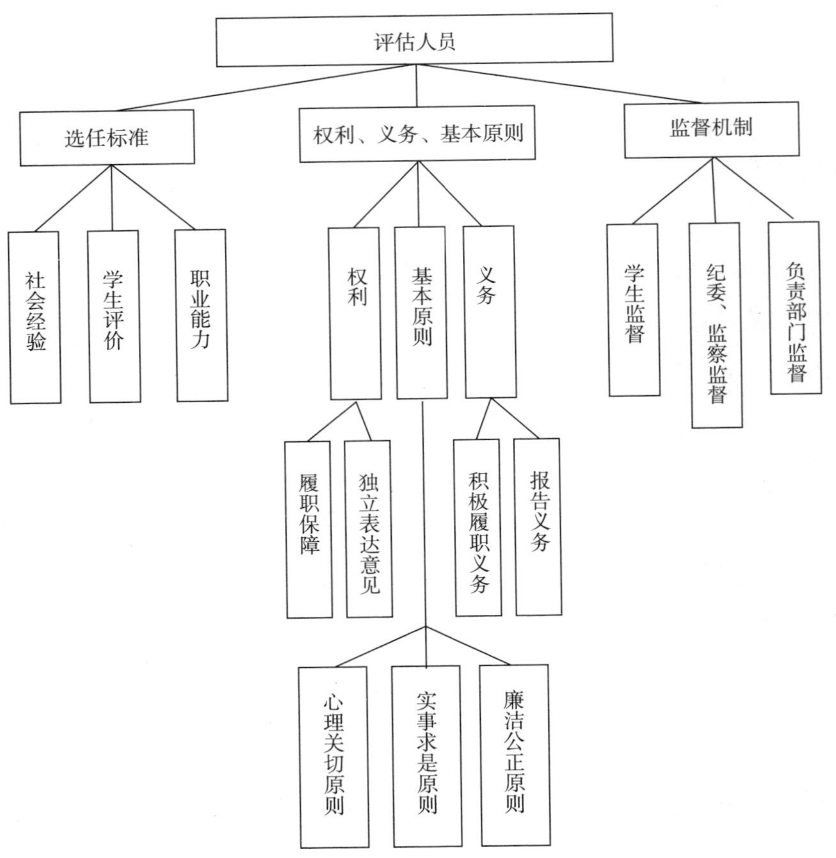

图4－3　评估人员选任、监督制度示意

（1）选任标准

①社会经验。社会经验是指人们在与他人交往、相处、沟通过程中逐渐

形成的彼此相互交往的方式方法的积累，是某个社会主体（人或组织）从亲身经历的所有事件中所体会出的正面的和负面的人生哲理和处世技能。在受资助学生生活、学习、家庭情况的跟踪评估工作中，需要极大地依赖评估者的主观判断和程度把控，尤其在进行家庭情况调查过程中，更需要丰富的社会经验，方可全面、准确、迅速地掌握有关情况，形成“自由心证”。此外，在不过多干涉受资助学生的正常的生活学习的情况下，要在有限的交流谈话和侧面探查过程中实现对学生各方面情况的动态掌握，这尤为依赖评估人员丰富的社会经验。

②学生评价。学生评价是学生对某教师的教学风格、教学方法、教学质量、人格魅力等方面进行的综合评价，可以反映教师在学生群体中的受欢迎和受接受程度。之所以将学生评价作为评估人员选任需要考虑的标准，是出于对学生工作中普遍存在的代沟隔阂问题的特殊关照。好的学生评价解决信任问题，评估人员在学生的心理认同基础上开展工作更容易拉近与受资助学生的距离，评估人员借助晕轮效应加强与学生的心灵互动，往往可以达到事半功倍的效果，有利于获得学生客观真实的生活、学习和思想动态。越受学生欢迎的老师或同学，越能把评估行为寓于日常行为之中，实现对受资助人心理影响的最小化，有利于科学处理评估行为、学生隐私与学生心理状态之间的关系。

③职业能力。职业能力可以定义为个体将所学的知识、技能和态度在特定的职业活动或情境中进行类化迁移与整合所形成的能完成一定职业任务的能力。一定的职业能力是胜任某种职业岗位的必要条件，也是职业能力发展的前提。笔者认为，学生工作的复杂性为管理人员提出了高要求，因此，评估人员应具有学生工作需要的相应的职业能力，在选任评估人员时应着重考虑在学生管理方面职业能力较强的人员。评估人员可以从高校辅导员、班主任等学生管理能力较强、学生工作出色的老师们中选任。

（2）基本原则

①心理关切原则。要在受资助学生群体中开展追踪评估工作，心理问题是需要特别关切的问题。联合国世界卫生组织认为：健康不但指没有身体疾

患，而且指有完整的生理、心理状态和社会适应能力。健康的心理状态对青年来讲意义非凡，心理健康有利于促进身心健康全面发展，有利于提高学习效率，更有利于家庭关系的稳定和人际关系的和谐。家庭经济困难学生往往容易出现自卑、不自信的心理状况，需要各方积极引导和经常关切。评估人员的评估工作要坚持心理关切这一基本原则，时刻注意受资助学生的心理情况，在采取有关方法、措施时处理好评估工作与心理保护之间的关系。

②实事求是原则。实事求是是我们党、我们国家在新民主主义革命和社会主义的探索和建设中不断开辟新局面，取得新的伟大胜利的根本思想武器，应该在我们的一切工作中加以坚持。坚持实事求是原则是对受资助学生生活、学习、家庭情况的追踪评估制度本身的应有之义。追踪评估制度实际上就是调查研究在贫困生资助工作中的实际运用，调查研究的精髓即在于实事求是。如果不坚持实事求是的原则，搞弄虚作假、形式主义，就抹杀了调查研究的意义和价值，追踪评估的结果就成了无根之浮萍，不仅不能对实践活动产生积极的推动作用，反而会牵制、误导实践活动的进行，产生负面影响。

③廉洁公正原则。评估人员对受资助学生有关情况的追踪评估意见将对贫困生资格认定、变更和撤销产生重要的影响，必须要坚持廉洁公正原则，以维护评估结论的客观性和真实性，为贫困生资助的科学管理决策提供坚实的依据。孟德斯鸠在《论法的精神》中写道："一切有权力的人都容易滥用权力，这是万古不变的一条经验。"这句名言古谚穿过百年风雨，仍如雷在耳，值得警醒。

（3）权利

①履职保障权。评估人员履职保障权主要包括两方面内容：一是得到学校及各院系必要协助和物质保障的权利，如走访调查必须的交通食宿费用、证明文件等。二是评估人员履行职责不受无端干涉的权利。现实工作中时常存在某领导或校外人士打招呼要求在贫困生资助工作上给予某学生适当照顾的情况，学校及各院系应建立激励及惩戒机制，保障评估人员不受干扰，为他们营造一个健康的履职环境。

②独立表达意见的权利。专门设立评估人员的出发点就在于提高管理决

策者对事实情况的客观把握。评估人员的独立性至关重要，没有独立性，评估人员工作的价值和作用就会大打折扣，流于形式，遗患无穷。在独立性的基础上，要保障评估人员表达意见的权利，在贫困生资格认定、变更和撤销等必经程序中要参考他们的意见。

（4）义务

①积极履职义务。权利和义务是统一的，评估人员既然享有履职保障的权利，就必然要承担相应的义务。积极履职应为评估人员的首要义务。这主要表现为积极进行对受资助学生的相关活动，如走访询问、与受资助学生交流谈心等；做好学生动态情况记录，着重在经济状况、心理状况方面及时做好记录总结；在关乎贫困生资格评定、变更和撤销等关键环节积极独立发表意见，反馈实际情况，为贫困生资助工作发展性多层次管理决策提供参考。

②报告义务。对受资助学生的追踪评估工作的目的，是及时准确获取受资助学生各方面的客观情况。评估人员不仅要做动态记录和分析评估，还要在必要场合撰写并出具可以全面反映受资助贫困生资助效果的评估报告，以资参考。此外，在紧急情况下，评估人员还有及时报告的义务，以便有关部门及时采取措施，保障学生生命财产安全。

（5）监督机制

①学生监督。学生作为学校工作的重要对象，他们对学校工作的满意程度，是衡量学校工作的一把标尺。学生作为学校诸项政策的直接受众，对一项政策、一个行为、一个主体工作质量是有发言权的。因此，学校方面要注重发挥学生监督的作用，不仅允许学生提意见，还要妥善解决学生反映的问题。在对受资助学生的追踪评估工作中，更要发挥学生监督的作用，倒逼评估人员严格依规履行职责，切实发挥应有作用。

②负责部门监督。负责评估人员的选任及工作安排的相关部门不仅负有选拔人员、领导工作、总结研究的分内之责，还应切实开展内部监督。对本部门选拔任用的评估人员是否廉洁公正、科学合理履行职责进行监督、考核，并配套奖惩制度，定期总结检讨。问题不上交、隐患必排除，在负责部门内部把好公正廉洁关。

③纪委、监察监督。高校纪委和监察部门可针对评估人员履职拟订相关行为准则，对违背准则的行为进行通报警示，对违背准则的评估人员采取相应的诫勉或其他处理措施。纪委和监察部门往往有丰富的监督工作经验，在高校组成机构中分量较重，在净化履职环境、矫正工作作风等方面往往可以发挥较大作用。

3. 大数据技术基础上灵活的贫困生资格及贫困级别认定、变更制度

李岚清同志曾在《突围——国门初开的岁月》一书中写道："凡是普遍性的东西，就必须从体制和管理上找原因，这样才能从根本上解决问题。"为什么我国高校贫困生资助普遍存在不够精准，效果不够好的问题？贫困生资格及贫困级别认定不够精准是关键。在贫困资格认定这个问题上，需要进行综合的价值判断，而没有任何一种评价机制是万无一失、绝对准确的，这可以说是天然的缺陷。笔者认为，要解决这个缺陷，可以用制度来弥补制度。这就是说，以贫困生资格及贫困级别更灵活的变更制度来弥补目前高校普遍存在的不甚一致的贫困生资格认定制度中不够精准化的问题。

制度的构建来源于社会实践的需要。就像立法行为那样，任何规范性法律文件自问世的那一刻，就注定落后于鲜活丰富的社会实践了。制度构建也是如此，即使制度的创立者们拥有无比高超的技术手段和无比丰富的社会经验，他们也不可能含括社会实践对制度规范的所有要求。因此，制度的制度成为了可考虑的保险手段，当前一制度失灵，后一制度因其与前制度的联动关系，可为及时弥补制度失灵提供应变措施，也可以起到不断纠错和校正的独特作用。

为了达到这一效果，大数据技术可以显露神通，在对学生参与实践活动情况、课业完成情况、经济支出情况等数据信息的综合分析和上文所述评估人员的综合参与下，以月或季度为周期的资助款灵活调整、精准资助便是容易实现的了。这一构想是超前于制度本身的考虑，是在辩证唯物主义哲学发展观指导下的思维构图，也是多层次资助管理决策的重要方法。这一制度的构建和运用，可以应对贫困生资格认定工作中的诸多情势变化，为管理决策提供多层次的制度支撑，在制度化的调整和控制下，实现在促进贫困生资助

精准化过程中的不断对标。

如上所述，关于该制度构想的目的、架构和作用已作了大致阐述，然而制度的构想离不开对现实的关照，要提出切实可行的建议，不仅要在理论上讲通说透，更要在与现实的对比研究中获得有益借鉴，看到不足之处，以得到现实反馈，指导制度构建。

那么现实情况究竟如何？综合对比我国数十所大学规定贫困生资格与级别认定、变更程序的文件发现，中国政法大学有关规定较为灵活，主要表现在：其学生资助工作领导小组于 2007 年 9 月 21 日通过，于 2016 年 10 月 17 日修订的《中国政法大学家庭经济困难学生认定办法》中规定了学生申诉制度和校园绿卡核准制度。学生申诉制度是指："学生对学生资助管理中心做出的取消资助资格、收回资助资金决定有异议的，可以向学校学生资助工作领导小组提出申诉。"在国内诸多高校普遍存在贫困生资格认定和变更程序粗略简单的情况下，中国政法大学特别规定学生申诉救济条款，殊为不易。校园绿卡核准制度是指："已被学校认定为家庭经济困难的学生，学校统一发放校园绿卡；校园绿卡每年 6 月份核准注册一次。"规定贫困学生绿卡定期核准可以在一定程度上说明中国政法大学在缩短贫困生资助周期这个问题上已有所考虑，虽未明文规定改变资助周期，但通过设立核准门槛，可以为将来视情况临时调整贫困生资格预留制度接口。

除中国政法大学外，其他一些高校的有关规定也体现出一定的先进性和灵活性，如西南政法大学"西政校学发〔2017〕20 号"文件《西南政法大学家庭经济困难学生认定工作指导意见》具体规定了认定一般困难、比较困难和特别困难的情形和事由，制订了提升、维持、降低贫困生等级、取消贫困生资格的变动措施，也具有一定的借鉴意义。

中国政法大学的学生申诉制度和校园绿卡核准制度及其他一些高校的相关制度措施虽可以在一定程度上为本章节提出的发展性多层次资助管理决策方法提供经验借鉴，但囿于特定的时代条件、政策因素和社会环境，仍然有其局限性。主要体现为：一是层次性不够明显；二是灵活性仍有不足；三是大数据技术鲜有应用，评价体系主要依靠人为判断。

在大数据技术蓬勃发展的时代背景下，发展性多层次资助管理决策方法也呈现出新的发展方向。基于大数据技术的分析应用，更加精准、灵活的贫困生资助管理决策实现了长久以来想做而没有做到的事——为高校贫困生精准资助提供了可能。今天的社会是一个充满数据信息的社会，现今的高校也在向着数字高校发展，校园一卡通、高校学生信息管理系统等数据技术在学生管理工作中逐渐实现了普及化，学生学习、生活、消费、工作等情况也可以通过量化的数据加以分析评估，进而指导学生管理决策工作的精准化发展，改善资助工作发展性不强、缺乏层次性等现实困境。

笔者通过以上论述对该制度的目的、作用及主要内容等方面进行了总体的分析概括。本书第六章第三、第四节将与此衔接，从大数据技术展开，系统论述大数据技术基础上的多层次资助管理决策方法原理及应用价值，此处不再赘述。

三、高校贫困生资助工作考核评估与动态管理

高校贫困生精准资助模式不仅需要科学的认证体系与完善具体的资助模式，而且需要对资助工作的绩效考核评估与资助效果的动态管理，两者是保证资助工作落实到位的重要环节，均不容忽视。本部分主要讨论对于资助工作具有主导权和决定权的资助工作人员的监督评估以及管理。

（一）高校贫困生资助管理绩效

1. 绩效内涵以及绩效考核评定

绩效（Performance）指的是人们进行某项工作最后得出的成绩及效果，这种成绩或效果往往能够作为对于该工作是否称职，是否能够达到相应标准的指标，由于其本身容易量化，往往作为对单位员工进行评价的重要依据。

绩效考核评定本身是一个管理学上的重要概念。其内涵是组织为了实现其抱负或目标，建立相应的规章秩序，成立专门的监察评估机构，对内部成员履职情况进行量化分析，从而对员工工作成果进行核实和确认的行之有效的管理监察手段。本书中的绩效考核是指各高校学生资助工作管理部门为了

实现对贫困生的精准资助和有效资助，建立内部工作细则及奖惩方法，以学院为单位成立专业监督工作小组，对负责进行贫困生资助管理工作以及资助金发放工作的人员进行管理效果和资金发放效果评估，以确保贫困生资助资金得到有效利用和正常发放，最后将各项信息汇总至学校管理部门，并借此来评估各学院贫困生工作情况，与各学院荣誉以及部分教师奖金挂钩的工作方法。

2. 高校贫困生资助管理绩效考核的内涵及意义

高校贫困生资助管理绩效考核，是对高校贫困生资助管理工作的一种监管机制。由于资助政策的具体实施者在整个资助大环境中处于绝对优势地位，各高校需要通过一套完整的发展性多层次资助绩效考核体系对掌握资助发放权的领导、老师进行相应考核。贫困生资助工作归根结底还是由贫困生管理小组决策，最后进行资金发放，既然是由具体的人直接进行的贫困生认定和资金发放工作，自然有出现差错的可能。正因如此，建立一个对贫困资助工作考核评估机制显得尤为重要，一方面，可以提高每一名进行资助决策工作与执行工作的人员责任心；另一方面，可以使受资助的对象对资助工作充满信心，充分相信及信赖高校贫困工作管理层。

绩效评定是需要进行体系化、系统化的工作，是一种对一个集体内部成员在某个限定期限内为实现某一集体目标所做工作进行评判审定的重要过程。该评判过程通常是用量化方式进行的，包括对工作量以及工作完成度的考核。对于绩效评定工作可以从小到大三个层级展开分析：首先具体到最低层级的个人，对某一个个体所作的成就、完成的任务进行评价和审核；而到了中间的层级，要考核的内容包括被赋予权力的工作组织如何完成上级组织制定的规划，完成程度以及完成效果如何；最高层级绩效评定则是对宏观领导者的工作评价，从组织本身拓展到社会发展方面，包括实现了多少社会价值，完成了多少计划目标，为广大人民群众作出了多少贡献，等等。将其与高校贫困生资助工作相结合，我们可以做出如下解读：三个层级分别可以概括为资助工作者个体—学院及学校—社会、国家。

资助工作者个体无疑是三个层级中的最低层级，但是其本身却具备其他两大层级不具备的执行特性，也就是说，无论是国家层面的总体部署，还是地方政府的实施要求，还是学校方面的统筹布置，最终都要由资助工作者具体执行。资助工作者是资助工作的一线人员，其工作完成质量，完成效果直接影响贫困生是否能够真正获得有效资助，资助工作是否能够实现其应有价值和既定目标。所以，对于资助工作者的业绩考核评估是要常抓不懈，严格把关。对于负责贫困生资助工作的工作人员需要加强日常行为监督，在履行贫困生认定和具体资助工作期间，严厉惩处收受学生赠礼，接受学生请客吃饭，通过学生获取其他好处的行为，防止关系户、内定生等现象发生。

学院及学校作为三个层级中的中间层，需要做到上传下达，起到促进国家政策与具体资助工作衔接协调的桥梁作用。在具体绩效考核工作上，学院及学校需要做到以下几点：其一，对国家关于贫困生支持及扶助工作有关政策、方针及时了解学习，能够第一时间提供有效的关于贫困生管理资助方面的信息。其二，制定具有执行力的贫困生资助工作的内部规则和行为指南，以内部规则对具体资助工作管理人员和参与人员进行规制和指导，保证其积极履行职责。其三，对于资助工作者奖惩机制的执行和落实。资助工作需要进行落实，落实工作需要有权威管理机构的统筹协调，以学院为单位开展的资助工作因各个学院情况的不同可能会有不同的资助效果。根据资助工作效果，应当设立相应的奖惩措施，保证贫困生资助工作的顺利开展。对资助工作效率高、效果好的学院及资助管理人员赋予荣誉称号或者其他物质精神奖励，通过激励机制提高各院系贫困生资助工作积极性，更好地为学生服务；对于资助工作效率较低或者存在玩忽职守等情况的院系以及其资助管理人员要开展批评教育，给予相应的处分。情节严重的，要通报全校点名批评，通过这种方式防止侥幸心理存在，让贫困生资助工作纪律严明，公平公正。不得不承认，目前某些高校的某些院系在贫困生资助工作方面抱有不求有功、但求无过的心态。这种消极的工作态度是目前绩效评估管理工作的绊脚石，各学校应当制定评价系统，对每个学院每一学年的贫困生资助工作打分，给予成绩优秀的院系鼓励和支持，对于分数较低的院系，要派员督查，总结经验，阻断不作为的消极思想在高校蔓延。

国家与社会作为三个层级中的最高层，要引领贫困生资助政策大方向，通过集合社会各界专家学者以及教育实践工作者们的经验和知识，对整个资助工作进行宏观上的综合调配。高校家庭经济困难学生是全国扶贫工作中的重要一环，国家可以通过相关领域立法或制定政策的方式，对整个高校贫困生资助工作加以引导、规范。从国家到学校再到教师，资助工作各环节环环相扣，密不可分。

（二）高校贫困生资助管理机构绩效考核

1. 高校贫困生资助管理机构绩效考核内容

通常来说，绩效考核内容应涵盖数量、质量以及经济效益和社会效益。高校贫困生资助管理工作相较其他管理工作而言，需要考量众多因素，因而较为复杂。想要通过普通的量化方式进行描述并不容易，笔者对于高校贫困生资助管理机构绩效考核的具体内容主要分类为：主管部门方针政策、组织机构合理程度、负责资助工作人员专业程度、资助制度科学程度、资助部门工作效率等级、资助执行机制反馈，受资助对象反馈。

2. 高校贫困生资助管理机构绩效考核指标

绩效考核指标的建立是整个考核评估工作的重点，缺乏绩效考核的指标，将会使整个考核评估缺乏赖以进行量化评分的依据。其本身的建立是极其富有挑战性的，因为各项内容都会对整个考核评估带来重要影响，指标选取的差异将会导致最终评估结果发生差异，从而对整个考核评估造成影响。

因贫困生资助工作考核评估的特殊性，在考核指标的设立和考核具体实施上存在诸多难题，其中有很多目前仍无法予以攻克。例如，如何确定对整个资助工作投入的财力以及精力；资助金发放后，资助活动进行后如何确定实现了资助目的等，这些都是资助考核评估中的重点和难点。

（三）强化贫困生资助工作考核动态管理模式

如上文所述，贫困生资助工作需要通过具体的规章制度进行规范，但是，单单制定规章制度是远远不够的，资助工作本身是一个动态的过程，对于资助工作进行的绩效考核需要用发展性的观点进行动态的评估管理。这就需要对动态管理模式进行进一步分析，具体内容如下文所述。

1. 对贫困生资助资金加以管控

依照当前我国的贫困生资助资金管理的有关规定，贫困生的资助资金采取的是高校统筹发放的模式，确切地说，资金来源于国家，但是国家不直接将有关款项划给需要帮助的贫困生，而是经由高校之手发放。此流程是一个层层下拨的过程，在此期间，资金将要经过多部门之手，如何确保该资金不会被别有用心之人移用贪污，是现实而紧迫的问题。贫困生资助资金的发放者，即高校贫困生资助工作者是需要重点监督的对象。学校需要加强资助专项资金发放的透明度，强化各层问责机制，通过强化资金发放工作分工，防止资助款缺斤少两。保证资助款如数发放给贫困学生。

2. 打造资助工作全方位监督体系

加大对资助主体的全方位监管，打通资助工作全方位监管绿色通道，加强体系化机制化建设。为实现体系化机制化建设，需要完成下列工作，一是政府的有关部门要同各教育教学管理机构加强信息的互通，建立行之有效的部门信息绿色通道，保证信息畅通无阻。执法部门以及党委需要对资助工作进行系统配套的有效监督，对各高校贫困生资助工作的信息进行规范和监督。保证信息的准确性与及时性。二是各个资助管理部门和执行部门进行相应联合合作机制，确保信息的有效性。三是资助主体对其参与的资助活动具体细节要实施监督自省。明确资助活动具体流程和相关的执行人员工作职责，将了解掌握的执行人员思想、工作、作风等方面动态情况及时上报加强对组织执行人员监督信息的综合分析和利用，形成以组织执行机构为主体，组织执行人员积极参与、密切协作的组织部门内部综合监督体系，同时可采取民主评议、监督举报的方式。

3. 建立实时信息反馈系统

信息反馈系统为大学生资助管理的有效开展提供了基础条件。建立实时信息反馈系统强化反馈功能，可有效改善资助后监管缺失的现象，便于及时改进资助过程中出现的问题。建立实时信息反馈机制，保证资助方能随时掌握资助的最新动态，了解受资助学生的生活和学习状况，考察和评估贫困生资助的效果。同时，及时的反馈机制还有助于贫困生资助决策的调整和修正，保证贫困生资助政策的及时性和有效性。贫困生资助工作的信息反馈系统为大学生资助管理工作的有效开展提供了基础条件。建立实时信息反馈系统，强化反馈功能，可有效改善资助后缺乏监管的现象，便于及时改进资助过程中出现的问题。贫困生资助工作的信息反馈系统由国家、社会、高校、家庭、贫困生个人等五个信息反馈子系统组成。党中央、国务院一贯高度重视贫困生资助工作的公平、公开、公正。高校要认真贯彻落实国家资助工作的相关政策，定期上报资助信息，及时上报资助进展和学生情况，形成国家信息反馈子系统。社会信息反馈子系统的运作主要指对社会捐助资金使用情况的反馈。助学资金中有很大一部分来源于社会的资助，许多优秀企业、单位根据各自对口的专业范围，设置不同的助学金，资助困难学生。社会可根据学生情况，评价高校对学生的培养情况；学校也可根据企业要求，培养适合企业需要的专业人才。高校信息反馈子系统主要指高校要做好学生信息反馈、教师信息反馈、校领导信息反馈、相关职能部门信息反馈等方面的工作，学生资助工作者要严格遵循相关的工作规范，力求做到公正合理。家庭信息反馈子系统要求学生家长加强与孩子思想的沟通交流，及时了解学生想法，学校也要及时和家长沟通，共同关注特困生的发展。贫困生信息反馈子系统是衡量资助工作是否取得成效的关键监督机制，要在贫困生意愿和发展需要的基础上吸收贫困生的反馈意见，在客观顺应学生实际情况和资助工作规律的基础上不断推进资助工作迈向新的发展阶段。

（四）持续改进贫困生资助管理工作

资助政策执行者应该采取措施，消除资助过程中的不公正因素，积极防止不公正现象的发生。执行机构应该策划一定的时间间隔进行内部审核，以确定整合型资助管理体系是否得到了有效实施，实施效果是否达到资助目的的要求。国家教育主管机关应该按照策划的时间间隔评审资助管理体系，以保持其持续的适应性和有效性。执行组织应该利用资助的方针和目标，通过对资助结果的数据分析，及时采取措施纠正和预防资助过程中存在的问题，持续加强整合型资助管理体系的实效性，加强风险控制，降低风险概率，以防止或减少损失。

1. 做好助学贷款跟踪管理工作

助学贷款是由国家财政贴息、商业银行自主发放的半公共产品性质的贷款。在助学贷款的管理上要遵循信贷资金市场运作的基本规律，在解决学生经济困难的同时，也要保证商业银行的资金回流，切实防范助学贷款可能发生的金融风险。推进并加强国家助学贷款风险防范工作，应坚持“方便贷款、防范风险”的原则，加强贷后跟踪管理，完善还贷约束机制和风险防范机制，确保国家助学贷款工作持续、健康发展，最大限度降低国家助学贷款风险。这不仅是助学贷款存在和发展的重要条件，同时也是社会进步和经济发展的迫切需要。降低货款风险，不能简单依靠政府的行政手段，要力求实现政府、高校、银行、学生共赢，因此要探索建立助学贷款风险防范机制，降低助学贷款风险。

首先，完善贷款风险补偿机制。从近几年的经验来看，风险防范措施的欠缺致使国家助学贷款政策遭到了严峻的考验。贷款回收难使银行成本得不到足够的安全保障，这也是影响商业银行放贷积极性的主要因素。为最大限度降低银行助学贷款风险，国家可以进一步提高国家助学贷款担保基金率或风险基金率，有效核销银行的不良助学贷款，降低银行的经营风险。采取多种形式，组成政府、高校与经办银行的风险共担机制，这种风险补偿机制的实质是国家财政和高校对经办银行因呆账、坏账造成的损失进行的一定的经济补偿，用以核销国家助学贷款的呆账、坏账，确保助学贷款工作长期顺利开展。

其次，改革助学贷款偿还机制。适当延长还款期限，放宽还款限期，减轻学生负担。当前规定的还款期为毕业后 6 年，对于贷款学生来说时间较短，尤其是对于需要攻读硕士、博士的学生来说还款较为困难。从一些发达国家的情况来看，贫困生助学贷款还款期限一般都相对较长，如日本的“育英学资贷学金”的最长还款期限为 20 年；美国“斯坦福无贴息贷学金”项目的最高偿还期限为 10 年。目前我国国家助学贷款最长还款期限的规定并没有充分考虑到贫困大学生毕业后的实际情况，给刚毕业的大学生带去了一定的经济压力和生活负担。因此适当延长国家助学贷款的还款年限，将国家助学贷款的还款期限统一延长到10年或20年，可以在一定程度上促进国家助学贷款的回收，解决还款拖欠的问题，还可以保护低收入者，有效维护大学生信誉。此外，还可以推出一些对提前还款学生的优惠措施，如降低还款利率、减免利息，等等。

最后，完善个人信用征信系统。助学贷款作为一种无担保的个人信用贷款，贷款的回收率与借贷人的信用紧密相关，银行放贷要承担很大的风险。针对助学贷款拖欠者，可通过完善个人信用征信系统开展诚信教育，约束学生的诚信缺失行为，为贷款回收提供约束机制。加快个人金融信用制度建设，完善还款约束机制，为银行贷后管理和追讨欠款提供服务。从风险管理理论上来讲，采取上述措施既可以控制风险又能处置风险。通过加强贷后跟踪管理、完善还款约束机制来加强对贷款学生的管理，有效控制了风险；而通过设立风险补偿基金，降低了银行发放贷款后回收不足的风险。与此同时，还可以推动学校参与到催收贷款中来，与银行共担风险，在贷款学生不还贷的情况下共同处置风险。

2. 制定贫困学生就业保障政策

关注扶持贫困大学生的就业问题，是贫困生资助工作的一个极为重要的环节。帮助贫困学生顺利就业，可以改变贫困家庭的窘迫状况，符合党和政府的宗旨，关乎社会的稳定与国家的未来。解决就业问题，也更能保证贫困生偿还助学贷款的能力，减少了助学贷款回收的风险。

解决贫困生就业问题，从微观层面看，政府应制定公平的就业政策，形成公正的就业环境。制定各种优惠政策，鼓励企事业单位优先接纳贫困大学生就业，同时将国家助学贷款与大学生志愿服务西部计划、大学生基层工作优惠政策结合起来，鼓励优秀的贫困大学生到西部地区、基层单位、艰苦行业工作。这样既减轻了贫困生的还贷压力，也缓解了大学生的就业压力，使得大学生在工作中得到历练和成长。

第五章　高校贫困生精准资助的保障机制

一、高校贫困生精准资助的机构保障

（一）中央机构对高校资助的作用

1. 国务院在高校精准资助中对政策的制定宣传和资金的管理

国务院作为高校精准资助的总体规划者，在高校精准资助的全面布局、中央地方统筹、政策走向、资助类型、资助内容、监督与管理等方面发挥着不可替代的作用。国务院是国家高校资助总体方略的具体筹划者，在党的坚强领导下，依靠行政先行的及时性和试验性的优势，完整规划了国家对高校家庭经济困难学生的总体资助方案，涉及学生入学前后生活学习方方面面的资助政策，使得高校家庭经济困难学生在高等教育全面收费的情况下上得起学、上得好学，并尽量减轻家庭的负担，培养学生的学习积极性、社会适应性、工作负责性和自信心。与此同时，一系列的资助政策也可以为国家基层部门、军事部门、中西部地区及偏远地区县级以下单位的基层教师岗位输送高素质的人才，将我国建设成为科教强国、文化大国。国务院在高校资助过程中主要有以下几个作用：颁行关于高校学生资助方面的大政方针，对高校教育资助资金进行统筹管理，对高校资助工作进行统一领导和个别指导，对高等教育资助工作程序、方法进行全方位的监督管理。

（1）国务院对高校资助大政方针的变迁

中华人民共和国成立伊始，我国就十分重视高等教育建设和学生资助工作。1952 年 7 月 8 日，政务院发出了《关于调整全国高等学校及中等学校学生人民助学金的通知》，明确规定“自 1952 年 9 月起，全国高等学校及中等学校学生的公费制一律改为人民助学金制，人民助学金须一律依照新规定的标准执行”。同年 7 月 23 日，政务院发布《关于调整全国各级各类学校教职员工工资及学生人民助学金标准的通知》，规定将各级各类学校的人民助学金款项列入学校经常费用，定期统一编造预决算，实行专款专用，高等学校学生全部享受人民助学金。这两个文件的颁布，统一了全国高等学校学生助学金的对象范围及发放标准，标志着人民助学金制度的正式确立，同时也标志着我国高校助学金制度的正式诞生。❶

自 1978 年恢复高考制度，尤其是党的十一届三中全会召开以来，中央指明了国家发展方向，也为高等教育的发展提供了新思路，国务院对教育资助工作更加关注。1985 年 5 月，党中央、国务院召开第一次全国教育工作会议，会议围绕《中共中央关于教育体制改革的决定》展开讨论，研究实行教育体制改革的步骤和措施，开启了高等教育改革的新征程。❷ 1986 年 7 月，国务院批转了国家教育委员会和财政部《关于改革现行普通高等学校人民助学金制度的报告》，取消了人民助学金制度，代之以奖学金制度和学生贷款制度。1993 年，党的十四大召开，提出“必须把教育摆在优先发展的战略地位，努力提高全民族的思想道德和科学文化水平，这是实现我国现代化的根本大计”。为了实现党的十四大所确定的目标任务，指导 20 世纪 90 年代及 21 世纪初教育事业的改革发展，使教育更好地为社会主义现代化建设服务，国务院制定了《中国教育改革和发展纲要》（以下简称《纲要》），其中有关教育资助的内容包括深化教育体制改革，逐步建立政府宏观管理、学校面向社会自主办学体制，改革高等学校的财政拨款机制，改革和完善教育投资体制，增加教育经费。各级政府和全社会各界人士都要努力增加对教育的投入，确保教育事业优先发展。要逐步建立以国家财政拨款为主，以教育税费、非义

❶ 施文艺，陈绵水．高等教育学生资助制度的变迁研究［J］．现代企业教育，2012（16）：84.

❷ 陆启越，余小波，刘潇华．改革开放以来我国高等教育改革的回顾与前瞻［J］．大学教育科学，2017（2）：10.

务教育阶段学生学杂费、校办产业收入、社会捐助资金和教育基金等多种资金筹措渠道为辅的教育经费体制。《纲要》同时指出，设立奖学金、贷学金，鼓励和支持学生参加勤工助学，对家庭确有困难的学生，可减免学杂费或提供贷学金。其中对教育资金的投入也作出了规定，数额占 GDP 总值的 4% 。此后，在国务院指导下，财政部、教育部等部门相继发布了关于高校特别困难学生资助办法，包括勤工助学资助，经济特困学生减免学杂费，完善学生贷款制度，提高高校专业奖学金标准等。

进入 21 世纪以来，国家开始实施高等教育大众化的政策，并进行了高等教育收费制度改革，普通高校招生规模大幅提高，学费标准也大幅提高。1999 年，国务院办公厅批转中国人民银行、教育部、财政部等部门联合发布的《关于国家助学贷款的管理规定（试行）》，决定在北京、上海、天津、重庆、沈阳、武汉、南京、西安等 8 个城市的中央部委所属高校开展国家助学贷款的试点工作。为减轻学生的还款负担，国家还出台了助学贷款代偿办法。为弥补国家助学贷款制度的不足，我国政府又推出了国家奖学金。2005 年，在国务院指导下，国家助学金制度建立。2007 年，国家决定在教育部直属师范大学实行师范生免费教育。2007 年，根据《国务院关于建立健全普通本科高校、高等职业学校和中等职业学校家庭经济困难学生资助政策体系的意见》，财政部、教育部制定了《普通本科高校、高等职业学校国家励志奖学金管理暂行办法》《普通本科高校、高等职业学校国家助学金管理暂行办法》《普通本科高校、高等职业学校国家奖学金管理暂行办法》，不仅扩大了资助范围，而且大幅度提高了资助额度。上述文件明确规定了我国国家奖助学金的基本类型、资助标准、资金来源、管理机构和资助对象。我国大学生资助至此形成了比较完善的以奖学金、助学金、贷学金及学费减免为主要内容的资助体系。❶

❶ 朱海艳．改革开放以来我国大学生资助政策的内容分析［D］．兰州：西北师范大学，2016：10－23.

（2）国务院对高校教育资助资金进行统筹管理

我国高等教育资助政策之所以不断完善，帮助了众多家庭经济困难学生顺利入学，根本原因在于我国经济的不断发展。改革开放以来，国家面貌日新月异，在科教兴国战略的指引下，我国高等教育的水平不断上升，高等教育资助政策体系也经历着改革、发展、完善的过程。建立高校资助政策体系的首要目的在于对家庭经济困难学生提供经济援助，经济援助涉及资金管理问题，在这个过程中，由国务院对高效资助资金进行统筹管理。

国务院对高校资助资金的统筹管理工作主要包括：安排各项资助政策资金的来源并确定资助比例，统筹中央财政负担的资助资金发放，开展资金发放后的核查工作。首先对于安排各项资助政策资金的来源并确定资助比例一项，主要是针对那些不是由中央财政拨款或者不是完全由中央财政拨款的高校资助政策，例如国家助学金、国家励志奖学金、高校勤工助学基金。拿国家助学金来说，2007 年财政部和教育部印发的《普通本科高校、高等职业学校国家助学金管理暂行办法》中明确规定，中央部门所属高校国家助学金所需资金由中央财政负担，地方所属高校国家助学金所需资金根据各地财力及生源状况由中央与地方财政按比例分担。其次，中央财政负担的资助资金发放是由国务院根据中央直属高校所属主管部门、各省财政部门以及全国学生资助管理中心的资助资金预算统一拨付的，对于不足的部分，国家会根据实际情况补齐，保证每一个需要得到国家资助的高校学子都能享受到国家资助政策。最后就是对资金发放后的核查工作，国务院进行总体核查，并根据高校资助政策下资助资金经手部门自行核查、相互核查和纪委核查情况，作出资助工作总结，寻找不足之处，在教育工作会议上讨论研究，及时改进，不断完善我国的高校资助政策体系，力求做到每一个家庭经济困难的学生都能切实享受到国家资助。

（3）国务院对高校资助工作进行统一又有区别的规范化指导

国务院作为国家最高行政机关，需要在高校学生资助政策过程中，强调政策统一性，为各地贯彻落实国家资助政策体系提供宏观的指导精神和基本原则。在国务院有关文件的指导下，各部委及各地方在制定相应的管理办法和实施细则时则要考虑各省、自治区、直辖市具体情况的差异性，从而制定具体的政策实施规范。国务院之所以对高校的资助工作进行统一安排，是因为高校的资助工作有其共性，统一规定便于管理协调，提高政策实施效率，体现教育平等的精神原则。我国地域广阔，各地经济发展差异较大，尤其是中西部地区的高校发展条件受限，贫困学生较多，国务院在政策统一性的基础上，又对这些地区实施资助政策作出差异化指导，强调加大对中西部地区高校资助工作的支持力度，并对愿意到中西部地区、偏远地区基层单位从事基础教育工作的学生提供优惠条件，帮助中西部地区高校发展，鼓励家庭经济困难的学生投身基层。这一既统一又有区别的规范化指导是因地制宜，充分发挥各部委、各行政机关及各级教育资助机构作用，更好地帮助家庭经济困难学生顺利完成学业的必然要求。

（4）国务院对高等教育资助工作进行全方位的监督管理

高校资助工作虽然已有各级制度安排，但仍然需要继续加强监督和管理工作。国务院作为高校资助工作的最高行政管理机关，需要对高校资助的各个方面进行必要的监督管理安排。国务院对高校资助工作的监督管理是全局性的，“管理”主要是资金管理，从中央财政拨款开始，要在资金流经的各级政府、高校、院系建立有效的管理机制，提高资助款管理工作的科学性；“监督”是指对负责执行的各单位和相关工作人员进行廉洁性、合法性监督。在这一过程中，国务院必须建立分级监管、多部门合作的监管机制，使各单位、各部门在高校资助过程中各个环节相互配合、相互制约，更好地为高校学子服务。

2. 教育部和财政部对高校资助政策的制定宣传指导及资金的监管

教育部是国务院高校资助宏观政策指导下多项行政法规、部门规章的起草者和制定者，也是主管教育工作的国家行政机关，因而是国家资助政策制定实施过程中最重要的国家部委之一。教育部在国家资助工作中的主要任务是按照国家大政方针和国务院关于高校资助的总体安排制定具体的管理和实施办法，并在实践中不断完善。此外，教育部要监督地方各级教育部门贯彻落实中央政策，在每年国家资助资金发放完毕后与往年情况比较研究，形成教育资助政策实施情况的有关报告。财政部作为主管教育资助款项拨付工作和参与确认资助名额的政府部门，主要的职责是与教育部制定国家资助政策的具体管理实施办法，履行高校资助财政款项的核查与拨付职责，指导监督地方财政部门的工作。

（1）教育部、财政部制定的高校教育资助规范性管理办法

国家现行的高校资助政策有关文件中，几乎所有的奖助学金实施办法都是由教育部牵头或参与起草的。改革开放以后，我们国家逐步形成了具有现代化教育资助体系雏形的国家奖助学金体系。以 1983 年教育部和财政部颁布《普通高等学校本、专科学生人民助学金暂行办法》和《普通高等学校本、专科学生人民奖学金试行办法》为标志，我国高校的大学生资助政策进入人民助学金改革探索阶段，其特征是变单一的人民助学金为多元化资助体制。高校收费制度的改革，又加快了国家大学生资助政策改革。1985 年我国高校出现了自费生和公费生的双轨现象。以 1987 年 7 月颁布的《普通高等学校本、专科学生实行奖学金制度的办法》和《普通高等学校本、专科学生实行贷款制度的办法》为标志，国家取消了助学金制度，对大学生的资助形式演变为奖学金和学生贷款两种类型。该学生贷款政策实施标志着中国助学贷款历史的开端，但其政策的局限性也比较突出。1997 年以后，我国全部大学都开始收费。❶ 随着学费负担的加重，国家在 2002 年设立了国家奖学金。2002 年 5 月 21 日，由教育部和财政部联合印发的《国家奖学金管理办法》，规定在同年 9 月 1 日进行首次评选工作。2005 年助学金政策开始实施，废止了 2002 年的《国家奖学金管理办法》，国家奖学金政策进入一个新阶段，开始和国家助学金并行。2007 年，为了贯彻党的十六大以及十六大三中全会、六中全会的精神，切实解决家庭经济困难学生的就学问题，《国务院关于建立健全普通本科高校高等职业学校和中等职业学校家庭经济困难学生资助政策体系的意见》决定，建立健全普通本科高校、高等职业学校中等职业学校家庭经济困难学

❶ 严海波．我国高校贫困生资助政策演变及现状研究［J］．中国成人教育，2015（9）：63－65.

生资助政策体系。2007 年 6 月 26 日，财政部和教育部重新制定并发布了国家奖学金的管理办法，这一管理办法将国家奖学金与国家助学金分开管理，成为国家奖学金申请与发放的专门性文件。2007 年，财政部和教育部印发的《普通本科高校、高等职业学校国家助学金管理暂行办法》，就是现行的助学金管理办法。2012 年，在国务院《国家中长期教育改革和发展规划纲要(2010 ~2020 年)》中有关健全国家资助政策体系，建立健全研究生教育收费制度，设立研究生国家奖学金的要求下，财政部和教育部联合印发了《研究生国家奖学金管理暂行办法》，建立了专门针对研究生的国家奖学金。此外，在 2007 年，教育部、财政部颁布了《国家励志奖学金管理办法》，设立了国家励志奖学金。

除了高校奖助学金之外，财政部、教育部还为国家助学贷款的发放与使用制定了详细的管理办法。国家助学贷款是 1999 年经教育部、财政部和央行协调配合，由国务院决定设立的。首先在北京、上海等 8 个城市的中央部委所属高校进行试点。1999 年 5 月 13 日由央行、教育部、财政部颁布了《关于国家助学贷款的管理规定（试行)》，该管理规定是国家助学贷款制度的基础，也规定了国家助学贷款在实行过程中的具体办法。2001 年 7 月和 2002 年 2 月，中国人民银行、教育部、财政部以及国家税务总局等有关部委分别出台了《关于进一步推进国家助学贷款业务发展的通知》和《关于切实推进国家助学贷款工作有关问题的通知》，进一步改革完善了助学贷款业务相关政策和操作管理，确定了“四定”和“三考核”办法。2004 年上述有关的国家四部委又发布了《关于进一步完善国家助学贷款工作的若干意见》，再次对国家助学贷款工作做了比较大的政策调整。2006 年 9 月 1 日，由财政部、教育部颁布了《高等学校毕业生国家助学贷款代偿资助暂行办法》，规定了贷款的偿还办法。

（2）教育部和财政部指导监督地方教育、财政部门进行高校资助工作

教育部和财政部作为国务院组成部门，负有在国务院的指导下指导监督地方教育、财政部门高校资助工作的职责，促使地方各级教育、财政部门按照规章制度办事，认真履行职责，防止出现不按规章办事、在高校资助工作

中任意地确定受资助学生名额，以及滥用自行制定本行政区域内或高校内国家资助评选规定的权力的现象。在监督的同时，教育部、财政部等部门也要对地方资助工作进行指导。教育部、财政部是高校资助政策具体执行办法的制定者，对国家高等教育资助政策的内涵、目的、程序最为了解，为解决各地方在实施高校资助政策中由于对文件精神理解不足而造成高校资助政策实施偏离预期目标的问题，避免损害高校家庭贫困学生和品学兼优的学生获得资助和奖励的权利，财政部、教育部必须对地方高校资助政策实施活动进行必要的指导，通过召开教育工作会议的形式，指导各地具体工作。此外，还可以向各省、自治区、直辖市派驻专门负责高校资助工作的人员，以便提升政策实施效果，使地方行政部门更好地为高校学子服务。

（3）教育部对国家教育资助形成年度教育资助报告

教育部每年都会对全国高校资助的情况进行统计，以便分析高校在资助政策实施过程中出现的问题，及时总结经验教训，调整工作方式方法，在自我检视中提高资助工作经验和管理水平。

各省、自治区、直辖市高校的数量、在校生人数以及各地当年考上专本科院校的学生人数是教育部确定历年国家奖助学金名额与金额的依据。在发放高校教育资助资金时要对各省、自治区、直辖市所上报的数据进行统计，在资助资金发放完毕后同样要对当年的教育资助工作情况进行总结，形成总结报告。一方面，教育部对中西部地区和偏远地区学子和高校应当给予更多的帮助是否得到了实现，对于这些地区超出预算的支出是否在合理范围之内都要做详细的统计。另一方面，教育部还要在高校教育资助资金发放完成后对实际资助了多少人，每一项资助的项目受益人数以及受益的程度进行统计，同时对各省的情况进行分析，对比区域之间的差异，寻找在高校资助工作中存在的问题。教育部在完成当年的资助工作并收集各省最终的资助数据后，要形成教育资助报告。该报告自从 2007 年由教育部首次发布以来，每年都会依据当年的情况制作发布，同时还会与上一年的资助工作成果进行对比。该报告不仅要载明当年的高校资助工作的各项成果，还要和上一年度的数据进行比对，分析东中西部地区高校教育资助情况的差异。之所以要形成最终的统计数据，一方面是为了记录一年的高校教育工作的成果，另一方面是为了检视在高校教育资助工作中存在的问题，以便及时解决。

（4）财政部对每年高校资助工作中资金拨付的核查与监管

在历年的高校资助工作中，教育部除主要负责解决受助学生能否得到较好的资助的问题外，还要帮助各地确定资助的人数。而财政部主要是对资金的发放、管理工作进行统一的管理和核查。高校资助资金的管理与监督体现在高校资助的资金预算、发放等多个阶段。在预算阶段，财政部需要对各地上报的享受国家资助项目的人数以及资金预算进行备案，对于国家给予特别照顾的部分地区额外增加的受资助名额以及资金预算的情况进行统计，做好备案。在每年9月份完成当年各项国家资助项目中受资助学生人数的确认工作。学生提出申请并经过各级评审与复核，最终确定具体受资助学生名单后，财政部要下发资助资金。在下发过程中，财政部需要对各级经手部门进行层层核查，以确保各级部门按照规定如数发给各高校，各高校按照专款专用、独立记账的方式发放给学生。在资助款发放结束后，财政部需要对高校受助学生所得资金进行清查，防止各部门贪污挪用，侵害学生利益。

3. 全国学生资助管理中心对高校资助政策的制定宣传及对高校资助工作的监督

全国学生贷款管理中心于1999年9月由中央机构编制委员会办公室批准成立。该机构设立的目的是落实高等教育院校的学生贷款工作。由于我国的助学贷款政策在创立之初的实施过程中遇到很多的阻碍，使得该政策一度进行不下去，因此教育部成立该部门，作为国家助学贷款部际协调小组的日常办事机构，专门负责落实国家助学贷款政策。2006年2月，“全国学生贷款管理中心”更名为“全国学生资助管理中心”。由此，其职能更加明确。高校学生资助工作处主要负责高校资助工作，其职责主要有参与制定高校学生资助政策；推动落实国家助学贷款政策及高校其他学生资助政策；组织实施中央部门所属普通高校学生资助有关工作；指导、监督、检查地方和高校学生资助工作；开展高校资助政策宣传、咨询、培训与信访工作；协助相关部门及金融机构组织管理国家助学贷款的回收等工作；负责落实高校国家助学贷款部际协调小组交办的事项。

（1）参与政策的制定及推动政策落实

全国学生资助中心设立的最初目的就是发展国家助学贷款，使得国家助学贷款政策得到落实。全国学生资助中心是附属于教育部的行政机构，帮助教育部完善国家助学贷款政策，具体实施在国家助学贷款申请与发放过程中的各项工作，帮助高校家庭经济困难学生顺利申请到国家助学贷款并监督贷款的归还和学生的失信情况。

我国1987年出台的《普通高等学校本、专科学校实行贷款制度的办法》标志着中国大学生贷款历史的开端。1999年，国务院办公厅批转了中国人民银行、教育部、财政部等部门的《关于国家助学贷款的管理规定（试行）》，决定在北京、上海、天津、重庆、沈阳、武汉、南京、西安等8个城市的中央部委所属高校进行国家助学贷款的试点工作。当时，全国学生资助中心作为教育部的下设机构也参与了国家助学贷款政策的制定，为国家助学贷款的具体实施细节，如贷款方式、贷款对象要求、贷款申请的程序、贷款所需款项的额度、贷款的偿还以及贷款的信用体系等都一一提供了意见。2000年2月，中国人民银行、教育部、财政部又颁布了《关于助学贷款管理的若干意见》的文件，对助学贷款体系、条件和相关责任条款进行了修正，将经办银行扩大到中国工商银行、中国农业银行、中国银行、中国建设银行，将试点改为全国推行。在这一过程中全国学生资助中心的意见起到了关键的作用。2004年6月，国务院办公厅转发了教育部、财政部、中国人民银行、银监会《关于进一步完善国家助学贷款工作若干意见的通知》，本着“方便贷款、防范风险”的原则，进一步理顺国家、高校、学生、银行之间的关系，提出健全国家助学贷款管理体制，改革贷款审批和发放办法，强化普通高校和银行的管理职责，完善还贷约束机制和风险防范机制等具体措施。在这一次完善高校国家助学贷款政策的过程中，全国学生资助中心提出了三项改革意见，首先是改革财政贴息办法，其次是延长还款年限，最后是建立代偿机制。这三项措施的提出，使得学生申请国家资助贷款更加便捷，还款的压力减小，同时将国家战略和个人发展联系了起来。2006年9月，财政部和教育部联合颁布《高等学校毕业生国家助学贷款代偿资助暂行办法》。在这一项国家助学贷款代偿的资助办法中，全国学生资助中心提出了国家为高校学子到中西部地区基层单位就业而代为偿还学生在校期间的贷款的建议。这一建议不仅能为中西部地区基层单位输送大量的人才，同时也能帮助家庭经济困难学生解决贷款偿还的问题。

全国学生资助中心作为最了解高校家庭经济困难学生情况与需求的部门，在一系列政策制定活动中提出的建议符合我国现阶段高校教育资助的国情，为家庭经济困难学生提供了更多可供选择的资助条件，为促进国家助学贷款政策的发展，尤其是2003年高校助学贷款政策发生危机以来重新焕发符合社会主义市场经济情况的政策活力起到了关键作用。

（2）指导、监督、检查地方和高校学生资助工作

全国学生资助中心除了能够在国家制定相关的高校资助政策时提供辅助，提出有效的建议并促进相关政策的落实外，还可以对地方和高校的学生资助工作开展指导、监督、检查，这也促进了国家高校资助工作的顺利进行，有利于达到资助育人的政策目的。全国学生资助中心的指导监督、检查地方以及高校资助工作的主要功能是通过设立地方下级机构，建立全国学生资助中心网站实现的。首先，全国学生资助中心通过建立自己的相关网站，即全国学生资助中心网站，对全国高等院校的资助工作进行动态化的监管，及时发布相关信息，对各地高校具体资助工作情况进行跟踪报道，让各地的资助工作摆到台面上来，接受社会监督。此外，该网站还公布所有的有关国家资助的政策以及具体的执行办法，各高校学生可以查看了解，及时知晓与个人利益息息相关的国家助学政策。网站中资助政策问答一栏也可以更好地为高校学生答疑解惑，让条例规章中的抽象概念转化为问答的形式，更加易于理解。资料下载专栏可以为高校学生提供申请各项国家资助政策需要的表格，学生们不需要费力查找。在网站页面提供的其他资助网站或高校资助信息管理平台链接可以让高校学生更好地了解国家资助政策。全国学生资助中心网站提供的丰富的信息一方面可以指导地方及高校的资助工作，另一方面还可以让学生们通过对网站信息的了解，监督检查高校的资助行为是否合乎规定。其

次，各省、市、县级行政部门下设的学生资助中心都是国家学生资助中心的下级机构，可以对各地高校国家资助活动起到监督、指导和检查的作用，及时将有关情况反馈给全国学生资助中心，使全国学生资助中心及时对各地高校资助活动进行监督检查。

（3）协助相关部门及金融机构组织管理国家助学贷款的回收等工作

除了上述的两个基本的职能外，全国学生资助中心还有一个重要的作用，就是协助相关部门及金融机构组织管理国家助学贷款的回收工作。国家贷款分为两种形式，即校园地助学贷款和生源地助学贷款。国家助学贷款虽然对于贫困学生意义重大，但却存在着助学性和商业性的矛盾。国家助学贷款采用信用贷款形式。作为市场经济中自主经营、自负盈亏、自担风险、独立核算、具有法人资格、独立运行的主体的商业银行，无从直接审查学生的还款意愿和还款能力，借贷双方信息不对称现象严重，必然产生逆向选择问题。由于国家助学贷款目标群是特殊群体，他们没有个人资信记录，没有固定的经济收入，毕业后流动性强，高校扩招后造成就业、择业更加困难，毕业生的工作收入也有极大的不稳定性。可见，从商业银行角度，办理国家助学贷款的风险高于一般性贷款业务，并且缺乏有效的风险分担机制。因此，国家助学贷款经常出现学生还款违约的情况。[1] 对于这种情况，全国学生资助中心主要负责核查学生经济情况，以及是否获得过国家的其他资助，并且查看其个人信用如何。了解了这些情况后，全国学生资助中心依据学生的具体情况，配合金融机构对学生的贷款进行回收，对信用不好或者有违约行为的学生多加留意，记录到个人信用档案之中，对于确有还款困难的学生，需告知金融机构视情况改变其还款的方式。

（二）地方机构在高校资助中的作用

1. 各级人民政府对高校资助政策的宣传推广及资金的运用监管

由于高校有中央部门直属和省级教育部门主管以及设区的市一级人民政府下设的教育部门主管之分，所以各级主管部门都要对高校的资助工作进行

---

[1] 李长城．国家助学贷款存在的问题及对策研究［D］．重庆：重庆大学，2008：21－34.

管理和监督。省级教育部门和设区的市教育部门都是省政府与市政府中主管教育的行政部门，对所辖的高校资助工作有管理职责，这一职责具体体现为参与该行政区域内高校资助变通政策的制定、具体操作流程的管理规范以及反馈学生对本区域资助工作的意见，等等。这一系列的工作必须在上级政府的总体指导下完成，必须符合各省、自治区、直辖市关于高校精准资助总方针下的资助精神。由此可见，高校资助工作中各级人民政府教育部门的主要职责是制定本辖区内高校资助的总体方略，使国家的高校资助政策符合本地特殊的经济、政治、文化背景，让尽可能多的高校家庭经济困难学生得到帮助，使高校资助育人的功能得到充分体现。具体而言，各级人民政府在高校资助中的职能主要有，制定本辖区内高校资助的总体方略，在党中央、国务院高校资助政策的基础之上制定出符合本行政区域内高校现实情况的资助政策，对该由地方拨付的高校资助资金进行统筹管理，对于本地区高校资助工作进行指导和监督，对国家高校资助政策进行推广和宣传，使更多的学生加强政策了解，从而达到精准资助的目的。

（1）各级人民政府的高校资助政策宣传和细化

以省级政府为例，一般来说都会设立省级教育资助系统或教育资助网站。这些网站一般是在省级政府的领导下，由党在各省（自治区、直辖市）的委员会、省级教育部门及下设的学生资助管理中心共同建立，主要作用是向高等院校学生宣传普及国家的资助政策，同时让学生了解本行政区域内的政策实施细则。

以河南省的高校资助中省级政府对高校资助政策的宣传和细化为例。河南设立了河南省学生资助网，最为重要的作用就是向广大学生介绍国家高校资助政策、宣传省高校资助政策的创新之处和具体的高校资助实施办法。在政策宣传一栏中，可以看到河南省的高校资助政策立足于国家政策，致力于实现教育的公平公正。教育公平公正是社会公平的重要基础，是国家的基本教育政策。2007 年以来，河南省连续出台了多项学生资助政策，建立了从研究生教育到学前教育各个阶段的家庭经济困难学生资助政策体系，在制度上保障了各级各类学校家庭经济困难学生顺利入学并完成学业。

2007年5月，国务院出台《关于建立健全普通本科高校、高等职业学校和中等职业学校家庭经济困难学生资助政策体系的意见》，对我国高等院校的学生资助政策做了梳理。2010年《国家中长期教育改革和发展规划纲要（2010~2020年）》颁布实施后，国家又在原有的学生资助体系中对资助政策和实施办法进行了补充，进一步完善了对高等院校学生的资助，填补原有政策在实施时出现的漏洞。近年来，河南省全面落实国家出台的各项学生资助政策，不断加强资助监管、创新管理举措，逐步建立了较为完善的高校家庭经济困难学生资助政策体系。在河南省教育资助网高等教育资助类别一栏中，有所有资助政策项目的详细介绍，既包括已有的国家助学金、国家励志奖学金、国家奖学金、学业奖学金、校园地国家助学贷款、生源地信用助学贷款、师范生免费教育、退役士兵教育资助、毕业生赴基层单位就业国家助学贷款代偿、学生应征入伍服义务兵役国家资助、直招士官国家资助、高校家庭经济困难新生入学资助项目、勤工助学、学费减免、校内奖助学金、特殊困难补助、新生入学“绿色通道”等国家设立的高校资助项目，也包括河南省独具特色的“雨露计划”助学补助项目。“雨露计划”是根据《河南省教育脱贫专项方案》（豫政办〔2016〕120号）的规定，从2016年秋季开始，对在河南省就读的建档立卡的贫困家庭专科学生，按照每生每年2000元的标准发放“雨露计划”扶贫助学补助。该项资助由学生按照相关规定向户籍地扶贫部门申请。

（2）各级人民政府对地方财政拨款的管理

地方财政是指中央财政以下各级财政的统称，是国家财政的重要组成部分，体现地方政权与所属或所辖区域内企事业单位、社会组织、居民之间以及各级政权之间的分配关系。地方财政体系又基本上由省（直辖市、自治区）财政、市（县）财政、区（乡镇）财政三级财政组成。在地方财政体系中，省级财政是主导，城市财政是支柱，市辖区、县、乡（镇）财政是基础环节。地方财政既是国家财政体系的有机组成部分，又是地方政府的重要职能部门，处于对中央负责和对地方政府负责的双重地位。[1] 地方财政是地方政府可支配的财政收入，对于高校资助政策中要求的需要地方人民政府划拨地方财政资金的项目，应当由各级人民政府对地方财政拨款进行统一的管理。管理的过程包括需要由地方财政拨付的高校资助政策中地方财政资金比例的确定、资金额度的确定以及资金的下发。在确定高校资助资金的地方财政拨款比例时，需要对本地区的经济情况以及学生数量、教育水平等因素进行综合考量，然后拟好具体的地方财政支付高校资助资金的比例后上报，上级政府同意后按照拟定的比例拨付资金。由于每年需要地方财政拨付资金的高校资助项目的资助人数、资助金额不同，因此地方各级财政部门在做好高校资助预算后，还需要上报给上级人民政府进行审核，审核无误后由各级财政部门将国家财政拨付的高校资助资金统一下发。

（3）各级人民政府对高校资助的监督和指导

各级人民政府是高校资助政策的执行者，同时也是本行政区域内具体负责高校资助工作的各主体的指导监督者。各地高校资助工作并非由各级政府具体负责，一般是由财政部门、教育部门及银行负责具体工作。但是具体的部门在负责高校资助过程中离不开各级政府总的安排部署，以协调各部门关系，促进资助工作的顺利开展。实际负责部门开展高校资助工作也需要各级政府的指导，各部门不仅要理解国家高校资助政策的内涵，更要理解本行政区域内高校资助政策的内涵，以便更好地为高校家庭经济困难学生谋福祉，不仅使他们得到经济资助，还要让他们感受到党和国家对他们的殷切关怀。在各负责部门需要各级政府工作指导的同时，各级政府对具体负责高校资助工作的行政部门也有监督职责，这种监督不仅是对具体负责的行政部门乱作为的监督，更是对其不作为的监督，防止他们在高校资助名额评定、款项下发以及精准资助过程中侵害高校家庭经济困难学生的利益，违反国家资助政策的初衷。

2. 各级财政、教育部门对高校精准资助的贫困生认定及资金的监管

各级财政和教育部门是顺利开展高校资助工作的关键所在。与各级人民

---

[1] 何盛明．财经大辞典［M］．北京：中国财政经济出版社，1990.

政府的宏观管理职能不同，各级财政和教育部门要在国家高校资助政策精神和各级政府的领导下，制定符合本行政区域的具体资助政策和实施办法，参与本行政区域内高校资助工作的具体管理。

以广西壮族自治区为例，自治区人民政府根据《教育部办公厅关于进一步加强和规范高校家庭经济困难学生认定工作的通知》精神，为进一步加强和规范区内高等学校家庭经济困难学生的认定工作，做到精准认定，广西壮族自治区教育厅、财政厅结合自治区实际情况制定了《关于进一步加强和规范广西高等学校家庭经济困难学生认定的指导意见》（以下简称《指导意见》），具体规定了高校家庭经济困难学生的认定标准，是对广西壮族自治区落实高校精准资助政策的具体措施。《指导意见》指出，要正确认识国家助学金、国家助学贷款等解困型资助项目对家庭经济困难学生“保基本、兜底线”的功能定位，坚决杜绝将“助学金”变成“奖学金”或用“助学金”代替“奖学金”的行为。在高校家庭经济困难学生认定方面，《指导意见》指出，要将家庭经济困难学生的情况分为“特别困难”“突发事件特殊困难”“困难”三档。农村建档立卡家庭经济困难学生、农村特困救助供养学生、城乡居民最低生活保障家庭和农村特困群众最低生活保障家庭的学生以及家庭经济困难孤残学生，属于“特别困难”；因家庭遭遇重大疾病、重大自然灾害或事故等突发事件，导致学生本人及其家庭所能筹集到的资金，难以支付其在校学习期间的学习和生活基本费用的学生，属于“突发事件特殊困难”；来自低收入家庭（以家庭人均月纯收入不高于高等学校所在地城镇居民最低生活保障标准 20% 为限）的学生，属于“困难”。此外，《指导意见》还指出，在家庭经济困难学生认定时需建立健全四级资助认定工作机制，规范工作程序，做到公开、公平、公正。将班级辅导员（班主任）、院（系）资助工作负责人作为认定工作的主要责任主体，并厘清岗位职责，建立问责机制。省级教育部门和财政部门通过拟定高校教育资助意见，对高校家庭经济困难学生的认定标准和认定方法有了具体规定，成为更加符合自治区高校情况的政策导向。

另外，各级的财政部门和教育部门在高校资助中分别管理高校资助的学生资助款项的审核下发工作和高校受资助学生管理、名额确定、认定评审等具体工作。首先，教育部门负责本辖区内的高校资助工作，不论是受资助学生名额的确定，还是高校资助政策的执行，都是要由各级教育部门直接审核高校上报的资助情况，这是其工作的基本内容。教育部门还需要认定高校资助工作是否存在违规舞弊、弄虚作假的现象，规范高校行为，使其依照国家、地方政府和地方各级财政、教育部门关于高校资助的规范文件行事，使需要得到资助的学生获得帮助。其次，财政部门对辖区内高校资助资金的管理和发放也是高校资助的关键环节，只有做好基层的高校资金审核与发放工作才能真正保障学生的利益。

3. 各级学生资助管理部门对高校资助的信息采集和贫困认定

2007 年 8 月 10 日，教育部、财政部下发《关于要求县级教育行政部门成立学生资助管理中心的紧急通知》，要求将学生资助管理中心下设到县一级，这是贯彻落实《国务院关于建立健全普通本科高校、高等职业学校和中等职业学校家庭经济困难学生资助政策体系的意见》（国发〔2007〕13 号）精神，推进家庭经济困难学生资助各项工作，尤其是正在部分省份进行的生源地信用助学贷款试点工作的需要。各级教育行政部门学生资助管理中心的职责，一是生源地信用助学贷款管理，主要包括收集、整理、汇总入学前户籍为本辖区的高校新生和在校生的家庭经济状况、生源地助学贷款需求等信息；配合经办银行对贷款学生的家庭经济困难情况进行调查、认定；办理生源地信用助学贷款的申请、初审等管理工作。二是生源地信用助学贷款等相关贷后管理工作，主要包括接受高等学校、生源地信用助学贷款和国家助学贷款经办银行的委托，建立与贷款学生家庭的联系制度；负责跟踪了解贷款学生的家庭经济状况变化情况；协助经办银行催还贷款；负责向省级学生资助管理中心、高等学校和经办银行及时报送贷款学生的有关信息等。三是资助政策宣传职责，主要包括会同当地有关部门组织新闻媒体在本辖区范围内，利用广大人民群众和学生喜闻乐见的形式，开展家庭经济困难学生资助政策宣传和咨询等工作。还有其他工作职责，即根据党中央、国务院的要求，按照各省级人民政府的部署，负责完成其他有关资助工作。

国家将助学贷款工作放在相当重要的位置，不仅从贷款制度上加以完善，更从机构设置上入手，使得国家助学贷款不仅能够顺利帮助家庭经济困难学生上得起学，而且要使国家助学贷款的归还得到保障。作为各级教育部门内设的学生资助管理中心，从 2007 年开始就逐步扩展到县一级，层级划分更加细致，更容易对申请贷款学生的家庭情况，尤其是申请生源地助学贷款的学生具体情况进行具体的了解，便于精准开展国家助学贷款工作。此外，政府部门的国家高校教育资助宣传工作总有力所不及的地方，而学生资助管理中心的设立可以很好地解决这一问题。各级学生资助管理中心可以通过各种形式普及高校资助政策，使学生们及时了解，方便申请。不仅仅局限于国家助学贷款管理和高校资助政策宣传职能，各级学生资助管理中心还可以对学生家庭具体情况实时跟踪，对学生信息收集起到关键作用，能够更好地为家庭经济困难学生提供各项资助提供，形成学生家庭情况的动态化管理机制。就目前我国教育领域的档案管理工作来看，学生资助管理中心的档案管理，越来越受到学校和学生的重视。这些档案的主要内容是一些困难学生的受资助情况，包括助学贷款、困难补助以及一些勤工俭学情况，等等。对这些档案进行妥善保存，不仅能够为获得奖学金起到一定的促进作用，还能够从根本上激励在校学生。❶

自两部门 2007 年发布建立县级学生资助管理中心的文件以来，在不到两年的时间内，全国县级政府教育部门基本都成立了该机构。根据 2009 年呼和浩特日报的报道，为推动国家开发银行生源地信用助学贷款工作，内蒙古自治区按照 2008 年 8 月自治区政府办公厅下发的《关于尽快建立盟市旗县学生资助管理中心有关事宜的通知》，在全区 101 个旗县（市、区）中已建立了 80 多个学生资助管理中心。从内蒙古自治区高校学生资助管理部门的发展和建设来看，我国对基层的高校资助管理部门的建设工作非常重视，也取得了一定的成效。

❶　徐春侠．浅析学生资助管理中心档案的利用服务体系建设［J］．黑龙江史志，2015（10）：65.

（三）高校机构在高校资助中的作用

高校是学生资助工作中与学生关系最为密切的单位，不仅最了解学生的家庭情况和学习情况，也最了解国家的各项资助政策，便于实现高校家庭经济困难学生资助的精准化。

1. 我国高校学生资助机构的发展历史

我国在完整的高校资助体系形成之前经历过平均主义的供给制（或公费制）、人民助学金制度、奖优助困相结合的奖学金与贷学金并存制度等一系列的助学模式。高校作为资助政策的直接实施者，随着高校助学政策的不断变化发展，负责实施国家资助政策的主体也在不断变化。无论是公费制还是人民助学金制度，高校学生资助管理工作内容主要是负责学生“伙食”“生活津贴”及人民助学金的统一管理和发放，管理者主要是学生工作处的行政人员，班级学生生活委员提供协助。随着奖学金制度的确立，高校学生资助工作的内容变得丰富，管理工作也开始涉及评定细则的制定、资格审查等专业化较强的内容，资助工作开始有“甄别”地开展。在这一时期，管理者仍然是高校的学生工作部门或者说是非专门的高校部门。从 20 世纪 90 年代末开始，我国高校的学生资助工作开始逐步步入专业化的管理阶段。学生资助类型多样化，服务对象也出现了新的资助需求，学生资助管理工作变得越来越复杂，程序也越来越烦琐。学生工作处兼顾管理资助事务的管理模式已经不能满足实际工作的需求。[1] 2003 年，教育部颁布文件明确提出：“每所高等学校都必须建立资助经济困难学生工作责任制，落实专门机构，明确领导分工；要挑选有责任心、有爱心的同志具体负责学生资助工作。”在此文件的指引下，我国高校普遍建立了学生资助中心，负责招生资助宣传工作、新生入学资助项目的实施、奖助学金的评选与发放、勤工助学岗位的开发与聘任、资助育人教育活动的开展等工作。同时，学生资助中心还承担了与校内其他相关部门协调配合、与银行开展协作、引进社会资助资源等任务。

---

[1] 姜娜．高校学生资助管理机构职能发挥中的问题与对策［D］．武汉：华中科技大学，2011：20－23.

2. 我国高校学生资助管理中心对学生资助的政策宣传及思想道德教育

（1）对高校学生教育资助的宣传

高校作为与学生关系最为密切的国家教育资助政策宣传者，发挥着让学生更迅速、及时、完整地了解国家助学政策的重大作用。自2003年以来，在教育部的督导下，我国各高校的学生资助中心设立工作如火如荼。时至今日，我国高校的国家资助工作基本都已经交由高校学生资助中心全权负责，在一些规模较大的学校，在各院系中也单独建立了学生资助中心和评审委员会，形成了高校内部学生资助部门的体系构建，以便更好地履行国家高校学生资助职能，使政策宣传工作走向细致化。

具体来说，我国高校学生资助中心的国家资助政策宣传工作包括以下内容：对国家已出台的政策进行讲解和宣传；对国家尚未出台的高校资助动态及时宣传；对各项国家高校资助政策的申请办法及流程进行宣传；对高校学生正确对待高校资助政策的心理、思想道德以及主流价值观进行宣传教育。此外，高校学生资助中心在政策宣传上体现了其重要性。由于全国高校数量众多，国家部委和各级行政机构不可能进入到每一所学校宣讲国家的助学政策，而高校主管学生资助工作的学生资助管理中心却弥补了这一不足，使高校可以随时对学生的资助工作开展宣传。其宣传工作可以分为三个阶段。第一阶段：高校学生入学前，在高校录取通知书中对高校新生入学以及国家助学金、国家助学贷款等相关的高校资助政策进行宣传，把可以由新生享受的国家助学政策介绍清楚，方便新生在入学的第一时间就能够申请到相应的助学款项，促进精准资助的实现。第二阶段：入学时，高校学生资助中心可以当面向学生详细介绍国家各项助学政策，弥补文字介绍的不足，使学生通过与高校资助中心的工作人员直接交流的形式，加深对国家诸项资助政策的了解。第三阶段：学生在校学习期间，学生资助中心还可以随时解答关于学生资助政策的相关问题，指导学生获得相应的学生资助。各年级辅导员作为高校资助工作的关键人物，可以在高校学生资助中心的指派下对学生进行专门的、一对一的宣传讲解，使家庭经济困难学生得到精准的资助。

（2）对高校学生教育资助的协调

高校学生教育资助工作是一项需要校内外因素协作联动的工作。高校资助不仅仅涉及学校的学生，还关系到国家和地方政府的拨款与管理、涉及学生贷款中银行对贷款的下发与回收、学生参军入伍后接收地方参军办公室与学生参军部队的相关手续以及学费补偿或贷款代偿申请的接收、社会团体以及企业对高校的事业收入或捐款的接受。这一系列的工作，需要专门负责高等教育资助工作的高校部门进行总体协调，方便学生能及时申请资助项目并顺利得到应得的资助资金。

首先，在学校和学生之间，高校学生资助中心可以起到桥梁作用，使学校的各项关于国家资助政策具体主张传达给学生，同时也可以将学生的意见和建议上报给学校。上传与下达之间，学校的作用已经远远超越了联络的需要，学校与学生之间关于国家助学政策在具体实施方面的矛盾成为了值得人们关注的问题。由于学校被授权行使制定具体的高校某些资助政策评审办法的权力，其制定的具体评审办法有时会照顾不到部分学生的利益，导致学生的不满。此外，高校在评议结束后的公示过程中，经常会有学生对评审的结果不满，要求学校重新评定。学校在解决这两个方面的问题时必须由最了解国家高校资助政策的校级学生资助中心来完成，该部门不仅要在学校制定的评定办法的制定过程中积极建言，防止出现损害学生利益的条款，同时要在发现学生反馈的该评定办法确实出现缺漏或不足的情况下提出修改该评定办法的意见建议；对于在评定结果公示过程中学生的不满与意见，也应当由高校资助中心尽力解决，有错则改，给学生一个满意的交代，同时也要将学校执行的助学政策原原本本地向学生传达解释，努力在维护局面稳定的情况下作出客观合理的处置。

其次，在与外界的接触中，高校的学生资助中心也是发挥工作协调作用的重要部门。对于商业银行给予高校学生的国家助学贷款，高校学生资助中心不仅要帮助学生贷到款项，使学生顺利完成学业，同时也要对学生在申请国家助学贷款信息的真实性方面进行全面的核查，保证学生家庭经济情况的真实性，督促学生还款，进行感恩回报的德育工作，兼顾国家助学贷款的商业性与资助性，发挥出更大的功用。在接受国家财政拨款和确定受资助学生人数方面，高校学生资助中心作为最了解本校学生家庭经济情况的专门部门，应当在保证国家财政不被滥用的情况下为有需要的学生争取资助，协调好受资助学生的名额，保证国家财政款项及时发放到学生手中。对于学校事业收入或者其他的校外企业、个人的捐款，在用于高校学生资助方面的款项，学校在接受和使用方面也应当由学生资助中心负责协调，保证资助款项最大限度地用于家庭经济困难学生。

（3）对高校学生教育资助的管理

高校学生资助工作是一项系统性很强而且非常繁杂的事务性工作。高校学生资助中心就是负责管理一切与学生资助相关的事务性工作的机构。在日常资助工作中，资助中心需要将本校申请资助者的个人资料和申请材料整理归档，便于在资助资金发放后继续跟进，同时负责将学生资料送交银行和企业相关部门，更好地进行资助项目开发与合作。另外，高校学生资助中心还负责对资助资金的来源进行登记管理和发放管理，以及学生使用资金的信息更新与管理。[1]

高校学生资助中心的高校学生资助管理工作不仅仅是对学生的管理，还包括对学生档案的管理。学校往往会借助学生资助信息管理系统对学生的资助信息进行管理，保证学生信息的安全性和准确性。通过系统化、电子化的数据管理，可以将同一学生上报的不同年度的资助信息进行对比分析，研究学生经过国家资助后的学习生活改善情况，形成动态化的学生信息管理机制，可以实现对高校家庭经济困难学生的更加精准的资助效果。同时，由学生资助中心全权负责具体管理工作的做法也降低了学校的管理成本，避免了高校行政部门或学生处等传统学生管理部门在学生资助工作中无的放矢现象的出现，提高了资源利用效率。在资金管理方面，高校学生资助中心可以为学校厘清高校学生资助中资金构成的比例，分析高校资助资金对于资金来源的依赖程度，努力提高高校自身的事业收入在资助资金中的比重，鼓励校企的发

❶ 王可然．我国高校学生资助中心问题研究［D］．北京：中央民族大学，2015：15.

展，积极宣传感恩母校、回报国家的观念，鼓励更多的校友及社会人士捐款，拓宽高校资助资金来源渠道，努力降低国家财政拨款在高校资助资金来源中的比重，推动建立更加均衡、合理、多元的资助资金构成模式。同时，对高校资助资金下发过程中的管理监督也是高校学生资助中心管理职能的体现。高校学生资助中心可以对资金的数额、发放的人数进行精细的管理，防止出现挪用贪污的现象。在资金发放后，通过对家庭经济困难学生使用资金时情况的持续关注，可以较为准确地判断学生是否确实需要资助，为高校后续的资助工作安排提供事实依据。

（4）对高校学生教育资助的服务

高校的资助对象是学生，这意味着高校资助中心需要立足于学生的切实需求，将维护学生正当利益作为资助工作的根本目的，为学生服务。在资助工作中，一方面要对受助学生在学习、生活中遇到的困难进行帮助和关怀，另一方面需要对学生的心理健康给予关心和照顾。资助人员需要及时了解学生生存发展、物质精神等方面的需求，与校外有关单位进行沟通，根据本校的实际情况，争取更多的勤工助学岗位和实习机会。在学生的学习过程中，管理服务者要善于发现学生的心理需求，从根本上给予学生关怀和引导，帮助有困难的学生走出困境，顺利完成学业。[1] 高校学生资助中心作为一个政策宣传、工作协调、资助管理、服务学生的机构，其最终目的还是为高校的学生在申请国家资助时提供帮助和服务，维护学生应得的利益。

首先，在帮助学生申请国家资助方面，应当注重资助政策宣传，使学生加深对国家资助政策的了解。在学生申请资助的过程中，高校学生资助中心应当尽己所能，指导学生填写申请材料并对学生上交的材料进行认真审核，避免出现伪造家庭情况，骗取国家资助款项的情况。在评定过程中，高校学生资助中心不仅要对学校制定的评定办法进行实践角度上的综合考量，更要及时解决在评定过程中出现的问题，给受资助学生提供一个公平、公正、公开的评审环境。在款项发放过程中，高校学生资助中心的首要任务是确保应

---

[1] 王可然．我国高校学生资助中心问题研究［D］．北京：中央民族大学，2015：16.

发款项及时、如数发放到学生手中。资助中心需要对高校的财务部门加强监管，对其在接受资助款项、发放确认等过程中的行为方式进行检查，确保合规合理，站在学生的立场考虑问题，全心全意为学生服务，实现受资助学生利益最大化。

其次，对于高校家庭经济困难学生的帮助措施，除了可为学生申请经济方面的国家资助提供必要引导和帮助外，更重要的是对家庭经济困难学生进行心理引导。高校资助过程中往往有真正需要国家资助的学生因为碍于面子而拒绝国家资助的情况。基于这种情况，高校学生资助中心应该对家庭真正有困难的学生进行心理辅导，让他们放下家庭贫困的精神负担，把心思放在努力学习上，加深他们对国家资助政策内容、目的、作用的认识，让他们在国家资助的暖阳下结出丰硕的果实。而针对家庭经济情况并不困难但却贪图国家资助款项的学生，学生资助中心也应该对其进行正确的价值观教育，引导他们为真正有需要的同学考虑，认识到国家资助政策真正的目的。

3. 高校对校园资助信息大数据库及资助分析模型的构建

得益于“互联网 +”和信息技术的高速发展，高校贫困生资助正逐渐脱离原有贫困生人工信息采集、模糊分析、概括授予的传统资助模式，向构建高校贫困生资助信息互动互联平台，实时更新的高校贫困生数据库以及依托发展性多层次需求决策理论而构建的贫困生认定模型转变。这一变化不仅可以增强高校贫困生家庭经济情况认定的真实性，同时也可以对贫困生家庭经济情况进行跟踪，形成系统的个人资助数据库，便于分析确定与贫困生情况相适宜的资助项目。

现阶段高校的贫困生资助工作越来越依赖大数据库的作用，大数据库建立的目的在于进行数据的搜集、筛选、分类、整合。但是大数据思维在家庭经济困难学生精准识别上的价值不仅在于掌握庞大的数据信息，更加重要的是从海量的信息当中提取出有用的数据进行分类整理，以便进行合理化、公式化的分析。要做到这一点就必须建立一个校内外关联的大数据库，这也是高校需要在贫困生资助工作中着力完善的内容。因此，构建合理的贫困生认定模型才是高校贫困生资助工作的重中之重。现阶段，我国不少高校已经通过本校的学生一卡通以及学生提供的家庭经济情况信息建立起了涵盖可能影响高校贫困生资助及等级划分的各项因素的贫困生资助认定模型，并对每一项影响因素的权重进行了合理的配置，翻开了高校贫困生资助的新篇章。

二、高校贫困生精准资助的资金保障

虽然国家资助的着力点应当从重视经济资助向既重视经济资助又重视心理资助转变，但基于我国现阶段的发展情况，对于高校贫困生的经济资助还是主要的资助方式，经济资助是关系到学生能否上得起学、能否顺利完成学业的关键。此外，对于高校资助体系的构建以及相应的配套机构和人员设置，甚至是资助体系赖以存在的顶层设计——相关的国家高校精准资助法律法规和规章都离不开资助资金的配给问题。可见，如果只有教育资助的政策，没有实际的资金支持，一切都将无从谈起。现阶段，我国高校贫困生尚不能从根本上逃脱上不起学的现实困境。当前我国高校资助政策体系得以建立，高校的各项资助顺利进行，高校家庭经济困难学生的受教育权得到保障，国家科教兴国的战略稳步落实，与国家财政、高校事业收入以及社会捐赠的大量的资助资金投入密不可分。高校资助的资金保障意义重大，强大的资金支持是学生能够得到经济资助的根本保障，只有如此，高校资助政策才有意义，才能够使受助学生获得切实的帮助。

（一）高校贫困生精准资助的资金构成

1. 我国高校资助资金构成现状

从 2017 年教育部发布的中国学生资助发展报告中关于高校资助资金规模的内容来看，我国投入的高校资助资金规模远远超过义务教育阶段学生资助的数额。从高校资助资金的构成比例来看，2017 年，政府、高校及社会设立的各项高校学生资助政策共资助全国普通高等学校学生 4275.69 万人次，资助资金 1050.74 亿元，其中财政资金 508.83 亿元，占 2017 年度高校资助资金总额的 48.43%。中央财政 301.23 亿元，占高校资助资金总额的 28.67%；地方财政 207.60 亿元，占高校资助资金总额的 19.76%。银行发放国家助学贷款 284. 20 亿元，占高校资助资金总额的 27. 05% 。高校事业收入中提取并支出资助资金 238. 21 亿元，占高校资助资金总额的 22. 67% 。社会团体、企事业单位及个人捐助资助资金 19. 50 亿元，占高校资助资金总额的 1. 86% 。❶

从以上数据可以得知，在高校资助体系下，资助资金主要的来源有五个方面，分别是中央财政拨款、地方财政拨款、国家助学贷款、学校资金以及社会资金。首先，不论是中央财政拨款还是地方财政拨款都属于国家财政对高校资助政策的支出，这一部分占到高校资助资金规模的将近一半，说明我国的高等教育资助还是十分依赖于财政的拨款。在财政拨款当中，中央财政又是高校资助资金的主力军，表明了国家对高校教育资助的主导性。其次，国家助学贷款和学校资金也在高校资助资金的构成中占据了半壁江山。国家助学贷款由于分为校园地国家助学贷款和生源地国家助学贷款，两者的资金来源也是不同的。校园地助学贷款是早期国家助学贷款的形式，发放贷款的机构主要是商业银行，而生源地助学贷款是学生向国家开发银行等金融机构申请的助学贷款，放贷机构是国家开发银行。国家助学贷款为家庭经济困难学生解决了入学的燃眉之急，其款项的助学性与商业性的融合为高校资助体系的多元化、资助资金来源的多样化打下了基础。对于另一项占比巨大的高校资助资金——学校资金，其来源比较稳定，一般都是学校的事业收入，包括学生的学费、杂费、膳宿费收入以及校企的收入，等等。学校资金用于高校资助的比例如此之高与国家的助学政策密不可分，在国家助学政策的要求下，我国高校逐步形成了学校资助的模式，并不断扩大资助规模与力度。最后，对于占比最少的社会团体、企事业单位及个人捐助资助资金来说也是高校资助资金中不可小觑的，并在今后应该大力发展的高校资助力量。

2. 我国高校资助资金构成存在的问题

从我国现有的高校资助资金结构看，主要存在以下问题：第一，国家财政支出为主的高校资助资金投入模式容易使高校产生依赖性。国家财政对高校的学生资助资金占到了全部资金的将近一半，也就是说学生在得到国家奖

❶ 教育部 . 2017 年中国学生资助发展报告［R］. 2018 - 03 - 01.

助学金的帮助方面最少有一半的资金来自国家财政。资金来源渠道的狭窄，往往使得学校在为学生提供资助资金时对主要资金来源产生依赖，不能及时有效地去帮助有突发困难的学生，从而影响学校在资助育人功能方面的作用。第二，国家助学贷款的信用保障机制的缺失，容易为高校贷款的发放和回收带来风险和隐患，从而为国家助学贷款资金在高校资助资金中的占比带来不稳定因素。我国高校的国家助学贷款分为校园地国家助学贷款和生源地国家助学贷款，其担保的方式分别为信用保证和学生及其家长之一作为生源地贷款共同借贷人，需要担保人、抵押物或信用评定证明等方式实现风险控制。虽然生源地贷款方式对贷款人有需提供担保的选项，但大部分地区学生在申请时大多不会提供抵押资产，而选择担保人作保。由此可见，银行等金融机构对放贷资金并没有较高的回收保证，全凭高校贷款学生的信用以及国家政策的支撑维持助学贷款的发放与回收工作，这难免会使国家助学贷款存在较高的违约风险，从而使高校助学贷款资金来源不稳定。尤其是2003年国家助学贷款陷入运行危机以来，我们应对助学贷款的贷款模式多加考量。第三，社会资金在高校资助体系资金构成比例中的规模过于小，没有形成反哺循环机制和全社会共同关心教育的新型资助模式。与欧美国家相比，我国高校接受的社会资金很少，难以成为高校发展的重要资金来源。除了我国人民的收入水平、民众的公益意识限制之外，国家的法律法规也制约着高校捐赠收入的提高。我国目前的税法对捐赠存在制约的因素有：享受税收优惠的捐赠途径有限，缺乏对实物捐赠的优惠政策；退税程序复杂；捐赠税前扣除额度明显不合理；企业捐赠优惠内外有别；用遗产税和赠与税对资产转移进行限制从而推进捐赠“倒逼”效应缺乏。[1]

3. 我国高校资助资金构成问题的解决办法

针对高校资助资金来源构成中存在的问题需要对症下药，分别解决。第一，对于国家财政支出过高，学校依赖性强的问题，应该继续加大国家财政

---

[1] 陈威，罗平．高校资金来源的拓宽渠道分析［J］．重庆工学院学报（社会科学版），2007(5)：16－17.

对高校资助的投入。这样做是因为国家财政对高校的支出是全世界普遍的做法，是一个国家重视教育的体现，只有政府继续加大高等教育的投入力度，才能改善高等教育投入地区不平衡状况。但同时也要拓宽高校教育资助资金的渠道，鼓励高校增加自身的事业收入，多多吸引个人、企业的社会资金的投入和捐赠，使学校财务更具有独立性，在区域竞争中获得优势。第二，针对国家助学贷款学生信用体系尚未建立，影响助学贷款发放稳定性的问题，当务之急是完善信贷体系；高校严格把关，做好放贷前的资格审批；金融机构可合理控制贷款规模。国家要进一步出台相关的规定，降低助学贷款风险。金融机构是营利机构，需要遵循市场规律，因此，在考虑方便家庭经济困难学生顺利贷款的同时又要保证学生申报材料的真实性，并采取措施降低贷款不能收回的风险。国家以及各级高校资助部门要做好德育工作，对贷款学生进行必要的思想道德教育，控制学生对国家助学贷款的违约率，保证贷款发放与回收的循环周期性，为高校资助资金来源的稳定性做出必要的安排并营造良好的环境。第三，对于社会资金在高校资助体系资金构成比例中的规模过于微小的问题，需要借鉴欧美私立大学的经验，对学生进行反哺教育与感恩教育，让他们心系母校发展，帮助母校家庭经济困难学生，在自己力所能及的范围内给予他们更优质的教育资助。同时，国家应出台捐赠、免税、退税等政策来鼓励企业或民间资金进入高校，拓宽高校的资金渠道，促进高校的建设发展。例如，完善企业及个人向高校捐赠的税收优惠政策，提高社会向高校捐赠的积极性。另外，发展教育彩票是一件一举多得的事情，既能够为高校筹集资金，又能够增加政府税收，还能够拉动相关产业的发展。高校拥有丰富的科研存量，较大的科技优势和人才优势，一旦和企业完美结合，将创造出可观的经济利益和巨大的社会财富，高校应该充分利用自己的优势加强和企业的合作来获取发展资金。另外，高校应积极开展多样化办学模式，例如与企业合作办学，不仅为高校建设筹集到资金，而且还能增加高校的发展活力。[1]

（二）高校贫困生精准资助资金的管理与监督

1. 高校资助资金监管的现状

高校资助资金的监管，必须按照高校资助资金的来源不同分类监管。我国高校在资助资金监管方面往往是由高校的财务部门与学生资助中心共同管理。高校资助资金分为国家财政、银行贷款、高校事业收入以及社会资金。其中国家财政是直接发放给学校的，而助学贷款则按照学生申请的是生源地助学贷款还是校园地助学贷款的不同，发放对象也不相同。生源地信用助学贷款由银行将学生所贷款项直接发放给学生，然后由学生将学费和住宿费等直接上交学校。国家助学贷款首先是学校和负责贷款的银行进行接洽，统一为需要进行贷款的学生进行贷款注意事项的宣讲。银行在向学生进行国家助学贷款政策宣讲的同时会和需要贷款的同学办理贷款手续。在贷款审批通过后，由银行将学生所申请之款项的学费部分直接发放给学校，生活费部分直接发放给学生。高校事业收入由高校直接管理，社会资金按照捐赠者的意愿可以委托学校管理，也可以成立基金会和相应的管理机构自行管理。对于国家财政拨付的资金，我国高校一般都是统一管理的。在资金进入学校专门的账户后，学校的财务部门会对资金的数额进行核查，在确认无误后，再通过学校的学生资助中心将款项下发给获得相应国家资助的学生。对于国家财政资金的监管，高校普遍没有专门的机构，一般由学生资助中心代为行使。而对于国家助学贷款，高校对这部分资金的监管往往是资金被银行划入学校的账户以后学校才能进行监管，对于在申请中的款项，高校一般无权管理，更无从监督。对于学校自身的事业收入，高校在监管方面就比较全面。因为事业收入完全是由高校自行支配的，对于划拨为用于学生资助的事业收入款项，各个高校的管理办法是不同的，可以设置专门的部门，配备专门的人员进行监管，也可以由其他部门进行监管。与此类似，高校收到的社会资金，如果

---

[1] 陈俊丽，王丰，齐雪皎．高校资金来源存在的问题及应对策略［J］．现代经济信息，2010（4）：99.

是直接赠予学校，那么各高校的监管方式与事业收入用于学生资助款项的监管方式是类似的，如果是以成立基金会的形式捐赠给学校的款项，有可能不受学校的监管，而由捐赠者或其他机构进行监管。

2. 高校资助资金监管的建议

（1）建立高校资助资金的专门财务管理制度

高校应当建立专门的财务管理制度，为高校资金的监管在财务制度方面打下良好的基础。第一，应当以体制改革引领制度创新之路，改革管理体制，对高校财务管理制度进行创新。在市场经济体制的根本要求下，加强对高校的财务环境的制度治理。要明晰高校产权，这是提高办学效益的制度根源。此外需要创新管理理念，对于高校财务管理制度创新具有催化作用。第二，要健全高校财务管理制度的实施机制，完善高校在制定实施资助资金制度方面的系统性、有效性以及效益性。这不仅是高校财务管理制度设计的基本要求，也是高校财务管理制度实施的目标，更是实施财务管理制度的最终目的。第三，还需要建立完善高校教育成本核算制度，强化高校教育成本控制机制，拓宽高校筹资渠道的制度安排，为实现高校财务可持续能力提供制度保障。[1]

（2）重视高校学生资助中心在高校资助资金管理方面的作用

高校学生资助中心作为高校主管学生资助的权威部门，应当更多地参与到学生资助资金的管理中去，借助高校专门针对学生资助资金的财务管理制度和统一的监管办法对高校的学生资助资金进行全方位的管理和监督。同时也要限制学校的行政部门和其他机构对高校学生资助资金的染指，防止出现谁都要管，但谁都管不好的局面。应当认识到高校学生资助中心在学生资助工作中的重要性，尤其是资助资金管理与监督方面的积极作用。高校学生资助中心应当在完善财务预算监督制度、完善事中审计监督制度、完善经济责任制和问责制、完善财务公开制度等方面发挥自身的优势，保证高校的资助资金在阳光下运行。学校各部门要行使好自己的职能，通力合作，齐抓共管，

[1] 郑义. 高校财务管理制度的缺陷与对策研究［D］. 济南：山东师范大学，2010：44－59.

互相配合。[1] 在高校学生资助中心对高校资助资金进行监管的同时，其他的高校部门可以协同监管，形成以学生资助中心为主，其他部门为辅的高校学生资助资金监管模式，为保证高校资助资金安全以及利用效率进行监督管理的体系化完善。

（3）制定统一的高校资助资金监管办法

财务监督是高校财经活动合法、有序、高效进行的重要保障，是高校运营目标实现的重要支撑机制。完善的财务监督制度包括外部监督制度和内部监督制度。在完善外部监督制度方面包括政府监督和社会监督。从实际情况看，高校外部监督多来自政府监督，由于高校财务缺乏公开透明度，公众缺乏获取高校财经信息的有效渠道，社会监督的力量微小。首先，完善政府监督。完善政府监督需要改进的地方，一是加强政府监督能力整合，形成系统、有效的监督体系。二是完善财政监督的法律建设。三是推动财政监督信息化建设。其次，完善社会监督。第三方审计是一个重要的财务监督方式，中国高校财务监督中应该引入第三方审计监督。对于完善内部监督制度来说，一是需建立独立的高校财务监督机构；二是要完善高校内财务公开制度；三是需完善校内民主监督机制，在强化教职工代表会民主监督的作用同时，扩大对民主监督的参与渠道；四是完善内部监控制度，形成事前、事中、事后全过程的监督管理。[2] 当然这一切的设置必须以高校建立统一的监管办法为前提，这是一切高校内部资助资金监督管理的合法性依据，为高校资助资金的安全运行夯实了规范性文件的保障。

三、高校贫困生精准资助的技术保障

（一）对高校学生资助校内外关联大数据库的应用

1.“大数据”的含义

对于“大数据”（Big Data），研究机构 Gartner 给出了这样的定义：“大数

---

[1] 石利刚．高校学生资助资金精准管理和监督［J］．中国管理信息化，2017（14）：250.

[2] 李丹．中国高校财务制度研究［D］．长春：吉林大学，2012：125－126.

据”是需要新处理模式才能具有更强的决策力、洞察发现力和流程优化能力来适应海量、高增长率和多样化的信息资产。[1]“大数据”可分为三个层面：第一层面是理论，理论是认知的必经途径，也是被广泛认同和传播的基线。第二层面是技术，技术是大数据价值体现的手段和前进的基石。第三层面是实践，实践是大数据的最终价值体现。[2] 建立并完善家庭经济困难学生资助政策体系，不仅关系到高等学校学生可以享受到公平教育的机会，实现社会的公平，更关系到国家科教兴国战略的实施。我国人口众多，由于历史地理因素原因，各地区经济发展严重失衡，要实现各个地区跨越式发展全面建成小康社会，大量“德才兼备”的优秀人才必不可少。我国各大高校作为培养人才的摇篮，肩负着培育祖国的未来和民族的希望的重大使命。高校学生国家资助政策精神的理解并对资助政策的落实，是帮助家庭经济困难学生顺利完成学业的关键举措，是帮助学生成长和国家服务社会的有机统一。然而如何进行精准识别贫困学生群体以及如何对贫困学生贫困等级进行划分目前仍是问题的重中之重，这就需要运用“大数据”来进行操作。

2.“大数据”在使用中的政策支持和高校精准资助中发展现状

我国政府是支持大数据发展的，希望大数据作为一种新的工具运用到各个领域，高校助学的精准化识别也需要大数据的支持。国家大力支持大数据的发展和应用，具体表现在政策支持方面。2015 年 9 月，国务院印发了《促进大数据发展行动纲要》（以下简称《纲要》），对大数据的进一步发展工作进行了统筹和安排部署。该纲要对大数据的使用作出了重要指示，在接下来的 5 ~ 10 年，开辟一种科学化高精度治理、多元共同参与合作的新型的社会治理模式，构建以人为本，协同大众，服务社会的新型运作体制，建立顺畅、高效、安全的新型运行机制。推动创新创业型社会的蓬勃发展。对高水平，高智能的产业发展新的生态也提出了新的要求和做出了新的阐释。《纲要》对

---

[1] 6 个用好大数据的秘诀［EB/OL］.［2018 - 02 - 02］. http：//www. thebigdata. cn/YeJieDongTai/29051. html.

[2] 大数据究竟是什么？一篇文章让你认识并读懂大数据［EB/OL］.［2018 - 02 - 02］. http：//www. 199it. com/archives/167397. html.

于三项重要任务进行了科学安排。第一，要对政府数据透明度加以提高，让各方得以共同分享，整理梳理各类材料及资源，加强治理的有效化。对政府部门数据资源实现有效开放共享，提高关系人民群众生活质量信息的透明化水平，对于大数据基础设施的自身建设加以全面规划。保证科学调控，宏观视野，提高治理精度，促进贸易便利化服务，提高安全效率，加快民生服务建设。第二，关注产业创新发展工作，大力支持对新兴产业的投入，在经济转型方面下功夫。推动新兴产业、农业和农村产业大数据化的发展，加快促使大数据研究与发展创新进行高度融合交叉，推动基础研究和核心技术研究，完善大数据产业链。第三，加强安全保障，完善管理，加强大数据的安全保障层级，强化安全支撑。[1]

有了国家政策的支持，各高校也为更加精准地识别家庭经济困难学生而建立高校学生资助信息的大数据库。目前，国内在利用大数据库精准识别高校家庭经济困难学生方面，理论研究已经步入正轨，都认识到了当前我国高校资助工作的现状，意识到了在大数据时代创新高校资助工作模式的必要性与复杂性，也从不同侧面提出了许多建设性意见，但是也存在不少缺陷。首先，在研究内容上，对目前高校资助工作中存在的问题批判较多，结合大数据时代系统反思我国高校学生精准资助模式的理论探讨较少。其次，在研究思路上，有研究指出了精准资助与传统资助的区别与联系以及精准资助的典型特征，但是尚未厘清精准资助的准确含义，更没有紧密结合大数据的时代特征，采用大数据的思维。再次，在研究方法上，偏重于传统的方法研究，缺乏大数据的研究方法。最后，在研究成果上，迄今为止，现有的成果大多为点对点的对策性研究，没有形成一个统一的理论分析框架。

3. 高校学生校内外关联大数据库的构建

大数据思维为家庭经济困难学生精准识别提供支撑，不仅在于掌握庞大的数据信息，数据信息的普通整合并没有实质性意义，更为重要的是注重对

---

[1] 新华社．促进大数据发展行动纲要［EB/OL］．［2018－02－02］．http：//www.gov.cn/xinwen/2015－09/05/content_ 2925284.htm.

有意义的数据进行专业化处理，进行整合分析，使得海量的数据转变为有用的信息，以便分析和使用。因此在政策制定中，可以构建涵盖政府、家庭、学校和学生等载体的大数据家庭经济困难学生认定新模式。

首先，需建立一个全国性的家庭经济困难学生认定工作统一信息交互平台。通过建立一个全国性的家庭经济困难学生认定工作统一信息交互平台，一方面可以较为有效地对学生上报的家庭经济情况进行筛查，尽可能地过滤掉那些谎报家庭经济情况行为的学生，另一方面也为统一高校家庭经济困难学生认定标准以及按不同区域采取不同的认定标准提供了数据来源。该平台不仅是高校资助的多行政部门参与，更能够融合金融、税务等相关机构参与其中，使高校家庭经济困难学生认定更具可靠性。由于是多方参与，更需要保证各方面数据真实可靠。各个部门通过数据互通，能够分享准确的信息。有了全国性的数据信息服务技术平台，依托平台优势进行贫困生状况统计并且实现数据资源共享，自然可以从数据来源角度为精准识别提供前提保障。

其次，要建立高校层面的定性和定量相结合的家庭经济困难学生认定分类指标体系。该指标体系进一步演化为量化贫困生贫困程度的简单模型，通过对指标数值的提炼，可以初步对贫困生的贫困程度进行了解，有助于各高校辅导员通过民主评议方式进行评议，帮助辅导员进行贫困生贫困与否的检验。贫困等级认定不免会有主观性因素，通过模型对于贫困生贫困指数的量化就成为了重要参考因素，通过量化，可以尽可能做到公平公正。

最后，需整合家庭经济困难学生信息数据库与学校信息的有效对接。通过数字化的校园信息系统对高校贫困生家庭信息大数据进行采集，对于学生校内信息的收集，则通过学生一卡通进行消费情况进行，双管齐下，以保证高校学生校内外大数据库的关联性。

（二）对发展性多层次需求决策的应用

1. 发展性多层次需求决策的含义

所谓发展性层次需求决策，就是以达到发展性多层次资助理念所规定的资助公平与资助效率相均衡，实现资助体系和资助对象相应良性发展为目标，采取科学的分析方法，选择最优的资助方式、资金分配方案和单个资助对象资助方式组合方案（资助包）[1] 的过程。因此，决策的内容主要包括：资助方式之间的资金分配方案决策，单个资助对象的资助包组成方案决策。高校学生精准资助是具备发展性的，是建立在根据每个同学自身情况和个体需求之上的动态过程，绝不应该是一种停滞不前、固定的、“大锅饭”式的物质分配。由此分层级进行识别，进行发展性的高校贫困生资助模式是科学的并且能够符合时代需要的。当然，这种发展性多层次的资助自身需要庞大的数据量支持，这就需要大数据技术助力。大数据对于这种发展性多层次资助的助力主要体现在对高校贫困生的日常情况进行统计，在较低层次方面，有对于学生课堂表现情况、迟到早退情况、课业成绩情况食堂消费情况，等等，还包括一些在学生入学时录入的信息的梳理，如对学生的家庭收入、双亲情况、家庭负担等一系列内容进行整合。在较高层次方面，则包括如学生志愿者服务情况，学生会等学校社团组织的参加情况、个人参加的市厅级、省部级、国家级竞赛情况等信息的整合梳理。通过发展性的学生动态掌控模式，依层次进行高校贫困生资助，从而实现一种有层级、阶梯式，由低到高分为三个小层次需求的模式。[2]

2. 发展性多层次资助管理决策的意义

我国的高校贫困生资助工作想要适应目前时代发展的步伐，适应当前中国高校贫困生生活现状，需要进一步实现贫困生的评选、管理、后续反馈的科学化，即做到贫困生资助决策科学化。发展性多层次资助管理决策能够符合科学决策要求。特别是在高校放宽高校大学生录取条件后，我国大学生人数激增，使得贫困生资助工作愈加艰难，高校贫困生工作本身也在不断接受公信力的考验。高校在从旧有的公益模式向现在的收费模式进行转化后，我国的高校贫困生资助工作不断发生新的变革，随之而来的高校贫困生资助工作的诸多难题亟待解决。因此，研究提出科学的贫困生资助决策方法，对于

[1] 资助包是指：“在准确的贫困学生判定基础上，结合学生个人实际情况和学校资助力度，针对每个学生制订的个性化资助模式与方案。”

[2] 谢伟，易邱寒．“大数据”视域下的高校学生精准资助模式研究［J］．今日财富，2016（12）：149－150.

解决资助工作的有效性和科学性，提高资助的公平与效率，实现分层次精准资助，按需资助，实现高等教育公平与学生的全面发展均具有十分重要的意义。

3. 发展性多层次资助管理决策的具体办法

发展性多层次资助管理决策的具体办法主要是对单个资助对象的资助包决策。资助包指的是选择一整套资助方法和资助内容，这些方法及内容是对受助个体量身打造的，在充分考量受资助单位的综合因素的情况下，建立在众多数据及信息基础上的，既满足基本资助需求又追求高层次发展资助需求的一系列资助方式的整合。资助包会针对个体进行需求分级，主要分级方法为满足基本需求层次、满足技能培养需求层次、追求卓越人才需求层次，通过反复进行资助模式和资助内容选择，使资助包本身能够确切地契合被资助对象的需求，按照该资助需求的内涵来进行资助方案的确定与选择，形成科学有效的资助决策，从而达到资助效率最大化与资助结果最优化，以量身打造的方式保证资助对象能够获得多层次的发展性资助。

（三）对高校贫困生资助工作考核评估与动态管理的应用

1. 高校贫困生资助管理部门绩效考核

通常来说，绩效考核涵盖数量、质量以及经济效益和社会效益。高校贫困生资助管理工作相较其他管理工作而言，因为需要考量因素众多，因此较为复杂。想要通过普通的量化方式进行描述并不容易，对于高校贫困生资助管理机构绩效考核的具体内容主要可以分为：主管部门方针政策，组织机构合理程度，负责资助工作人员专业程度，资助制度科学程度，资助部门工作效率等级，资助执行机制反馈，受资助对象反馈。

绩效考核指标的建立是整个考核评估工作的重点，缺乏绩效考核的指标，将会使整个考核评估缺乏赖以进行量化评分的依据。其本身的建立是极其富有挑战性的，因为各项内容都会对整个考核评估带来重要影响，指标选取的差异将会导致最终评估结果发生差异，从而对整个考核评估造成影响。

贫困生资助工作考核评估因为其特殊性，存在诸多难题，其中有很多问题目前仍无法攻克。例如如何衡量对整个资助工作投入的财力以及精力；资助金发放后，资助活动进行后如何确定实现了资助目的等，这些都是资助考核评估中的重点和难点。

2. 强化贫困生资助动态管理模式

贫困生资助工作需要通过具体规制加以监管，但单单是通过制定规章制度或者进行宏观指导是完全不够的，资助工作本身是一个持续动态的过程，对于资助工作进行的绩效考核也是需要用发展性的观点动态地进行评估管理。

首先，是对贫困生资助资金加以管控。对于贫困生的资助资金是采取高校统筹发放模式，确切地说，资金来源于国家，但是国家不直接将有关款项划给需要帮助的贫困生，而是经由高校之手拨付。因此，高校贫困生资助工作者是需要重点监控的对象。学校需要加强资助专项款的发放透明度，强化各层问责机制，通过强化资金发放分工工作，防止专项款发生缺斤少两的现象，保证每一分资助资金都会落入贫困生手中。

其次，需打造资助工作全方位监督体系。监督之所以需要体系化，就在于体系化的监督可以保证对家庭经济困难学生资助资金和资助政策实施效果进行全方位、多层次、立体化的实时监控，对任何环节的问题都可以立刻发现，并加以纠正。打造资助工作全方位监督体系，一是要建立政府部门和教育机构的联系；二是要建立社会各界与教育机构的联系；三是要加强政府内部各部门之间的联系。只有三者联通，才能有效地遏制资助环节的不正之风，保证家庭经济困难学生的利益不被侵害。

最后，应建立实时信息反馈系统。由于2007年在国家政策下要求各高校必须建立辖内的学生资助中心。虽然在其建立之初，作用仅仅局限在助学贷款方面，但随着时间的推移，其职能越来越多，其中之一就是进行高校学生资助信息的反馈。及时的信息反馈不仅可以帮助学校找到在进行学生资助工作时存在哪些漏洞，同时也可以发现有哪些学生不应当获得资助，对采用虚假家庭经济情况信息申报学生资助的人员进行清理，保证贫困生资助政策实施的有效性。

3. 持续改进贫困生资助管理工作

对贫困生的资助管理工作，只要是参与的部门都应当在工作时不断地发现问题，解决问题，持续地改进贫困生资助管理工作。资助执行组织应该采取措施，以消除资助过程中的不公正因素，防止不公正现象的发生。执行机构应该策划一定的时间间隔进行内部审核，以确定整合型资助管理体系是否得到有效实施与保持，以及是否达到资助意图的要求。国家教育主管机关应该按照策划的时间间隔评审资助管理体系，以确保其持续的适应性和有效性。执行组织应该利用资助的方针和目标，通过对资助结果进行数据分析，及时采取措施纠正和预防资助过程中存在的问题，持续改进整合型资助管理体系的有效性，加强风险控制，降低风险概率，以防止和减少损失。在改进贫困生资助管理工作过程中尤其要做好助学贷款跟踪管理工作，制定贫困学生就业保障政策。

第六章　高校贫困生精准扶贫的技术支持

一、构建贫困生认定指标和检测体系

（一）当前贫困生认定存在的问题

随着我国对教育事业经济投入大量增加，教育不公平的问题也日益凸显。中国传统认知当中往往认为“寒门出人才”，即越是贫困家庭的孩子越会珍惜来之不易的学习机会，越会奋发向上勤奋好学。当然这种思想本身是有些狭隘的，但这也恰恰反映了教育公平的重要性。贫富差距致使受教育机会多寡不均，直接影响了教育的公平性。

针对上述问题，我国通过国家助学贷款、国家助学金以及其他一系列政策对高校贫困生多管齐下。在各项资助政策下，贫困生这个身份开始悄无声息地变了性质，曾经的贫困生是一种相对具有贬义的称呼，是家庭经济条件受限导致的没有办法负担高额学杂费和高校生活费的群体的统称，而现在的贫困生反而很多情况下成为了一种能够和荣誉挂钩的身份，国家的各项资助和学校荣誉评比将贫困生列入优先考虑以及重点考虑对象。这种现象不难理解，因为政策支持以及经济支持导致教育天平发生倾斜，贫困生本身因为其地位的特殊性，相应的为了保证其利益自然会获取更多资源，而这也会使得某些别有用心分子通过伪造材料或者开虚假证明等方式混入贫困生队伍，从而获取因贫困生身份带来的各项便利。这种人较真正的家庭困难学生更加善于自我伪装，信奉利己主义，为了获取贫困生资格，这些人往往进行各方面的自我包装，不断表现自己家庭的困难情况，拉关系找赞助，为自己能够获得贫困生身份无所不用其极，极尽拉拢贿赂之能事，造成极其恶劣的影响。评比结果公布后，他便立刻抛下伪装，享受贫困生身份带来的好处和利益。相比较而言，真正的贫困生大多会因为从小生活的家庭环境导致谨小慎微，缺少对自己权利保护的勇气和决心，因为自己家庭的经济困难状况感到自卑，从而在贫困生评比工作中显得战战兢兢。这就导致极为讽刺现象发生于贫困生评选过程中，某些敢于当众讲述自己家庭困难情况，并且用情绪感染他人的，是有着丰富社会阅历、家庭经济状况良好，只是想要获取贫困生这个身份的学生，而真正的家庭经济困难学生往往难以开口，不能对自己家庭状况进行准确表述，这就导致目前高校贫困生资助工作出现了极为重要且难以忽视的问题：贫困生认定存疑。

贫困生认定存疑是指对贫困生身份是否造假，贫困生本人是否有资格享有各项优惠待遇抱有怀疑态度。对于贫困生身份，正如上文所述，众多家境良好的学生为了一己私欲而趋之若鹜，且屡屡成功得手，这与目前贫困生评选工作存在的弊端有很大的关系。当前对我国家庭经济状况较差的学生进行贫困生评选，因为条件限制，通常采取民主投票确定。

然而，由于个体的差异性，这种评定方式也存在较大问题。一般而言，家庭经济状况较差的学生因为家庭因素，通常会比较内向，社会交际能力也相对较差，进而和学校同学们难以打成一片。与其相比，家庭经济条件相对优渥的学生因为从小生活环境以及其他某些因素，往往可以拥有很多朋友，或者因为参加诸多活动，至少让大家对他抱有印象。进而，在民主投票这种主观性极大的评比方式中有着前者难以比拟的优势，最后获取贫困生身份以及相应的资助。这种情况下，矛盾会得到不断激化和升级，进而演变成学生集体内部发生各种不快，笔者所在单位经常会发生这种事情：寝室室友之间因为一个贫困生名额钩心斗角，乃至大打出手。在贫困生名单公示期间，各种举报层出不穷，比如举报该贫困生不久前花重金宴请参与投票的同学，购买严重超过其在竞选贫困生期间所表明月花销的化妆品或者其他奢侈品，评选同学缺乏必要的材料支撑或材料造假，等等。这些都使得本应其乐融融的年级、班级、寝室集体出现各种分歧和矛盾。

东北师范大学党委副书记兼副校长杨晓慧提出了这样的贫困生评定思想：高校贫困生“双线资助”模式研究。所谓“双线资助”，其第一条线是“财力支持”，即帮助学生解决在校读书期间的经济困难问题，使学生顺利完成学业，满足学生现时的表面物质需要，这是资助工作的根本所在；第二条线是“素质支持”，即加强对贫困家庭学生的教育引导，促进学生全面发展，满足学生长远的深层发展需要，这是资助工作的终极目标。

“资助贫困生是新形势下大学生思想政治教育的有效途径。”实际问题解决得好，思想问题往往迎刃而解；思想问题解决得好，又往往能促进实际问题的解决。实践表明，贫困家庭学生除了面临经济困难外，更容易产生心理和精神问题，此外一些学生“等、靠、要”思想严重，部分学生诚信度不高。这些问题的顺利解决，将增强学生自主解决经济困难的能力和信心。因此，既要把资助作为思想政治教育的途径，又要把思想政治教育作为资助工作的重要辅助。

综合上述分析，目前贫困生认定工作因为缺乏一套科学合理的认定体系与认定过程，导致当前贫困生认定工作难以服众的问题。而民主投票方式决定最终的贫困生名额虽然存在明显弊端，但因为容易操作，花费精力较少，过程较为简单，从而被高校普遍采用。具体而言，目前贫困生识别认定问题主要如下。

1. 贫困生认定的责任主体规定不明确

当前，贫困生认定工作文件以教育部、财政部颁发的《贫困生指导工作意见》为权威，其主要内容是用最低限度的高校生活保障线作为判断贫困学生的标准。以《高等学校家庭经济困难学生认定申请表》及《高等学校学生及家庭情况调查表》对学生的家庭经济情况进行判明，本身是具有合法性及合理性的，表明了教育部和财政部将家庭经济困难学生进行确定的责任主体归于学生所属来源地对应的主管机构。实际上，这种做法是有理有据的。一般而言，生源地的民政部门以及村居委会等对学生自身情况最为清楚和了解，但如何确认、怎么确认、是否可以确认实际情况呢？这就是心照不宣的事情了。当前各地都是通过证明材料对学生家庭经济情况进行评估，这种看重材料的模式本身是可以理解的，但是如何保证所有类型的贫困生支撑材料都是真实可靠没有造假？至今缺少有限措施来甄别，换言之，看重材料的价值，用材料进行支撑，是基于所有类型的贫困文件都是真实的这一基础之上。然而，各生源地政府、生源地民政部门以及基层组织为了本地学生的利益，往往对贫困证明材料审批睁一只眼闭一只眼，怀着“帮忙做好事”的心态，不进行实地审核，不进行实质审查，大开方便之门，这怎么行呢？这种做法让贫困生身份证明材料的真实性大打折扣，直接误导贫困生的认定工作，使得资助效果大大偏离国家资助政策的助学扶困目的。

另外，各大高校一系列家庭经济困难学生认定及评选工作所采取的方法存在推诿责任、互踢皮球的问题。在多年的教学环境熏陶下，高校领导们以及贫困学生资助工作者们大多清楚，当前用以证明贫困生身份的许多材料的证明力是不够的，并且可以轻而易举造假并且难以追责，但为了规避贫困生资助工作不力风险，往往认定其效力。即使最后发生了认定错误，也可以用“该文件上盖章的民政机构或政府机关审批不严”或学生自身对其经济来源等情况造假等借口将责任推给民政机关或申请学生。此外，目前各高校使用最为普遍的贫困生认定方法：民主投票方式，也是对责任进行规避的典型举措。通过不记名投票，认定失误的责任也可以随之分散了，最终得出的结果看上去十分公正，但实际上漏洞百出。

2. 贫困生资格的授予方式粗放

尽管目前对家庭经济困难学生进行识别的手段众多，但实际上进行贫困生具体识别方式总体上可以分为以下两种类型：一种是通过主观认定的传统经验模式，即由学生在入学时通过提交材料向学校表明自己的贫困生资格，申请获得相应的资助，再由学校对学生提交的材料进行表面审核，对材料种类是否齐全和材料是否有权威部门的公章进行简单审查；审查合格后，再以文件的形式将合格证明返回各个学院，表明该学生有贫困生评定资格，可以列入贫困资助考虑对象范畴的模式。另一种则是在学校审核基础之上，以投票方式进行贫困生最终人员评选的民主选择模式。首先，学校进行初步审核，将各个学院的家庭经济困难学生予以认证。在认证基础上，因当前各学院各学年贫困生名额的有限，需要进一步的筛选和评比，但各学院评比方式最终都会归纳为民主投票模式。有些学院人数较少，会以年级大会等方式进行贫困生投票认定；有些学院则由于人数较多，以年级干部会议或者其他模式会议对贫困生进行识别认定。该过程十分荒谬：首先，对于家庭经济状况真正存在困难的学生来说，展示贫穷相当于自揭伤疤，在众目睽睽之下将自己软弱的一面展现出来，触及了人的尊严问题。这种做法将使本就物质资源匮乏的贫困生进一步受到精神上的打击，是要不得的；其次，由于每一次贫困生评选的名额都是有限的，总会有经济相当的困难学生因一票之差与贫困生资格失之交臂。笔者曾参与过贫困生评选工作，每次在评选现场看到这些遗憾的落选者都会感到极其心酸，只能通过电话、邮件等方式为他们排解烦恼和困惑，倾听哭诉。这两种模式所存在的问题不容小觑，学校作为对贫困生认定的最直接责任主体，应当主动寻求更多渠道，提高贫困生认定工作科学体系化管理水平。

3. 贫困生认定的方法需要革新

当前高校贫困生识别认定的方法多样，优缺点明显，如表 6－1 所示：

表 6－1　高校贫困生认定方法理论研究与实践情况

认定方法	优点	缺点
恩格尔系数法；应税收入比照法	理论可行	标准单一，不符国情
贫困证明法	简便，可操作性强	弄虚作假，材料失真
家庭户口与生源地分析认定	考虑区域发展不平衡性	忽视贫困的相对性和地区差异性
辅导员直观判断认定	接触多，直观把握	主观代替客观，权力寻租
民主评议法（投票选举等）	形式公平	拉帮结派，伤害自尊，规避责任
在校消费水平认定	一卡通方便管理	校外消费，逃避监控
家庭人均收入认定	理论可行	家庭收入难以反映

当前我国高校主要的贫困生认定方法即以上几种，其优点和缺点用表格表示得一目了然。可见目前的认定方法存在诸多弊端，亟待进行科学化、体

系化的贫困生认证管理革新，在大数据云计算广泛应用的当下，对于贫困生的识别工作需要现代大数据技术的大力支持。

4. 所依据支撑材料的真实性存疑

当前我国贫困生资助工作总体上存在把控不严，支撑材料本身证明性不足的问题。然而，目前这些存疑的证明材料仍然可以在贫困生资助工作中畅通无阻。为何会出现这种问题？材料为何会出现那么多虚假内容？这还要从生源地民政部门、生源地基层民主自治组织、学生双亲工作单位、学生亲属、学生家庭、社会组织、学校等几个主体来进行分析。

从生源地民政部门看，其出具的贫困材料存有真实性问题。生源地民政部门所开具的证明材料是贫困生家庭各方面证明材料中最具有权威性的，其本身所开具的材料因为加盖了政府部门公章以及有国家公务人员签章，所以具有极强的证明能力。通常来说，如此效力的证明文件不应当存在真实性偏差，然而，因以下问题导致具有高度权威性的民政部门贫困材料存有真实性问题。首先，各地方民政部门存在一定程度的懒政现象，即缺乏对贫困生家庭必要的摸底调查，直接依据贫困生家庭提交的，如存款证明、家庭人员工伤证明、劳动能力证明等对贫困生家庭进行确认，这些材料虽然是贫困生家庭存有困难的书面体现，但是缺少了民政部门工作人员的实地考察，难以保证证明材料能够确切体现贫困生现实生活中的困难。其次，很多民政部门会以低保证明作为极为重要的家庭困难核实标准，而低保户在很多地区实际上如同贫困生工作认定一般，也是具有名额限制的。有很多困难家庭没有低保户证明，但是不得否认这些家庭的贫困程度与有低保证明的家庭相比同样高，甚至更高。因此依照低保户指标进行贫困生证明开具工作，有极大可能存在误差，进而最终影响材料本身的权威性和真实性。最后，某些地方政府出于对本地生源的考虑，对于贫困证明材料的开具往往“有求必应”，将出具贫困生家庭贫困情况证明材料当作“帮忙做好事”，还有些地方政府部门则恰恰相反，对贫困生贫困证明的开具设定重重阻碍，甚至出现民政部门吃、拿、卡、要现象，当然这种现象属于极少数，但我国人口基数大，人口众多，这种现象即使较少也要高度重视，严肃解决。在这种滥开证明和不开证明现象之下，证明材料的权威性和真实性自然大打折扣。

从生源地基层民主自治组织看，开具的证明材料证明价值有限。生源地基层民主自治组织主要是指学生家庭所在的居民委员会和村民委员会。相较于民政部门而言，通常生源地基层民主自治组织对于学生家庭情况更为了解，因为其日常同学生家庭接触较多，且某些学生家庭成员是村民委员会与居民委员会成员乃至领导人员，因此往往生源地基层民主自治组织对于学生家庭情况了解程度极高。但也正因如此，由生源地基层民主自治组织开具的贫困生证明材料真实性可能存疑。因为村居委会对于学生家庭比较熟悉，日常生活中也会经常有所联络，学生家庭想要开具贫困证明材料，因为成员关系的熟络以及为了保持村居委会其乐融融的状态和环境，很少会有村居委会成员拒绝材料的开具。相对的，这些材料本身价值也会因此减少，很难通过这些证明材料对贫困生身份进行确认。

从学生双亲工作单位看。学生双亲的工作单位需要对学生的家庭情况开具贫困情况说明（若学生双亲有工作单位），工作单位说明往往由单位人事部门开具，通常学生双亲所在单位对于学生家庭困难状况的审核也较为宽松。因为该材料的开具程序相较简单，操作也不麻烦，不需要联网备案，也没有上级检查，所以该材料的真实性、权威性自不必明说。

从学生家庭和亲属看，其出具的证明材料因为亲情因素通常难以让人们信服。由学生家庭提供的材料往往包括低保证明、户口、家庭年收入清单、家庭成员概况等一系列材料。低保证明是学生家庭经济状况达到最低保障线，需要获得政府资助和国家支持，才能保证家庭基本生活开支的证明。户口则主要有城镇户口农村户口之分，往往农村户口相较城镇户口在评比贫困生过程当中更具有优势，此外户口本身还可对学生家庭成员情况予以证明。比如学生是否丧父或丧母，学生家庭是否有多个孩子，是否为家里的长子或者长女，弟弟妹妹年龄是否较小，家里有几位老人需要照顾，等等，都可以从学生户口上得以体现。家庭年收入清单主要是家庭主要劳动力的工资收入绑定的银行卡交易记录书面材料。家庭成员概况包括病历、残疾证明是为一系列可以证明家庭成员存在行动障碍、无工作能力等材料。虽然学生家庭材料相较而言难以进行伪造，但是由于材料伪造方法多样、成本低、风险低、收益高，贫困生资助工作本身最大的受益者又是学生本人及其家庭，所以学生家庭是有充分的理由和原因进行材料伪造的。此外，通常情况下是不需要学生亲属提供贫困证明材料的，但有些情况下需要由学生亲属提供相关材料证明。比如学生为无父无母的孤儿，由亲属抚养；学生父母无法取得联系，需要由亲属照顾或者学生受亲属资助，主要经济来源由亲属提供。

从学校来看，其出具材料的真实性也难于保证。学校最后提供材料的真实性难以保证，往往不是其主动为之的，而是在客观因素影响下导致的，学校提供的材料包括校方开具给学院或者资助工作老师的贫困认定证明，向上级资金拨付单位进行的贫困生备案材料等。贫困认定证明本身是基于贫困生生源地民政部门、贫困生家庭所在基层民主自治组织（村民委员会与居民委员会）、贫困生父母所在单位、贫困生亲属、贫困生家庭证明材料、社会组织资助材料开具，正如上文所述，这些材料本身水分较大，难以从根源上保证其真实性，因此，学校基于以上材料开出的相应证明，也无法确保客观真实。

综合上述分析，证明本身真实性难以保证，加上家庭条件良好学生本身因为其信息渠道等方面较家庭贫困学生要多，信息来源要广，能够获取证明的渠道也更多，从而贫困生评比很容易就变成了证明材料评比，最后自然会使扶贫资源落到材料更多的学生手中，违背贫困生资助工作的初衷，最终造成教育的不公平。

（二）贫困生识别认定指标分析

对于贫困生的识别指标，目前尚无明确统一规定。从官方采用的指标看，我国教育部和财政部通过对最低生活保障划线的方式来对家庭经济困难学生进行识别认定。我国幅员辽阔，各地区经济发展水平各异，因此位于各个地区的大学因地理位置有异，其经济发展水平也会存在差异，不同地区最低生活保障费用需要多少难以估计。此外，各大高校受到国家资助力度有别，因此也会导致各个学校在经费紧张程度、物价等方面存在差别，这也会使诸多认定指标存在偏差。再加上很多高校专业侧重的不同，如西南政法大学对于法学侧重程度较高，相应的法学学生福利待遇也会有所增加，而如重庆大学等综合类大学专业差距较小，则福利待遇相对比较平均；学生来自五湖四海，各生源地本身经济发展水平存在巨大差异，如户籍为北京、上海、广州的贫困学生，可能家庭月收入4000元，已经相当贫困了，而户籍在西北、西南边陲或者东北边陲地区，家庭月收入4000元可能还尚有富余，以上种种都是需要考虑的问题。贫困生究竟如何进行识别？通过大量调查研究，结合上文分析可以知晓，当前家庭经济困难学生进行的识别认定，通常都是贫困学生对于自身经济状况进行的一种识别，也就是说，贫困生自己觉得自己家庭经济状况较差，难以缴纳高额的学习费用，所以想要获取贫困生待遇，而为了获取贫困生待遇，要到各个部门开具证明。当前贫困证明真实性问题较大，使得众多证明材料无法实现其目的，这使得贫困生认定工作再度陷入僵局。

各个大学为了对家庭经济困难学生进行识别，通过总结实践经验，最终确立了最低生活保障线为对家庭经济困难学生识别的主要参考条件。学校成立专门领导班子，设立专门组织领导机构对贫困生识别认定工作进行领导和指挥，并确立具体监管组织，监管组织负责对整个学校以及各个学院贫困生资助资金发放以及学院贫困生认定工作的监管，并且在各个学院组建执行机构，对贫困生资助工作的执行、保证最终能使贫困生工作落到实处并为贫困生工作过程中存在的失职行为负责。年级需成立年级监管委员会，对班级贫困生识别情况予以监督、最终贫困生名单需要进行公示，并且需要对贫困生认定工作会议进行记录备案，对于贫困生的信息也需要建档立卡，以保证整个过程科学高效，具有说服力。

当前我国高校对于家庭经济困难学生认定的参照指标各异，笔者通过总结认为，目前高校贫困生认定可以收入、支出、获助和致贫四种指标作为参考。首先是收入指标。收入指标主要是指贫困生通过自身劳动以及家庭劳动获取的能够负担自己学业支出的各项收入的量化体现，主要包括两方面：其一，学生自己劳动所得以及家庭人均劳动所得。家庭人均劳动所得通常以年为计量单位，即每年的收入。通过这些对学生经济情况进行粗略分析，量化得出该学生是否满足贫困生条件。其二，学生每个月份可以自行支配的收入，将学生每个月份可支配收入进行计量，对该学生消费能力得出一个大致估计，进而了解其贫困程度。其次是支出指标。主要是指学生每个月进行的支出项目统计，包括学生必要支出以及某些非必要支出，从而对该学生是否贫困，是否符合贫困生消费情况进行评判。再次是获助指标统计。获助情况是指学生在学校贫困生资助外已经获取或能够获取尚未获取的资助情况，包括社会资助与亲友资助两个方面。最后是致贫指标，即贫困生家庭经济困难的原因，其内容多样，涵盖众多因素。这四种指标之间相互影响，相互联系，并且相互制约，要整体看待。通过系统整合，能够生动地勾勒出贫困生的整体生活状况，以保证反映贫困生情况的主要因素都纳入考量范畴，当前这种多指标复核模式识别贫困生的识别工作方法为众多高校所认同。该方法运行机制总体如图 6－1 所示：

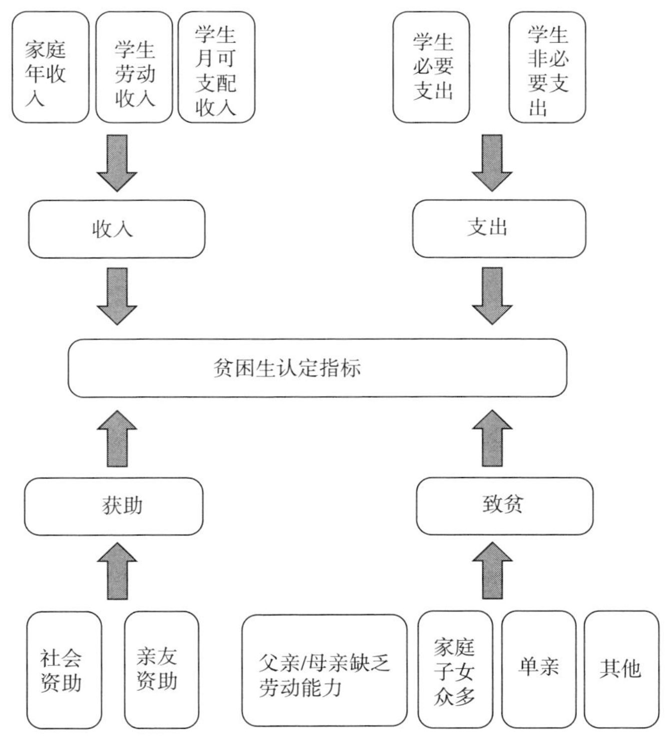

图 6－1 贫困生识别认定指标运行机制

（三）建立合理的贫困生资助管理体系

不论是法律法规的实施还是政策的贯彻落实，都离不开科学有效的管理体系。缺乏有效的管理体系，就如同空有庞大的身躯却无坚实的骨架，将使制定的规则方针缺乏贯彻力度和执行组织，无法有效运作。因此，为保障高校贫困生精准资助工作时刻保持生机活力，实现其既定目标和价值，必须建立和完善高校贫困生精准资助管理体系。具体而言，贫困生资助管理体系的各项管理机构包括以下几方面内容。

1. 高校贫困生精准资助识别管理机构

高校贫困生精准资助机构是服务于整个贫困生资助过程的，具有立体化多层次特征，涵盖识别贫困生身份、对贫困生资助金额进行管控、贫困生发展监控、贫困生资助方式选择、贫困生资助效果全面评估以及贫困生资助申诉与监督的庞大系统。系统内各要素相互制约、相互联系，牵一发而动全身。正因如此，需要对整个机构内部进行明确的责任分工，从而保证整个资助工作能够顺利运行。贫困生工作最为重要的就是对贫困生本身身份的识别认定，而当前贫困生身份识别机构通常由各高校设立校级主管机构，对整个贫困生识别认定工作进行总体监督，以院级单位名义设立执行机构，各学院成立由党委书记、院长、教学负责人、年级辅导员、学年干部和班级干部为代表的学生群体组成的贫困生识别认定小组进行认定。认定方法主要由教师走访实地考察组、支撑材料识别组、学生推选识别认定组以及多方位综合识别学生贫困程度组四部分协同工作。

（1）教师走访实地考察组

教师走访实地考察，顾名思义，就是需要通过教师（主要是辅导员）对学生进行走访方式，对家庭在本地的同学采取家访方式，融入学生的日常生活，感受学生生活状态，对学生学习生活的表现以及日常思维动态进行调查，进而对学生的实际生活困难有基本的掌握和认识。本组组员主要包括教学督导员和学生辅导员。小组主要优势在于：①成员较为固定，能够保证对学生大学学习期间各方面动态完整掌握；②对学生日常关注度较高，能够很大程度把握学生动向，第一时间做出反应；③通常与学生互动较多，对于某些家庭经济情况较差但又羞于启齿的同学可以进行一对一交流，做到有效照顾学生隐私；④教学岗位本身具有先天优势，学生更加愿意听取其建议以及批评。

教师进行走访考察后，需要将所获得的信息整理成书面文件，及时修订成册，保证对学生尤其是家庭经济状况较差的学生各方面的思想动态和行为动态第一时间掌控以及材料收集报备。本过程最为重要的是保证所收集的学生信息的真实性。然而教师也可能会存在个人好恶，对于学生的各方面情况加入主观臆断成分，也容易忽视某些自己认为并不重要的信息，所以教师走访实地考察组需要进行多次的不同教师的走访考察，通过开定期会议或者其他形式交流走访考察经验，从组员意见中寻求相同点和不同点，最大程度降低个人偏见，得出理性认识。这也充分说明了，贫困生识别认定工作难免会存在误差，所以小组只能在综合各方面信息的基础上，最大程度地追求识别结果的真实可靠性。

依据当前我国国情，贫困生资格认定要由教师决策。因此考察组是整个贫困生识别认定机构最重要的部分。教师对于学生本身情况的掌控程度将最终决定贫困生识别认定工作以及资助工作的准确度。如果教师对学生情况了解程度高，则贫困生识别认定工作准确度也会得到相应提高，最终也会最大限度地满足该工作的期望值，提高期望值；反之，教师对学生情况了解不具体、不全面，则会使得贫困生识别认定工作准确程度显著下降，难以实现预期的目标，期望值明显下滑。总而言之，必须对教师走访调查小组抓严抓牢。

（2）支撑材料识别组

支撑材料识别组的主要工作内容是对贫困生身份识别的支撑材料进行整合梳理，其组员主要为学生代表，组长为学校教师。支撑材料识别是整个贫困生工作中极其重要的一个环节。我国幅员辽阔，人口众多，贫困生识别工作难以精确到每一名家庭经济困难学生身上，所以很多情况下，都需要依靠具有一定权威性的证明文件来对学生的经济状况进行了解。通过学生提供的贫困生证明支撑材料进行学生贫困程度认定的方法当下应用十分普遍。

不可否认的是，生源地政府部门以及基层民主自治组织（村民委员会或居民委员会）以及其他能够开具贫困证明的机关或个人，对于贫困证明开具往往把关不严，存在大量的贫困生证明材料造假或者存疑情况。依据效力不足的证明材料进行证明，本身就存在各类问题，包括情况是否真实可信，是否存在其他隐情，等等。但支撑材料识别组是无法在这种情况下对材料真实性进行实质性审查的。能够做到最多的也就是通过电话或者其他方式联络材料出具单位，对材料表面存在的某些文字问题或者其他问题进行核实。也就是说，支撑材料识别组对于支撑材料本身是进行表面审查的，只要材料本身内容没有大的纰漏，有公章或经由主管部门领导签章都可认定为有效支撑材料。

支撑材料识别组组员从年级干部中选出，每年贫困生资格认定工作前进行轮任，以防止出现“关系户”情况发生。教师需要对材料进行严格把关，对于整个识别组工作进行高度监控。学校对支撑材料内容以及种类进行书面规定，对材料重要程度进行评级与分类，保证支撑材料能够切实服务于贫困生识别认定工作。

（3）学生推选识别认定组

当前，诸多高校主要采取民主评选方式进行贫困生识别认定，而学生推选识别认定组主要负责对贫困生民主评选工作进行组织梳理记录。这种不记名投票模式进行的贫困生评选，高效而且相较其他方式而言，更能让人对结果加以接受，但是，弊端也较为明显。

首先，需要提防评选效果变质。要知道贫困生民主评选工作是通过投票方式选举贫困生的一种手段，然而目前贫困生民主评选活动往往成为了社会交际的舞台。谁平常能够有好的人缘，能够让大家记住和了解，能够成为人们话题的焦点，谁就能够获取更高的人气进而获取更多的票数，从而能够成为贫困生。这种做法已经明显违背了贫困生民主评选的初衷。贫困生评选是对于家庭经济困难学生的一种需要资助状态的肯定，是需要实现助学扶困目的的一种公益性行为，而不是对学生人际交往能力的考验。不能单纯因为学生本身善于交际就将贫困生名额赋予该学生，因为经日常实践可以发现，家庭经济困难的学生中语言表达能力较差的占很大比重，这类学生往往因为语言能力差，所以组织能力以及人际交往能力也会相对较弱。其本身因为家庭因素或者其他因素，如以自卑为代表的心理因素导致其难以获得很好的人际关系，所以在这种投票评选环节中会存在劣势。相反的，家庭条件相对殷实的学生，通过提交一些真实性存疑的材料，加上其平时善于交际形成的良好的口碑，让他在这种投票评选方式中如鱼得水，最后在拼票环节中处于上风，最终严重影响贫困生评选结果的正确性，使得贫困生评选工作难以实现其目的，造成教育的严重不公平。

其次，对贫困学生造成精神伤害。通过民主评选方式进行贫困生身份确认，通常需要家庭经济状况较差的学生在众人目光之下将申请书大声朗读，这种做法无疑是一种伤害。在众人面前伤口再一次被撕开，对于家庭经济困难学生来说绝对是一场精神上的折磨。很多家庭情况糟糕的贫困学生，为了不站在讲台上讲述自己的家庭状况，防止被其他同学歧视嘲笑，选择了不报、谎报、瞒报自己家庭贫困的事实，逃避申请；而很多材料造假的学生，因本身很多内容就不真实，在进行自我情况讲述时反而口若悬河，此中问题所在自不必说。

最后，侵害学生隐私。民主评选方式需要揭露学生的大量隐私，存在侵犯个人隐私权的嫌疑。比如需要了解的情况中某些项目是否一定要加以了解，有没有公权私用的成分，是否存在变相获取个人信息，等等，都是需要考虑的问题。

学生推选识别认定小组对于民主评选方式的公平性和公正性负有责任，需要小组成员日常深入学生群体，对于人缘好的申请贫困生同学要额外留意，注意其消费情况以及日常言行。对于贫困生的家庭情况可以私下了解确认并且可以在贫困生评选会议上进行代为发言。对于需要调查了解的贫困生私人情况要书面规定，摒弃主观性提问，保证对学生隐私的尊重。该小组具有的最大优势就是小组成员本身就是学生，小组同学可以随时随地掌握第一手资料，对于贫困生评选工作的事前准备、过程处理、事后监管有浸入式管理优势。虽然其优势明显，但也要注意防止成员被收买的事情发生，各成员之间要互相监督，建立行之有效的监督机制，保证小组本身的纯洁性。

（4）多方位综合识别学生贫困程度组

多方位综合识别学生贫困程度组，又称为专家组，本组成员是学校以及各学院具有丰富教育教学经验的领导老师，本组的工作任务最为复杂，包括对学生家庭致贫因素的权重，对先前民主投票方式获得结果、领导老师意见分别进行量化评分，并统筹各方面因素获取一个能够量化的分数，以该分数作为学生贫困程度以及贫困生认定的最终参考结果。该专家组责任压力重大，所以需要专业的领导老师作为组员进行运作。[1]

2. 资助资金核算与管理机构

在政府将资金下拨至高校后，高校的校党委、财务部、教务处与学生处共同成立资助资金核算与管理机构，机构对校党委负责，由校党委派遣专人领导监督，对于来自各方面的，包括政府下拨、学校自行出资以及社会组织或个人捐助的资金进行统一调配。在学院，以院党委和学院办公室负责对上级政策的统一执行。该机构负责对资金的流向进行统计，并对资金运用进行宏观调控以及资金针对的贫困资助项目进行评估。可设专职工作人员三人进行日常机构运作，三人之间彼此制约，互相监督。校党委与统战部均派一人进行统一领导，保证资金流向正当，实现资助目的。校长需要对学校贫困生资金的利用负责，需保证资金层层下拨的各个环节没有出现克扣现象，保证每一分资金都能落入学生手中。

机构需制定运行规则以及运行方针，严格按照运行规则行事。学校需出台专项规定对整个机构的运作模式进行监督，保证整个过程的公正合理。设立财务公开制度，学生可以对贫困生资助资金的流向进行查询。机构定期向学院、学校报告资金情况。自下而上形成年级、学院、学校分层管理模式，年级与学院将贫困生资金的具体发放情况向上级报备，因各个学院情况不同（比如有的学院人数众多，有的学院留学生居多），分别制定各学院具体的资金管制行为规则。

---

[1] 关于专家组，在后文建立“数据模型”对家庭经济困难学生评估部分，采取 AHP 法进行具体实践方面，将会进一步予以阐述。

3. 贫困生综合素质测评管理机构

学校成立贫困生综合素质测评委员会（简称校综测委），校综测委本身由学校管理部门如学生处，校级组织如学生会、校青协，院系管理部门如学院办公室、学院管理部门、院学生会等相互组成。学院成立综合素质测评委员会（简称院综测委），由校综测委进行统一管理并受其监督。校综测委负责制定本校大学生综测管理办法，各学院可以依据本学院的特殊情况，经校综测委批准，设立其他综合测评量化项目。当前学校的综合测评管理办法通常以德育和智育为重点，以学生期末考试成绩为基准，根据日常表现加分或扣分，从而对学生本身的表现进行衡量。当前综合素质测评管理机构对象范围为全体学生，并不是单独为贫困生综合素质测评设立的专项监督管理机构。通过成立贫困生综测管理机构，单独进行贫困生综测管理，综合贫困生日常表现及课业成绩，在普通综测管理的基础上，对贫困生有特殊意义的综测项目进行严格管控。制定综测最低线，当贫困生本人非因不可抗力或在力不能及情况下，最终综合测评成绩未达到该线的，一次进行警告或者降低贫困生资助等级，两次则撤销贫困生资格。通过这种方式激励贫困生能够确切地在享受资助的同时，注重自己的课业成绩，有利于激励贫困学生成为对国家社会有用的人才。

4. 贫困生资助效果反馈机构

贫困生资助最终目的是使贫困生得到真正的福利和优惠待遇，资助机构本身运作再科学，各项资助材料再完美、再齐全，如果贫困生没有得到资助应该使其得到的效果和福利，那么一切工作都是没有意义的。建立贫困生资助效果反馈机构，就是为了保证贫困生资助工作最后切实落实到贫困生的身上。对贫困生在学校期间，假期期间乃至毕业一年内的情况都应当做出书面记录和文本资料。资助效果的反馈机构需由学校高层领导与学生处、教务处、财务处、各学院办公室、学院教学工作组、学院贫困生管理工作组统筹协作。通过学生资助数据与学生各方面动态数据进行对照情况、对受资助学生受助情况调查报告、对资助工作满意程度调查报告等进行收集，形成有效的反馈机制，从而对贫困生资助效果进行打分，更好地指导今后的贫困生资助工作。

对于贫困生资助效果的反馈，资助效果反馈机构需要出台专项政策进行奖惩。对于资助效果好，受资助学生满意度高，反馈及时准确的学院，应当给予相应奖励，对于在资助工作中表现优秀的个人，机构应代表学校给予物质与精神奖励。对于资助效果差，受资助学生满意度低，反馈不及时，反馈结果不准确的学院，需要予以相应处分。具体奖惩制度应当记录于学校贫困生资助管理手册，以保证能够有理有据进行奖惩。资助效果反馈机构的建立，一方面可以起到督促资助工作人员高效资助工作的作用，对自己的资助工作结果认真负责；另一方面能够第一时间掌握学生的具体受助情况，保证受助情报准确及时，实现资助工作动态化。

5. 贫困生资助工作监督及申诉受理机构

贫困生资助工作监督及申诉受理机构由校党委、学生处以及学校监察纪检委、学生自我监督与管理委员会组成。机构本身受党委监督并由党委领导工作，对于学生所反映的一系列情况进行调查核实。建立投诉信箱，设立投诉及其他问题解决专项绿色通道，学生对于贫困生识别认定工作、民主投票工作、资助工作、奖学金评定工作、综测工作的申诉意见进行受理。在经过充分调查核实的基础上进行有效解决，提供相关意见建议。对于学生所反映的问题，经调查确实存在贫困生资助不公现象的，要及时解决并提供相应救济。学校资助工作监督及申诉受理机构自上而下进行有效监督，在各个学院成立相应工作组，收集学生投诉申诉信息并及时上报，保证学生申诉以及举报工作能够有效进行，充分发挥该机构的监督作用。

本机构对于其他高校贫困生精准资助机构进行监督评估，独立于其他各机构，受校党委独立指挥。对于教师走访工作、支撑材料识别工作、学生推选识别工作以及资金流向、综测内容、资助效果反馈进行全方位审查管理，通过监管贫困生资助资金流向，指导贫困生人选的确定工作，减少教育不公平，努力实现贫困生工作价值目标，监督机构与反馈机构进行双向联动，根据管理手册规定对违反规定行为进行严惩。

以上五大机构科学系统组成贫困生精准资助机构体系，从人员、资金到组织监管环环相扣，以保证贫困生精准资助管理的有效运作。然而，我们在对机构体系进行建构的过程中，应注意下列问题：首先，避免冗员，各机构内部人员需要严格控制数量，常驻人员人数应以 3 ~ 7 人为宜，人数过多容易使贫困资助工作复杂化，并且也有责任推诿嫌疑。其次，注意人员的选拔工作。机构工作责任重大，需要挑选既具有足够的专业素养，又有着相当高的道德素质、丰富的社会阅历的人员。最后，各机构之间需要明确分工，防止出现管控盲区以及各部门权责难以分清情况。前者会导致机构工作出现空位，进而为整个贫困资助工作带来消极影响，后者则可能导致各个机构出现踢皮球现象，这都是需要明确注意的问题。

二、现有的贫困生认定基本方法及评价

（一）现有贫困生认定的基本方法

当前我国高校贫困生的识别方法通常采用教师横向比较直接认定法、班级同学评选认定法、证明材料认定法以及综合测评学生贫困程度认定四种方法。

1. 教师横向比较直接认定法

教师横向比较直接认定法是指主要通过班主任或辅导员对学生在校期间表现的观察和了解，参照预设的认定标准对学生进行贫困认定，比较常用的认定方式一般为填写调查表格，再由辅导员、班主任深入宿舍走访等。教师横向比较直接认定法在操作上非常简单，但其局限性亦是显而易见的。如某些贫困生存在自卑心理，担心被别的同学瞧不起，往往刻意隐藏自己的真实经济状况；教师在进行判断时易受个人喜好的影响，有时会带有明显的个人主观推断色彩，容易在对学生的贫富情况鉴定过程中产生一种夸大化的感觉和看法，从而导致判断的客观性和公正性难以保证。

2. 班级同学评选认定法

班级同学评选认定法是指主要通过班级同学民主评选、民主评议的形式确定贫困生。班级同学评选认定法的优势在于认定结果比较公正可靠，能够为班级绝大数同学所接受。但是，在实际操作过程中，该方法所存在的问题

也是比较突出的。具体而言，班级同学评选认定法在评选认定贫困生的过程中往往采用贫困生宣读申请书，陈述贫困原因，班级同学讨论评选的形式开展，评选内容涉及大量学生个人隐私，性格内向的贫困生往往不敢开口或者碍于面子不愿申请，该种认定方法容易给贫困生造成较重的心理负担。

3. 证明材料认定法

证明材料认定法是指主要依据学生所持有的贫困证明来认定贫困生，这也是目前各高校所普遍采用的贫困生认定方法。证明材料认定法一般主要依据学生生源地政府或民政部门开具的贫困证明来判定学生是否贫困，包括农村学生所提供的村、乡（镇）共同签章的贫困证明，特困家庭学生所持有的《特困证》《社会扶助证》《最低生活保障证》，烈士子女所提供的烈士证等。证明材料认定法的准确性在很大程度上取决于学生生源地地方政府或民政部门工作是否认真负责，不可避免地会存在一定“水分”，从而对贫困生认定的准确性造成不利影响。

4. 综合测评学生贫困程度认定法

综合测评学生贫困程度认定法是一种相对综合的贫困生认定方法，其具体操作程序是将学生家庭经济情况、民主评议情况以及院系综合意见三个方面的影响因素分别赋予不同分值，再将三方面分值分别赋予不同权重，叠加后得到学生经济困难程度测评分值。综合测评学生贫困程度认定法在具体操作上工作量十分巨大，对学校学生资助管理的人员配备和人员素质要求较高。

（二）现有贫困生认定方法的综合评价

综合来看，以上四种贫困生认定方法各有优势，同时又各有弊端，需要结合学校贫困生认定的实际需要具体选择。事实上，为了保证贫困生认定的准确性，将贫困生认定的误差降低到最低水平，目前国内高校在进行贫困生认定过程中的通常做法是综合使用上述各种认定方法对贫困生进行认定。为了克服以上认定方法存在的问题，本书将提供一种新的贫困生认定科学模式，即层次分析法（AHP）基础上的认定方法。

三、基于层次分析法的贫困生认定方法

（一）层次分析法介绍

层次分析法（Analytic Hierarchy Process，AHP）是由在美国享有盛名的运筹学研究者、匹兹堡大学（University of Pittsburgh）学者 T. L. Saaty 提出的。这一方法不仅能够处理复杂的多准则决策问题，而且能够对体系层次间的非序列关系进行高效分析，并为决策者的比较判断提供依据。结合计算机强大的计算功能，层次分析法可以得出贫困生的贫困度，有利于促进贫困生认定标准和计量标准科学化、精细化。层次分析法具体的实现步骤如图 6－2 所示：

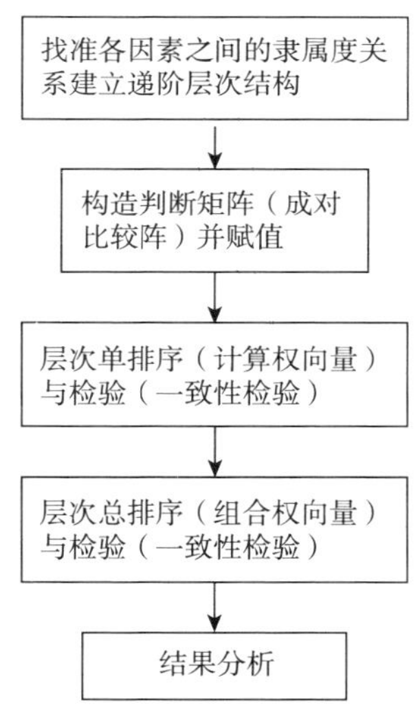

图 6－2　层次分析法步骤示意

（二）层次分析法评价模型建立

层次分析法的基本步骤如下：

第一步：分析系统中各个因素之间的相互关系，建立系统的层次结构模型。

第二步：比较和确定各准则层对目标选择的权重及各个方案对每一个准则的权重，这些权重在人们对问题的认知过程中一般是一种定性的描述，也是层次分析法要求的量化结果。

第三步：将方案层对准则层的权重和准则层对目标层的权重进行综合分析，以确定各个方案对每一准则的权重，形成各个方案对目标层的权重排序。

层次分析模型的结构如图 6－3 所示：

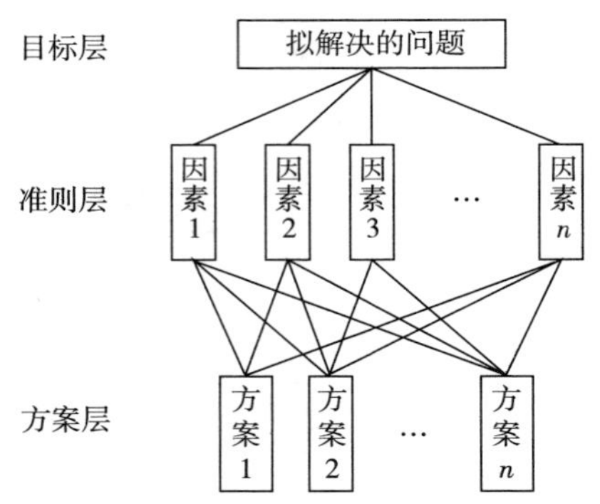

图 6－3　层次分析模型结构

1. 学生贫困程度综合评价层次模型

我们首先考虑建立一个描述贫困生贫困程度的内部独立的阶梯层次结构，将评判贫困生的贫困度看作一个整体，对影响该问题的因素按照属性的不同进行分层。一般来说层次分析法划分为目标层（有时也称作最高层）、准则层（中间层）和方案层（最低层）。同一层次元素作为准则，对下一层次某些元素起支配作用，同时它又受上一层次元素的支配，这种自上而下的支配关系形成一个递阶层次。最高层通常只有一个元素，它是问题的预定目标，表示解决问题的目的，也称为目标层。中间层为实现总目标而采取的措施、方案和政策或者所需考虑的准则、子准则，它可以由若干个层次组成，也称为准则层。最低层为实现目标可供选择的各种措施、决策方案等用于解决问题的各种途径和方法，也称为方案层。当某个层次包含因素较多时可将该层次划分为若干层。层次确定是层次分析法的关键内容之一，其好坏直接影响计算的繁简与最终结论的准确性，是定性分析转化为定量分析的基础和条件。

高校贫困生的产生有来自社会、家庭等多方面的原因。从已有的贫困生调查可知，原因主要集中在以下几个方面：其一，经济发展不平衡，生源地经济不发达；其二，父母原因，如父母年老无劳动能力、患病、下岗、离异、死亡等；其三，家庭其他成员原因，子女多，不堪重负；其四，其他原因，遭遇自然灾害、负债等。据此，我们将目标层定位为量化贫困生的贫困程度，准则层根据上述因素分成个人因素、家庭因素、自然因素和社会因素四个大类。每个大类又分 2 ~5 个小类。具体的结构模型如表 6 -2 所示：

表 6 -2　贫困生认定层次模型

目标层	贫困生的认定 P	
准则层	个人因素 A_1	受资助情况 A_{11}
		学费的缴纳情况 A_{12}
		生活花销 A_{13}
	家庭因素 A_2	家庭总收入 A_{21}
		家庭额外负担 A_{22}
		家庭成员健康状况 A_{23}
		家庭经济来源 A_{24}
		家庭变故 A_{25}
	自然因素 A_3	生源所在地 A_{31}
		自然灾害 A_{32}
	社会因素 A_4	社会资助情况 A_{41}
		社会关系 A_{42}
方案层	学生 S_i，$i=1, 2, \cdots, n$	

2. 构造两两比较矩阵

为了比较上述因素 $A=\{A_1, A_2, A_3, A_4\}$ 对目标 P 的影响，确定它们在 A 中所占的比重。每次去比较两个因素 A_i 和 A_j，以 p_{ij} 表示 A_i 和 A_j 对 P 的影响程度比较，得到两两比较矩阵：$P=(p_{ij})_{n\times n}$

其中

$$p_{ij}>0$$

$$p_{ji}=1/p_{ij}(i\neq j;\ i,\ j=1,\ 2,\ 3,\ 4)$$

$$p_{ii}=1$$

使上式成立的矩阵成为正负反矩阵。

p_{ij}采用1~9及其倒数作为标度的标度方法，p_{ij}的取值如表6-3所示。如果介于两个相邻判断之间，p_{ij}取值分别为2，4，6，8或者1/2，1/4，1/6，1/8，从而根据评判构建出比较矩阵，并利用特征根方法计算各个指标的权向量。

表6-3　元素p_{ij}的取值规则

元素	标度	规则
p_{ij}	1	A_i与A_j相比，二者同样重要
	3	A_i与A_j相比，前者比后者稍微重要
	5	A_i与A_j相比，前者比后者明显重要
	7	A_i与A_j相比，前者比后者强烈重要
	9	A_i与A_j相比，前者比后者极端重要

矩阵P中的元素p_{ij}表示该层的第i和j影响因子相对于上层的评估目标的相对重要性的分配，并且这些分配可以由相关教师或通过分析人员通过各种调查及评估获得。一般地，从事贫困生相关工作的资深工作人员都可以容易地给出。

由此得到两两比较矩阵如图6-4所示：

$$P=\begin{bmatrix}1 & p_{12} & p_{13} & p_{14}\\ p_{21} & 1 & p_{23} & p_{24}\\ p_{31} & p_{32} & 1 & p_{34}\\ p_{41} & p_{42} & p_{43} & 1\end{bmatrix}$$

图6-4　两两比较矩阵

3. 一致性检验

对于一致性检验，匹兹堡大学教授T. L. Saaty等建言使用相应的P的相应最大特征根（记作 λ_{max}）的特征向量来运算，特征向量被归一化进而用作权向量 ξ，也就可得出 $P\xi = \lambda_{max}\xi$，式中 P 为正负反矩阵，λ_{max} 为 P 之最大特征根，ξ 为对应于 λ_{max} 的归一化后的特征向量，ξ 的分量 ξ_i 为相应元素层次单排序的权重值。

由于贫困生认定工作的复杂性和人们主观认识的多样性，即使是该领域的资深专家给出的数据也不一定会完全满足一致性条件，所以此时需要进行一致性检验。

我们定义一致性检验指标 $CI = (\lambda_{max} - n)/(n-1)$，$CI$ 越大，P 的一致性越差。

一致性检验比率 $CR = CI/RI = (\lambda_{max} - n)/[(n-1)RI]$，$RI$ 为平均随机一致性指标。当 $CR < 0.1$ 时，则认为 P 的不一致程度在允许的范围内，通过了一致性的检验，否则需要重新构造两两对比矩阵（正负反矩阵）或对已有的 P 进行调整再进行计算。

对于小于或等于 11 阶的正负反矩阵 RI 的值如表 6－4 所示：

表 6－4　随机一致性指标 RI

n	1	2	3	4	5	6	7	8	9	10	11
RI	0	0	0.58	0.90	1.12	1.24	1.32	1.41	1.45	1.49	1.51

4. 评定参加认定学生的贫困程度

方案层在最底层，是决策的候选目标。针对本模型，方案层即为若干的候选学生，决策者可以在候选学生中选择一个或者多个作为贫困生人选。

方案层的具体实施方式与准则层类似，同样需要生成两两比较矩阵，但其与准则层不同的是，方案层是根据准则层的全部评价指标，在参与评定贫困生的人选中进行两两比较，比较结果生成针对每一评价指标的两两比较矩阵，即正互反矩阵。

为了比较全部学生 $S = \{S_1, S_2, \cdots, S_n\}$ 受评价指标 A 影响程度，确定它们在 S 中所占的比重。每次比较两个学生 S_i 和 S_j，以 s_{ij} 表示 S_i 和 S_j 对 A 的影响程度比较，得到两两比较矩阵：

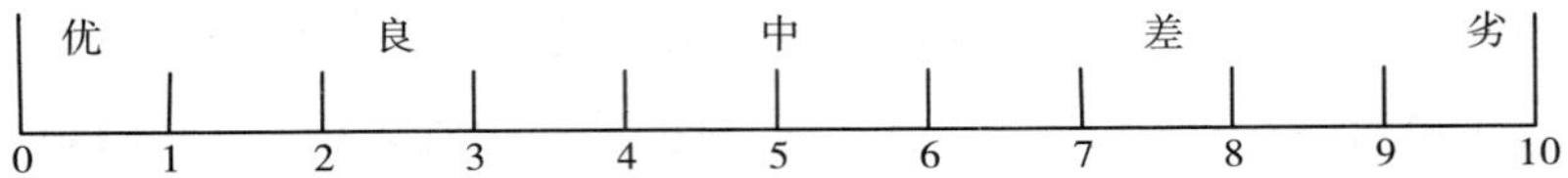

图 6-5 定量化描述等级

$$Q=(q_{ij})_{n\times n}$$

其中

$$q_{ij}>0$$

$$q_{ji}=1/q_{ij}(i\neq j;\ i,\ j=1,\ 2,\ \cdots,\ n)$$

$$q_{ii}=1$$

使上式成立的矩阵成为正负反矩阵。

q_{ij}采用1~9及其倒数作为标度的标度方法，q_{ij}的取值如表6-5所示。如果介于两个相邻判断之间，q_{ij}取值分别为2，4，6，8或者1/2，1/4，1/6，1/8，从而根据评判构建出比较矩阵，并利用特征根方法计算各个指标的权向量。

表 6-5 元素 q_{ij} 的取值规则

元素	标度	规则
q_{ij}	1	S_i与S_j相比，二者情况同样严重
	3	S_i与S_j相比，前者比后者情况稍微严重
	5	S_i与S_j相比，前者比后者情况明显严重
	7	S_i与S_j相比，前者比后者情况强烈严重
	9	S_i与S_j相比，前者比后者情况极端严重

矩阵 P 中的元素 q_{ij}表示该层的第 i 和 j 两个学生关于准则层评价指标的严重程度之比的赋值，这些赋值可以由相关的老师提供真实数据。由此得到两两比较矩阵如图 6-6 所示：

$$Q=\begin{bmatrix}1 & q_{12} & \cdots & q_{1n}\\ q_{21} & 1 & \cdots & q_{24}\\ \vdots & \vdots & \ddots & \vdots\\ q_{n1} & q_{n2} & \cdots & 1\end{bmatrix}$$

图 6-6 两两比较矩阵

5. 基于层次分析法的贫困生认定模型评价

（1）层次分析法在高校贫困生认定中的优点

其一，层次性和系统性。层次分析法的基本思路是：建立层次分析评价模型，然后通过比较各元素值并得出权重值，通过判断矩阵进行一致性检验，最后计算各个指标的权重。这种方法的思路清晰，简单明了，具有很强的系统性和逻辑性。层次分析法根据隶属关系将对高校贫困学生进行认证所需考虑的各类要素进行分层分解，建立一套贫困生认证的指标体系，进而形成层次结构模型，然后对其进行有效分析并层层分解、逐层整合，最后得到求解结果。

其二，定性和定量的有机结合。从大量贫困生认定工作中可以知道，造成学生家庭经济上困难的原因非常复杂，各种原因所导致的结果也不尽相同，为了便于区分，需要对不同的原因赋予不同的权重值，这样才能对学生的困难情况做出相对公平的判断。层次分析法是把贫困生认定工作中难以量化的贫困原因分层次地进行量化处理，使决策者可以作出更加直观、更加定量化的判断。将定量与定性有机结合起来，将人主观判断用数字形式量化表达和处理，最大程度减少了人为主观因素的干扰，使得评价更加客观，评价结果更具有说服力。

（2）层次分析法在高校贫困生认定中的缺点

其一，分析判断矩阵是否一致，是工作量非常大的工程，实现起来非常困难。在识别贫困学生时，当判断矩阵存在不一致时，应对判断矩阵的元素进行重新赋值，这个过程或许要进行多次调整和测试才能形成具有一致性的判断矩阵。为保证该矩阵具有一致性，决策者需要经常对原有的判断进行更正，这会对决策的客观性有所影响。

其二，层次分析法作为一种算法，其比较分析相对粗糙，难以用于高精度判断。举例来说，当教师、学生或专家对学生某方面表现进行评分时，分数可能会出现较大偏差，这会导致贫困生认定决策发生误差。这就要求受调查者正确的态度和高度的配合。因素的缺选或多重选择都会导致判断发生误差。在进行评分时应认真考虑，多次比较。

其三，从建立层次模型到获取比较矩阵，主观因素所占比重仍然很大。例如，在对贫困学生建立分层结构模型时，每个人会对准则层中各种因素的权重程度作出不同判断，这些判断往往是贫困识别工作者根据自己的实际情况所作出的，不可避免地带有主观因素。在量化贫困因素时，贫困识别工作人员通过自己的常识以及生活经验进行判断赋值，主观偏见也会产生较大的干扰，这会使评分过程难以做到公平公正。目前能够有效克服此问题的方法为成立专家组，由专家组进行判断，合理量化确定各因素权重。

简而言之，层次分析法（AHP）是一种结合定性和定量分析的多准则决策方法。层次分析法是全面识别高校贫困学生的全新尝试。在贫困大学生身份识别中，其能够量化贫困学生认定的因素，通过层次分析分解复杂问题，在一定范围内控制人为因素，并且充分发挥人们在决策过程中的主观能动性，使决策更加高效、公平、科学、充满人情味。利用层次分析法建立高校贫困生综合评价模型，结合高校贫困生的实际情况，对贫困生的贫困状况进行界定，对贫困生贫困水平进行科学排序。当前层次分析法在高校贫困生认定中的应用仍处于探索阶段。有关领域内学者的研究较少，但该方法优势明显，颇具潜力。在实践中，应当注意其本身存在的缺点，充分进行考量。

（三）基于层次分析法的贫困生认定方法应用实例

针对上述模型，我们应用 yaahp 软件对基于层次分析法的贫困生认定过程进行案例分析。

1. 构建评价层次模型

基于表 6－2 中所示的贫困因素，建立如图 6－7 所示的评价层次结构。

首先建立决策目标即贫困生的认定，其次建立第一等级及第二等级中间要素，第一等级中间要素为个人因素、家庭因素、自然因素、社会因素，之后根据专家组评判以及生活经验，对第二等级中间要素进行划分，包括受资助情况、学费缴纳情况、生活花销、家庭总收入、家庭额外负担、家庭成员的健康状况、家庭经济来源、家庭变故、生源所在地、自然灾害、社会资助情况、社会关系等，最后设置备选方案为学生 A、学生 B 和学生 C，代入 AHP 模型。

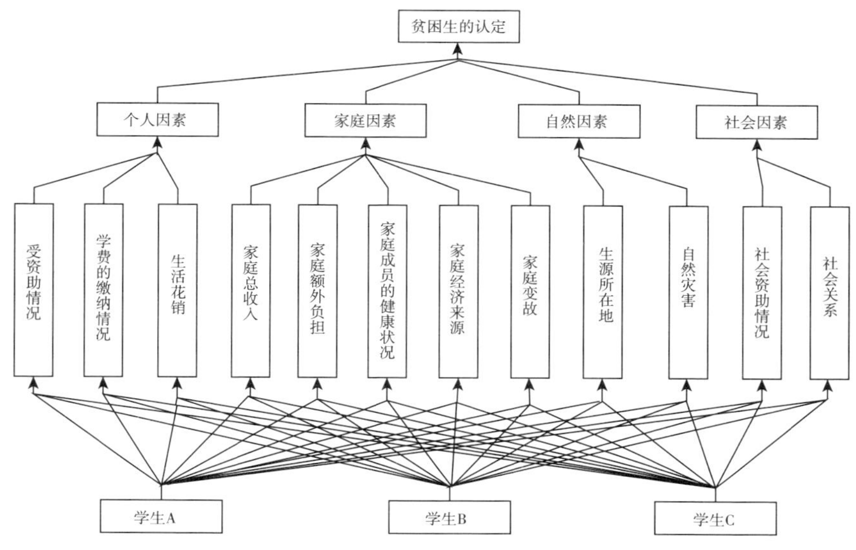

图 6 –7　评价层次结构

2. 进行两两比较矩阵构造

判断矩阵可以根据层次结构构建。本例中使用的方法是通过填写人的反复查询，根据表 6 –3、表 6 –5 中判断矩阵的取值规则。将元素成对比较，据其重要程度，按 1 ~9 进行分别评级。本例中贫困认定四大类因素构造的两两比较矩阵如表 6 –6 所示：

表 6 –6　贫困认定四大因素构造两两比较矩阵

贫困认定	个人因素	家庭因素	自然因素	社会因素
个人因素	1	1	5	5
家庭因素	1	1	7	6
自然因素	1/5	1/7	1	3
社会因素	1/5	1/6	1/3	1

此外，准则层各评价指标两两比较矩阵如表 6 –7、表 6 –8、表 6 –9、表 6 –10 所示：

表 6－7　准则层——个人因素两两比较矩阵

个人因素	受资助情况	学费的缴纳情况	生活花销
受资助情况	1	1/5	1/3
学费的缴纳情况	5	1	3
生活花销	3	1/3	1

表 6－8　准则层——家庭因素两两比较矩阵

家庭因素	总收入	额外负担	成员健康	经济来源	变故
总收入	1	5	5	5	5
额外负担	1/5	1	3	3	1
成员健康	1/5	1/3	1	3	1/2
经济来源	1/5	1/3	1/3	1	1/4
变故	1/5	1	2	4	1

表 6－9　准则层——自然因素两两比较矩阵

自然因素	生源所在地	自然灾害
生源所在地	1	3
自然灾害	1/3	1

表 6－10　准则层——社会因素两两比较矩阵

社会因素	资助情况	社会关系
资助情况	1	1
社会关系	1	1

最后针对准则层各因素，对三个学生进行比较，得到的两两比较矩阵如表 6－11 所示。

表 6-11 基于三学生分析准则层各因素两两比较矩阵

受资助情况	学生 A	学生 B	学生 C	学费缴纳	学生 A	学生 B	学生 C
学生 A	1	3	5	学生 A	1	3	5
学生 B	1/3	1	4	学生 B	1/3	1	1
学生 C	1/5	1/4	1	学生 C	1/5	1	1
生活花销	学生 A	学生 B	学生 C	家庭总收入	学生 A	学生 B	学生 C
学生 A	1	3	3	学生 A	1	2	3
学生 B	1/3	1	2	学生 B	1/2	1	2
学生 C	1/3	1/2	1	学生 C	1/3	1/2	1
额外负担	学生 A	学生 B	学生 C	成员健康	学生 A	学生 B	学生 C
学生 A	1	1/2	1	学生 A	1	2	1/2
学生 B	2	1	5	学生 B	1/2	1	1/4
学生 C	1	1/5	1	学生 C	2	4	1
经济来源	学生 A	学生 B	学生 C	家庭变故	学生 A	学生 B	学生 C
学生 A	1	2	1/3	学生 A	1	1/2	1/2
学生 B	1/2	1	1/3	学生 B	2	1	1
学生 C	3	3	1	学生 C	2	1	1
生源所在地	学生 A	学生 B	学生 C	自然灾害	学生 A	学生 B	学生 C
学生 A	1	1/4	1/3	学生 A	1	2	1/3
学生 B	4	1	3	学生 B	1/2	1	1/3
学生 C	3	1/3	1	学生 C	3	3	1
社会资助	学生 A	学生 B	学生 C	社会关系	学生 A	学生 B	学生 C
学生 A	1	1	1/3	学生 A	1	3	1/3
学生 B	1	1	1/3	学生 B	1/3	1	1/4
学生 C	3	3	1	学生 C	3	4	1

3. 进行一致性检验

对上述的全部矩阵进行一致性检验，得到的一致性检验结果如下。

（1）贫困生认定的四大因素的两两比较矩阵一致性检验结果，经软件计算得到：$CR=0.0703$ 即 $CR<0.1$，通过一致性检验。

（2）准则层各评价指标的两两比较矩阵，一致性检验结果如表 6－12 所示。

表 6－12　准则层的评价指标一致性检验结果

准则层的评价指标	CR 值
个人因素	0. 0370
家庭因素	0. 0768
自然因素	0
社会因素	0

由表 6－12 易得：四大评价指标的两两比较矩阵全部通过一致性检验。

（3）针对准则层全部评价指标，比较三个学生实际情况，所得的一致性检验结果如表 6－13 所示。

表 6－13　全部指标学生间两两比较矩阵一致性检验结果

贫困生的认定		CR 值
个人因素	受资助情况	0. 0825
	学费的缴纳情况	0. 0279
	生活花销	0. 0516
家庭因素	家庭总收入	0. 0088
	家庭额外负担	0. 0904
	家庭成员健康状况	0
	家庭经济来源	0. 0516
	家庭变故	0
自然因素	生源所在地	0. 0707
	自然灾害	0. 0516
社会因素	社会资助情况	0
	社会关系	0. 0707

同理，通过表 6－13 可以得知，全部指标都通过一致性检验后，可继续进行下一步，最终得到对学生贫困程度的评价结果。

4. 学生贫困程度比较

根据上述两两比较矩阵，软件计算各层次指标的影响权重分布如图6－8所示。

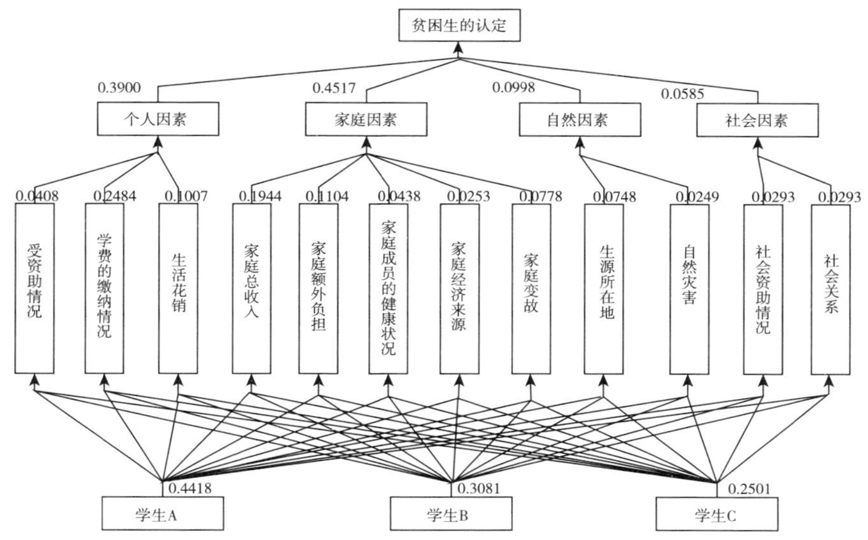

图6－8 贫困生认定权重分布

得到的学生A、学生B和学生C贫困权重图6－9所示。

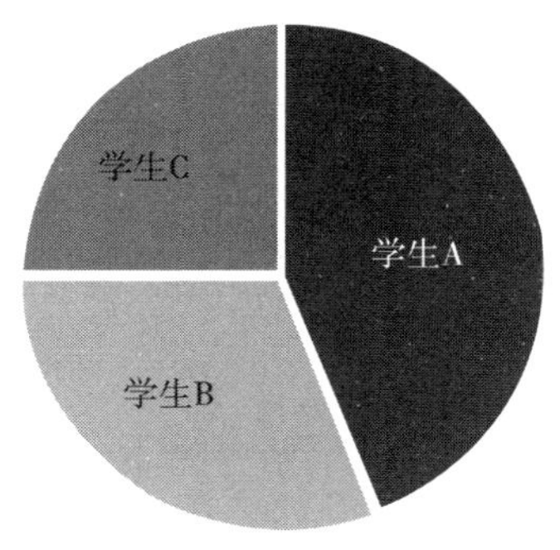

图6－9 三学生贫困程度的权重占比

综上所述，比较贫困程度为：学生A > 学生B > 学生C

5. 实例举例

学生张三，男，黑龙江大庆人，家庭困难，至今学费只缴纳30%，生活花销为每个月 800 元，无受资助情况。丧父，母亲胆结石严重，家庭经济来源为母亲打零工所得，目前家庭仍有 5 万元外债未还，家庭年收入为 8000 元。今年劳动市场不景气，母亲难以寻找工作，家庭领有最低生活保障。有一个妹妹，未参加工作，其他亲属生疏。

学生李四，男，重庆巫溪人，家境贫寒，至今未缴纳学费，生活花销为每个月 700 元，无受资助情况。丧母，家庭由父亲干农活支撑。目前家庭对外欠债 8 万元，家庭年收入 6000 元。今年农作物收成不好，家庭收入堪忧。低保家庭，有一兄一妹，均未工作，其他亲属生疏。

学生王五，女，河南南阳人，家境贫寒，至今学费只缴纳 50%，生活花销为每个月 1000 元，受“×××”奖学金资助，每年资助 600 元。父母健在，但母亲患有严重颈椎病，难以工作，家庭经济来源为父亲工地打工所得。目前家庭欠外债 3 万元，家庭年收入 10000 元。低保家庭，独女，没有其他亲属照顾。

带入 AHP 判断矩阵：

首先需要对各项决策影响因素进行赋值，经过实践判断，得出如表 6－14 赋值。

表 6－14　贫困认定准则层各因素赋值

贫困认定	个人因素	家庭因素	自然因素	社会因素
个人因素	1	1/2	2	1
家庭因素	2	1	4	2
自然因素	1	1/4	1	1/2
社会因素	4	1	2	1

准则层各评价指标两两比较矩阵如表 6－15 至表 6－18 所示。

表 6-15　基于赋值的准则层——个人因素两两比较矩阵

个人因素	受资助情况	学费的缴纳情况	生活花销
受资助情况	1	1	1/2
学费的缴纳情况	1	1	1/2
生活花销	2	2	1

表 6-16　基于赋值的准则层——家庭因素两两比较矩阵

家庭因素	总收入	额外负担	成员健康	经济来源
总收入	1	1	1/2	1
额外负担	1	1	1	2
成员健康	2	1	1	2
经济来源	1	1/2	1/2	1
变故	1	1/4	2	2

表 6-17　基于赋值的准则层——自然因素两两比较矩阵

自然因素	生源所在地	自然灾害
生源所在地	1	1
自然灾害	1	1

表 6-18　基于赋值的准则层——社会因素两两比较矩阵

社会因素	资助情况	社会关系
资助情况	1	2
社会关系	1/2	1

最后针对准则层各因素，在此对某些项目予以说明：

受资助情况以 1000 元为 1 个档位；

学费缴纳 0～10% 为 1，11%～40% 为 2，41%～70% 为 2，71%～100% 为 4，以此类推；

生活花销 0～1500 元/月为 1，501～1000 元/月为 2，1001～1500 元/月为 4，以此类推；

家庭总收入 0～1000 元/年为 1，1001～4000 元/年为 2，4001～7000 元/年为 4，7001～10000 元/年为 6，以此类推。

所得 1、2、4、6 并非所赋值，而是彼此间求比值。

最后针对准则层各因素，对三个学生进行比较，得到的两两比较矩阵如表 6－19 所示。

表 6－19　基于赋值的三学生准则层各因素两两比较矩阵

受资助情况	张三	李四	王五	学费缴纳	张三	李四	王五
张三	1	1	2	张三	1	1/2	2
李四	1	1	2	李四	2	1	3
王五	1/2	1/2	1	王五	1/2	1/3	1
生活花销	张三	李四	王五	家庭总收入	张三	李四	王五
张三	1	1	1	张三	1	1/2	2
李四	1	1	1	李四	2	1	3
王五	1	1	1	王五	1/2	1/3	1
额外负担	张三	李四	王五	成员健康	张三	李四	王五
张三	1	1/2	2	张三	1	1/2	2
李四	2	1	3	李四	2	1	3
王五	1/2	1/3	1	王五	1/2	1/3	1
经济来源	张三	李四	王五	家庭变故	张三	李四	王五
张三	1	1	1	张三	1	1	2
李四	1	1	2	李四	1	1	2
王五	1	1/2	1	王五	1/2	1/2	1
生源所在地	张三	李四	王五	自然灾害	张三	李四	王五
张三	1	1	1	张三	1	1	2
李四	1	1	2	李四	1	1	2
王五	1	1/2	1	王五	1/2	1/2	1
社会资助	张三	李四	王五	社会关系	张三	李四	王五
张三	1	1	2	张三	1	1	2
李四	1	1	2	李四	1	1	2
王五	1/2	1/2	1	王五	1/2	1/2	1

最后计算结果为，张三：0.3405，李四：0.4387，王五：0.2208。

因此，李四贫困程度 > 张三贫困程度 > 王五贫困程度，基本符合三名同学的贫困情况。

四、实时动态监控的资助工作信息化平台

（一）资助工作的信息化及其信息化平台

信息化是指培养、发展以计算机为主的智能化工具为代表的新生产力，并使之作用于社会发展的历史过程（智能化工具又称信息化的生产工具，它一般要具备信息获取、信息传递、信息处理、信息再生、信息利用的功能）。与智能化工具相适应的生产力，称为信息化生产力。智能化生产工具与过去生产力中的生产工具不一样的是，它不是一件孤立分散的东西，而是一个具有庞大规模的、自上而下的、有组织的信息网络。这种网络性生产工具将改变人们的生产方式、工作方式、学习方式、交往方式、生活方式、思维方式等，将使人类社会发生极其深刻的变化。

信息化是以现代通信、网络、数据库技术为基础的，对所研究对象各要素进行汇总，供特定人群生活、工作、学习、辅助决策的一种技术，利用该技术，可以极大提高行为效率，为推动人类社会进步提供技术支持。

随着中国经济的高速增长，中国信息化建设有了显著的发展和进步，缩小了与发达国家的距离。我国信息化已走过两个阶段，目前正向第三阶段迈进。第三阶段信息化的发展定位为新兴社会生产力，主要以物联网和云计算为代表，这两项技术掀起了计算机、通信、信息内容的监测与控制的4C革命，网络功能开始为社会各行业和社会生活提供全面应用。

“十一五”期间，我国电子信息产业规模继续壮大，在世界电子信息产业竞争格局中，地位不断提高。2010年，我国规模以上电子信息产业销售收入达7.8万亿元，同比增长29.5%，其中软件产业收入1.3万亿元，同比增长31.3%。我国电子信息产业领域的技术创新带动产业快速发展。“十一五”以来，中国信息技术专利申请比例超过总量的32%，以计算机、通信为代表的

技术领域专利申请数量保持了持续高速增长的趋势。

此外，“十一五”期间，我国信息化应用逐步深入，经济和社会效益明显提高。数据显示，我国医疗信息化、政务信息化和物流信息化市场规模持续扩大。

在国家的大力支持和推动下，我国政务信息化取得了较大进展，市场规模持续扩大。2015 年，我国的政务信息化市场规模为 2067 亿元。2017 年，我国的政务信息化市场规模为 2722 亿元，增长 31. 69% 。预计未来 5 年内，电子政务仍将保持 13% 左右的稳定增长，2018 年将突破 3000 亿元。[1]

我国医疗信息化市场的投资规模持续扩大，已经连续 5 年保持 20% 左右的增长率，远高于全球市场 5. 1% 的年均复合增长率。截至 2016 年，我国医疗信息化市场规模达到 333. 8 多亿元。[2] 未来几年，我国医疗信息化规模将持续增长，到 2022 年我国医疗信息化规模将超过千亿元。[3]

2014 年，我国自动化物流系统市场规模达到 425 亿元。2001 年，这一数据仅不到 20 亿元。近年来，自动化物流市场规模发展更是迅速。[4] 根据中国物流技术协会信息中心的统计，过去 16 年国内自动化物流系统市场以年均 23% 的速度快速成长，并且近 6 年受益消费升级和智能制造发展的推动，增速呈现逐渐加速的趋势，预计 2022 年自动化物流市场规模将突破 2600 亿元。[5]

此外，电力信息化、金融信息化、酒店信息化等也取得了显著进展。信息化对人们的工作、生活、学习和文化传播方式产生了深刻影响，促进了国民素质的提高和人的全面发展。在行业快速发展的同时，也伴随着一些比较突出的问题。例如，在社会信息化、政务信息化与信息安全建设领域仍有一定程度的不足。相信随着我国政策的支持和产业问题的解决，我国信息化将继续向着纵深方向发展。

---

[1] 数据来源：中国产业信息 http：//www. chyxx. com/industry/201806/650335. html.

[2] 数据来源：中国产业信息 http：//www. chyxx. com/industry/201709/559982. html.

[3] 数据来源：前瞻产业研究院 https：//www. qianzhan. com/analyst/detail/220/170916 – de9e6952. html.

[4] 数据来源：测控网 http：//www. chyxx. com/industry/201709/559982. html.

[5] 数据来源：前瞻产业研究院 https：//www. qianzhan. com/analyst/detail/220/170720 – 1589cb94. html.

所谓信息化平台是指在某个领域、某个区域或某个组织为信息化的建设、应用和发展而营造的环境。其本身包括：开发利用信息资源、建设信息网络、推进信息技术应用、发展信息技术和产业、培育信息化人才、制定和完善信息化政策体系等。开发利用信息资源，即通过技术手段对信息进行整合收集，并从中得出想要获取的信息。建设信息网络即通过加强各部门联系，形成相应的联络网，保证信息的第一时间准确传达，保证信息的可靠程度与时效性。推进信息技术应用是指通过信息化平台将信息技术付诸实践，通过在信息化平台进行实践从而得到反馈，再一步刺激信息技术发展。发展信息技术和产业是指通过信息化平台进行信息技术革新与信息产品产业化。培育信息化人才即加强对具备信息化知识的专门人才培养，强化相关领域人才的思想道德水平和科研能力素养。制定和完善信息化政策体系是一个相较抽象的概念，即通过进行体系化建设，对信息化政策进行剖析完善，使整个信息化平台工作能够有条不紊运行。

高校的学生资助工作信息化则是指将高校本身的教育教学管理办法、方针，计算机技术、网络技术以及高校数据库技术通过整合方式综合运用到各个高校的家庭经济困难学生资助工作上来。高校的学生资助工作信息化包括相关各类软件内容以及硬件内容，当前全国各大高校基本都有一套自己的信息化资助系统，而且信息化平台系统、硬件设备等必要设施建设也不断受到重视，但对软件建设重视程度不够。

（二）目前高校资助工作信息化平台存在的问题

1. 信息化意识淡薄

目前各高校对于信息化平台的认识具有表面性，往往将信息化简单等同于建立网站、资料录入等浅层次的技术手段，未能深入理解信息化的科学内涵、过程、目的。信息化工作本身不是一个大篮子，不是什么都可以往里面装。各个高校需要对信息化进行学习和了解，培养信息化意识，将学生工作与信息化工作有机结合。而事实上，目前各高校学生资助工作者普遍缺乏对信息化的科学认识，没有信息化建设长远规划，对信息化重视不足。虽然有高校开始重视信息化设备及相关硬件设施的引进，但却忽略了对软件的开发使用。雪上加霜的是，当前在关于家庭困难资助项目信息化方面的国家资金投入状况不佳，对家庭困难学生资助项目信息化建设的资金投入严重缺乏，难以与目前的实际资助工作需要接轨；因为资金不足带来的软件老化问题，也使得各高校资助工作信息化平台工作存在一定程度的搁置现象。当然这并非是主观因素造成的，而是客观原因所致，主要是资助工作者对于信息化平台工作不够了解，国家财政拨款不充分不全面，信息化资金投入不足，在校方资金发生紧缺情况下，学校对贫困生资助工作信息化建设不够积极。此外还存在各高校在有限资金投入情况下，对资金的合理运用缺乏规划，存在重硬轻软等现象。总而言之，目前我国高校普遍存在对信息化建设资金投入方向认识偏差，资金使用方向不合理，使用效率偏低等现象。

2. 应用缺乏规范且外部环境差

中国信息通信研究院数据显示，2016 年企业关注最多的话题是完善大数据行业标准，健全法律法规，可见大数据管理规范亟须完善。大数据结构多样化，数据来源广泛化，数据录入、清洗、更新以及管理都亟须建立一套统一的管理规范，以更好地服务于企业发展。教育部于 2012 年发布了《教育管理信息教育管理基础代码》，对高等学校的信息管理进行了规范，统一了高校学生管理的基础代码，简单的数据管理已经不能满足大数据时代对贫困生资助工作的要求，因此这一规范对高校信息化管理有着重要的指导作用。但是，具体实施管理标准的缺失，使得大数据在应用于高校实际管理工作的具体实践中仍存在大量法外之地，容易造成大数据市场的盲目发展，不利于信息共享和高校大数据管理。若不能从制度上管理好规模庞大的数据信息，高校在数据效率上将面临更大的困难。一方面，大数据应用于高校贫困生管理工作缺乏整体设计，对数据存储格式要求不一、数据存在冗余、数据采集不足且利用不充分等问题为贫困生资助工作的数据查询和高校利用带来困难；另一方面，由于大数据的挖掘分析对技术手段有较高的要求，普通资助管理工作者难以从大数据中深入挖掘潜在信息，大数据不能发挥其应有的作用。在国内虽然有一起作业、学堂代表、猿题库等为代表的大数据软件，但大多主要聚焦于适应性教学，且教育分析功能上较为单一，主要仍以统计分析为主，缺乏高质量、高水平的产品与服务，更缺乏管理类特别是针对高校贫困生资助工作的应用软件，这使得大数据广泛应用于高校贫困生资助工作还有不少发展空间。

高校家庭困难学生资助信息管理上的不足限制了信息化软件在高校中的应用。目前很多高校的信息资助管理系统处于闲置状态，对于高校贫困生的选拔仍然采取投票、自述等传统方式，最终借助电脑进行数据录入。高校家庭困难学生的信息化管理陷入瓶颈，再加上当前中国软件行业水平有待提升，无法提供物美价廉的高校贫困生资助信息化产品，也限制了贫困生资助信息化的应用。

3. 人才瓶颈及成本

要实现贫困生资助的精准化，无论在贫困生资格评定、资助情况管理还是资助效果追踪方面，贫困生资助信息化已是必然趋势。但事实上，目前很多高校已有的资助管理系统的使用率还停留在较低的水平，技术条件要转化为生产力，人才是不可或缺的条件。高校贫困生资助系统的运行、维护、升级迫切需要“管理+技术”复合型人才的智力支持。事实上，囿于高校科研能力取向的人才评价体系，懂得系统运行、维护、升级等专业技术的人员在学生管理工作方面的经验有限，且待遇普遍不高；而懂得学生管理服务工作的教育专业人员又缺乏专业技术操作的能力，人才瓶颈因此而出现。

现在看来，要破解高校资助信息化、精准化过程中的人才瓶颈问题，须从两方面发力，第一要重视引进“管理能力+技术能力”复合型人才，并保证他们的待遇条件。第二要重视具有丰富学生管理经验的教育人才的技能培训，培养一批复合型的高水平人才。“引进+培养”两手抓，以造就一批为时所需，可堪重用的复合型人才。然而，经济基础决定上层建筑，“两手”硬不硬的根本因素还是成本问题。要知道，构建并完善精准化的贫困生资助信息平台，人才是重要条件但不是唯一的要素。对那些尚未建立起贫困生资助信息系统的高校来讲，网络系统的购买、引进也将加大成本压力。

4. 隐私安全存在隐患

大数据应用于高校贫困生资助必然涉及贫困生隐私问题，易触犯学生的隐私权。资助平台包含学生的家庭成员信息，其中包括贫困生个人信息及其家庭经济状况等私密信息。这些信息为高校资助工作者提供了贫困生识别的数据样本，但也存在着数据泄露、数据丢失等隐患。为了保护个人隐私和更好地使用大数据优化高校贫困生资助工作，应建立一套统一标准，完善大数据使用规章制度，为资助数据查阅设定权限。大数据是对分散信息价值的二次挖掘，其主要价值是在对数据重复挖掘与利用中，对大量信息进行提纯，找出有关联的有用信息，因此常常涉及个人信息、个人隐私问题。由于这些数据在初次收集时难以预料再次使用的目的，因此在数据使用上应有严格的规范。一方面要强化数据使用者的数据隐私保护意识，另一方面亟须建立统一的大数据使用规则和管理规范。2014 年美国政府发表倡议书，肯定了大数据给社会、经济、文化等各个方面带来的巨大经济效益和深刻变革，但同时也指出了使用大数据仍需遵从国家提倡的“隐私、公平、平等、自主”原则。中国政府在此方面也强烈号召在使用大数据时应注意隐私保护和数据安全，但至今未在法律层面加以规定。综上所述，大数据给各行各业带来了新鲜血液和全新视角，我们在分享大数据带来的成果的同时还应该重视大数据背后的伦理、道德底线。

（三）资助工作实时动态监控信息化平台的建立

1. 资助管理动态化

资助管理动态化主要涉及资助对象、资助标准和资助方式的及时性和灵活性，即通过动态管理，实现资助公平公正最大化。❶ 依据大数据建立高校家庭困难学生资助的动态管理信息化平台，是指高校资助部门运用大数据技术并结合过程管理理论的原理，针对贫困生资助全过程进行设计与控制，并使其数据平台化，进而以贫困生资助过程为中心，针对不同子过程如贫困生认定、分级资助、资助后的追踪反馈的特点，提出有针对性的对策，实现对贫困生资助工作的科学化管理。

数据的实时性对于高校贫困生资助管理工作是非常关键的。虽然学生入

---

❶ 刘玉霞．大数据背景下高校精准资助路径探析［J］．未来与发展，2016（9）：69－73.

学登记时的家庭信息状况很重要，但更重要的是及时获取学生各方面情况的动态数据，了解每一个学生最新的学习、生活状况；在贫困生认定完成后，还要动态监测跟踪资助情况，有助于资助部门进行及时有效干预。高校贫困生资助工作人员可以利用大数据平台实时观测并记录贫困生的贫困等级、学业成绩、消费数据等，对高校贫困学生进行动态跟进，有针对性地进行帮扶，有利于实现动态化管理。

2. 网上监管与网下监控相结合

充分借助大数据技术等渠道，运用网上与网下两种手段进行监管。一方面，充分发挥网下监管即发挥师生、学校及社会的监督作用，提高审核标准及认定要求。一旦发现弄虚作假行为，立刻取消该生受资助资格；情节轻微的，降低资助等级或减少资助金额，并在学生诚信档案中进行记录，实现全社会全过程的动态监管。另一方面，开放高校贫困生资助工作网站留言信箱、学校官方微博、微信等，通过网络平台，接受群众监督、反馈。在开放期间，如果发现认定结果存在异议，查证后认为不能发放资助金的，学校可将资助金召回，降低或取消之前已认定的贫困等级。[1] 大数据使得高校贫困生资助工作更加公开化，人们可以通过资助平台发布的信息了解最新资助动态，这将会吸引很多利益相关者和对资助工作感兴趣的人参与到政策制定、相关决策以及监督中来，无处不在的监督机制会使得资助工作更加细致化、科学化。最后经由大数据统计，对贫困生进行持续动态监管，实现网上监管与网下监管的结合。这有助于转变高校金字塔式管理模式为扁平化管理模式，综合利用各类资源，变革多层管理体制，实现精细化管理。

3. 建立多元监管体系

根据2015年发布的《关于联合开展高校贫困生资助情况调查与检查工作的通知》，高校在初步确定贫困生资格后，需要对其家庭经济情况进行复核，并实地走访部分特困家庭再次确认；要求贫困生认定与学生家访工作实地结

---

[1] 张彦坤．家庭经济困难学生认定工作模式的探究［J］．思想政治教育研究，2010（6）：124－125，128.

合，进一步细化贫困生认定工作，完善贫困生资助与监督管理工作。由此可见，国家对于贫困生资格二次认定的重视程度。高校资助工作要在实践中摸索出新的工作规律，增强绩效意识，利用科学的方法对资助工作特别是对奖助学金在公平和效率方面的绩效进行综合评价，不断提高高校资助工作的实效性。❶ 在高校贫困生资助工作评价方面可运用大数据形成资助工作评估管理规范，包括贫困生精准识别率、差异化资助流程、贫困生动态监测体系以及资助工作评估优化方案，为高校贫困生资助工作提供更好的评估、度量和方法。大数据还拓宽了高校贫困生资助工作的评价主体，评价主体由以往单一的学校相关部门和教师变为全体师生、家长，全社会也逐渐参与其中。拓宽了教师、学生、家长及社会人士参与学校管理的渠道。大数据使得评价主体更加多元，主动评价代替传统的被动评价，在一定程度上实现了评价主体话语权的平等。赵炳起运用模糊理论的模糊综合评价方法构建高校贫困生资助绩效评价模型，并对江苏省 9 所高校 2004 ~2005 学年贫困生资助的实际效果进行了实证分析，发现了一些共性、根本性问题，并提出从政府、高校和社会三个层面提高资助工作绩效的对策建议。❷ 具体而言，本文从以下四个角度提出构建高校资助工作监督多元化体系的对策措施。

（1）学生

大数据实现了伴随式评价，改变了过去总结性评价模式，更加重视评价过程及每个个体。学生是资助工作的主体之一，每个贫困生利益相关者既是贫困生的生产者，也是贫困生数据的使用者，可以促进贫困生的管理评价及监督机制的全面化和个性化发展。提供学生进行举报、揭露资助过程中的偏差行为的手段，鼓励学生主动监督的积极性。通过学生监督，调查寻找实际有资助需要的贫困生，撤销一些将资助金用于奢侈浪费的假贫困生受助资格。积极引导学生参与高校资助监管工作，也能够增强学生对资助政策的认同感。

---

❶ 陶俊清．大数据背景下的高校资助工作创新研究［J］．东华大学学报（社会科学版），2015（1）：24－28.

❷ 赵炳起．高校贫困生认定机制——优化与重构［J］．教育财会研究，2006（4）：20－26.

（2）教师

无论是高校贫困生资助工作的教师、辅导员，还是普通在职教师，都会在实际教学管理中发现学生的更多生活细节。大数据给予教师一个与学生沟通的双向平台，当发现学生有亟需帮助的情况时，可以在线上直接联系学生，深入学生内心，实现润物细无声的帮扶。

（3）学校

高校可以利用大数据资助平台设置匿名监督管理意见箱，全年向全社会开放，并通过不同的网络平台如微信、微博、邮箱等，收集、发布情况及意见，更好地掌握全部学生的动态信息，实现与师生、社会的三向沟通，健全监督体系。高校应充分利用互联网资源，将资助各项工作内容、资助学生名额以及资助资金走向在学校资助系统进行公示，有助于提高资助工作的公开性、共享性，为学生、教师以及管理者提供监督渠道。运用量化评价标准进行检测和评估，时刻围绕这一标准进行反思、提升，审视资助效果。

（4）社会

社会监督是法制监督的一部分，是外部监督的一种，是法制行政的又一个基本的观念和范畴。[1] 调动社会各行各业成员参与监督，是规范贫困生资助工作的重要途径，能够更好地解决高校贫困生资助过程中发现的问题。互联网在此发挥了重要作用，网络的快速发展使得每一个普通民众都可以成为自媒体，发布、分享、评价和监督高校工作，网络监督作用增强。大数据还赋予社会大众个性化的监督渠道，通过大数据的共享性使得社会大众能够更好地了解高校贫困生资助工作内容，使高校贫困生资助工作更加社会化。大数据的共享性、公开性促进了高校贫困生资助工作的信息公开，还为社会监督提供了绿色通道，提高了社会民主，使高校贫困生资助工作更加透明、公正；社会、高校以及利益相关者可以更加自由、直接地了解资助各项工作的公开开展及实施全过程，也发挥了社会监督的功能。

4. 构建受助学生动态监管数据库

应持续、动态、标准化采集相关数据，持续收集学生可追踪和可深入挖

---

[1] 张国庆. 公共行政学［M］. 北京：北京大学出版社，2007：432.

掘的数据，实现对贫困生情况的实时监控。利用大数据平台可以动态监管全体学生信息，及时了解学生生活、学习信息。及时有效发现自然灾害致贫、因病致贫等意外原因致贫的学生，及时给予关心与帮助。对于已认定的贫困生也要进行动态监管，及时发现已经脱贫的学生，使有限的资源能够帮助到真正需要帮助的学生身上，将初步评议与实时有效的动态管理相结合，避免传统高校贫困生管理静态性的缺陷。

参考文献

1. 中文著作或译作

［1］吴跃东．高校学生资助政策体系的教育公平问题研究［M］．上海：上海三联书店，2016.

［2］齐兰芬．教育资助若干问题研究［M］．天津：天津古籍出版社，2011.

［3］李小鲁，等．高校贫困生资助新视野［M］．广州：广东高等教育出版社，2011.

［4］梁国平，胥海军，杨驰．高校资助育人的探索与实践［M］．成都：西南交通大学出版社，2015.

［5］吴建章．临沂大学学术专著·高校贫困生问题研究［M］．济南：山东人民出版社，2016.

［6］甘剑锋．和谐社会构建中高校贫困生问题研究［M］．郑州：黄河水利出版社，2010.

［7］广东省普通高校奖学助学工作专业委员会．高校学生资助工作思考与实践［M］．广州：世界图书出版公司，2010.

［8］上海市学生事务中心（上海市学生资助管理中心）．鱼渔兼授——上海高校学生资助工作特色项目选粹［M］．上海：上海教育出版社，2015.

［9］王世忠，等．民族院校贫困大学生资助政策体系研究［M］．北京：中国社会科学出版社，2015.

［10］王昌松．高校贫困生工作［M］．济南：泰山出版社，2008.

［11］郭晓科．大数据［M］．北京：清华大学出版社，2013.

［12］桂富强．高校贫困生发展性资助理念及管理体系研究［M］．成都：西南交通大学出版社，2009.

［13］杨昌江．贫困生与教育救助研究［M］．长沙：湖南教育出版社，2008.

［14］陈灿芬．高校贫困大学生现状研究［M］．成都：西南交通大学出版社，2010.

［15］［美］Herm Davis，［美］Joyce Lain Kennedy. 美国大学助学金［M］．熊国炎，熊炜烨，译．上海：文汇出版社，广东世界图书出版公司，2001.

［16］梁伯华．美国大学奖助学金手册［M］．成都：西南财经大学出版社，1998.

［17］钱震华，徐国兴．日本国家助学贷款制度的嬗变（1943～2010）［M］．北京：生活·读书·新知三联书店，2016.

［18］杨国洪．大学生资助体系的国际比较与借鉴［M］．广州：中山大学出版社，2013.

［19］张菀洺．教育公平：政府责任与财政制度［M］．北京：社会科学文献出版社，2013.

［20］张玉堂．中国高等教育公平问题研究［M］．北京：中国书籍出版社，2015.

［21］徐丽红．社会权利视域下的中国现行高校帮困资助政策研究［M］．上海：上海社会科学院出版社，2016.

［22］［美］萨蒂．层次分析法在资源分配、管理和冲突分析中的应用［M］．许树柏，等译．北京：煤炭工业出版社，1988.

2. 中文论文或译文

［1］王秀珍．高校贫困生资助模式的优化与创新［J］．西北师大学报（社会科学版），2015，52（6）：115－119.

［2］刘晶，曲绍卫．高校贫困生资助政策的效果研究［J］．现代教育管理，2013（3）：74－77.

［3］钟一彪．高校贫困生资助绩效及其评估原则［J］．中国青年研究，2010（7）：114－116.

［4］仲丽娟．我国高校贫困生资助问题研究的盲点［J］．东北师大学报（哲学社会科学版），2007（3）：31－34.

［5］白华．高校贫困生资助工作价值取向的理性回归［J］．教育探索，2014（5）：14－16.

［6］葛军，赵炳起．高校贫困生资助工作的路径选择［J］．教育发展研究，2007（11）：79－81.

［7］刘建荣，李方柏．高校贫困生资助体系的困境与对策研究［J］．江西社会科学，2006（2）：205－209.

［8］季枫．对高校贫困生实施发展性资助的思考［J］．教育探索，2013（1）：95－96.

［9］莫世亮．高校贫困生资助政策执行满意度研究——基于浙江省14所高校的调查［J］．浙江师范大学学报（社会科学版），2014，39（3）：106－110.

［10］赵炳起．提升高校贫困生资助绩效的路径选择［J］．理论导刊，2008（9）：119－122.

［11］薛浩．高校贫困生现行资助体系中亟待改善的几个问题研究［J］．中国高教研究，2006（7）：65－66.

［12］杨绍政．高校贫困生资助政策效率分析及改革取向［J］．社会科学战线，2015（9）：54－64.

［13］甘剑锋．论高校贫困生资助的六大原则［J］．郑州大学学报（哲学社会科学版），2010，43（6）：47－50.

［14］李华明．新形势下完善高校贫困生资助体系的探讨［J］．法制与社会，2008（1）：241－242.

［15］罗丽琳．高校贫困生多维资助模式的构建［J］．辽宁工程技术大学学报（社会科学版），2012，14（1）：109－112.

［16］胡云江，赵夫明，王学臣．论高校贫困生的级差分类与资助绩效评价［J］．当代教育科学，2009（9）：48－49.

［17］范建文．论影响高校贫困生资助效果的原因对策［J］．继续教育研究，2008（8）：111－112.

［18］崔来廷，刘璐璐．我国高校贫困生资助政策述评［J］．河南教育学院学报（哲学社会科学版），2011，30（5）：48－51.

［19］凌云．用大数据思维解决高校贫困生精准化资助问题［J］．创新与创业教育，2017，8（3）：128－131.

［20］于伊娜．社会工作的价值与方法在高校贫困生精准资助中的应用［J］．科教导刊（中旬刊）．2017（4）：174－175.

［21］董鲁皖龙．高校贫困生资助如何精准有效？［N］．中国教育报，2017－01－24（2）.

［22］王欢，王洪飞，王浩天．精准扶贫视域下的高校贫困生资助管理工作探究［J］．教书育人（高教论坛），2017（3）：50－52.

［23］刘玉霞．大数据背景下高校精准资助路径探析［J］．未来与发展，2016，40（9）：69－73.

［24］谢浩然．辅导员在高校“精准资助”中的角色定位及角色扮演［J］．法制与社会，2016（22）：237－238.

［25］侯莲梅，米华全．利用大数据推进高校精准资助工作创新［J］．思想理论教育，2017（8）：107－111.

［26］黄燕．大数据技术助力高校学生精准资助［J］．高教论坛，2018（1）：80－82.

［27］张蓉，张炜．美国高校“高学费高资助”政策研究及启示［J］．西北大学学报（哲学社会科学版），2008（2）：112－117.

［28］向辉，王俐，刘响．美国知名高校本科生资助体系的特点及启示［J］．教育探索，2015（9）：147－149.

［29］张怡真．美国高校经济资助政策历史与现实研究［J］．世界教育信息，2009（3）：31－33.

［30］刘义．中美高校学生资助比较研究［J］．现代教育科学，2014（5）：42－46.

［31］宋娟，姜海洋，王文丽，马瑞时．中外高校资助工作比较研究［J］．北京邮电大学学报（社会科学版），2011，13（6）：117－120.

［32］刘义．中美高校“资助包”计划的比较研究［J］．黑龙江高教研究，2014（6）：40－43.

［33］廖杨丽．中美高校学生资助事务管理比较研究及启示［J］．亚太教育，2015（5）：57.

［34］杨爱民，任嘉．中西比较视角下我国高校学生资助体系的完善［J］．高校辅导员学刊，2018，10（2）：76－79.

［35］徐薇．高校教育资助的国际经验及启示——对英美日3国的比较分析［J］．科教导刊（中旬刊），2018（6）：13－14.

［36］吴雪萍，徐真．英国高校学生资助制度改革探析［J］．外国教育研究，2008（1）：56－59.

［37］花鸥，吴旭东，尹祥．美日英三国高校学生资助制度的比较研究［J］．当代职业教育，2012（11）：93－96.

［38］马晶．日本高校学生资助体系研究［J］．世界教育信息，2007（9）：68－71.

［39］王岚．精准扶贫视野下的高校贫困生精准资助研究［D］．武汉：武汉工程大学，2017.

［40］李成飞．大数据背景下高校贫困生资助工作精准化研究［D］．南京：南京邮电大学，2017.

［41］郭昕．我国普通高校贫困生资助问题研究［D］．武汉：华中师范大学，2013.

［42］郭珊珊．中美高校学生资助问题研究［D］．西安：陕西师范大学，2009.

［43］谭望．中国高校学生资助工作的价值及其实现途径［D］．长沙：中南大学，2012.

［44］濮筠．高校学生资助政策比较与构想［D］．苏州：苏州大学，2006.

［45］胡妍．英国高等教育学生资助政策研究［D］．重庆：西南大学，2015.

致　谢

经过长期的写作，书稿终于完成了。因本书研究对象涉及面广，系统性强，写作过程是殊为不易的。但既然希望在高校精准资助方面做一点研究工作，我只能全力以赴。

感谢我的师友和前辈们，从构思到行文，你们为我提供了大力的支持和帮助，你们真诚的意见和建议也给了我很大的启发。

感谢我的学生郝众望、任杰、高颖、吕宇杭，你们是青年人，拥有崇高的理想和无尽的激情，充满“正能量”，在与你们的讨论交流中，我总是深受感染。你们为本书的成稿付出了大量辛苦的劳动，是你们为我指出了书稿中的遗漏和误区，使我可以及时修正完善。没有你们的工作，本书很难如此顺利地完成。

还要特别感谢我的家人，是你们对我默默的鼓励和无私的支持使我专心致志、潜心研究，本书的顺利完稿有你们的功劳。

生命中有你们是我一生的荣幸！

感慨万千，书不尽言。寥寥数语，谨致谢意！

罗丽琳

2018 年 9 月